임동석중국사상100

# 논어

## 論語

1/4

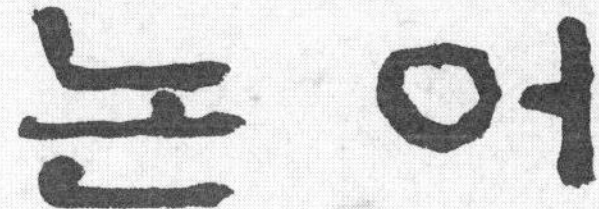

朱熹 集註 / 林東錫 譯註

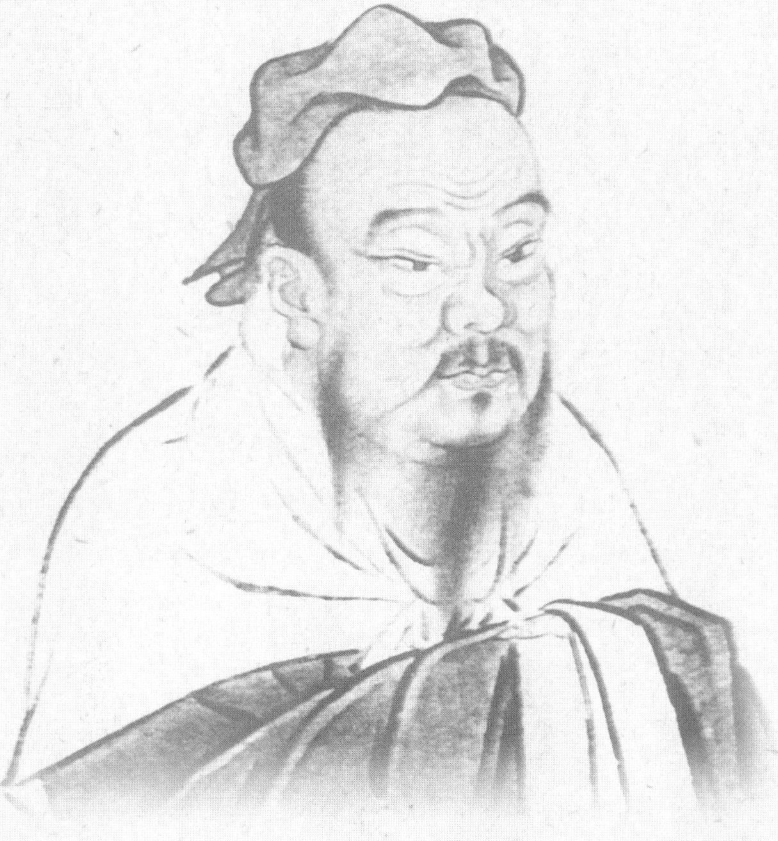

象犀珠玉珍怪之物有悅於人之耳目而
不適於用金石草木絲麻五穀六材有適
於用而用之則弊取之則竭悅於人之耳
目而適於用用之而不弊取之而不竭賢
不肖之所得各因其才仁智之所見各隨
其分才分不同而求無不獲者惟書乎

丁亥菊秋錄東坡李氏山房藏書記 丘堂 呂元九

"상아, 물소 뿔, 진주, 옥. 진괴한 이런 물건들은 사람의 이목은 즐겁게 하지만 쓰임에는 적절하지 않다. 그런가 하면 금석이나 초목, 실, 삼베, 오곡, 육재는 쓰임에는 적절하나 이를 사용하면 닳아지고 취하면 고갈된다. 그렇다면 사람의 이목을 즐겁게 하면서 이를 사용하기에도 적절하며, 써도 닳지 아니하고 취하여도 고갈되지 않고, 똑똑한 자나 불초한 자라도 그를 통해 얻는 바가 각기 그 자신의 재능에 따라주고, 어진 사람이나 지혜로운 사람이나 그를 통해 보는 바가 각기 그 자신의 분수에 따라주되 무엇이든지 구하여 얻지 못할 것이 없는 것은 오직 책뿐이로다!"

《소동파전집》(34) 〈이씨산방장서기〉에서 구당(丘堂) 여원구(呂元九) 선생의 글씨

# 책머리에

동양에서 2천여 년을 두고 첫째로 많이 읽고 연구해온 책을 거론하라면 누구나 주저없이 《논어》를 들 것이다. 우리나라도 이미 삼국시대 이를 읽고 연구하여 일본에게 전해준 기록이 생생히 남아있다.

그만큼 동양인이라면 이를 기본 계단으로 삼아 깊고 심오한 학문의 세계로 들어섰던 것이다. 특히 과거 유학이 곧 국시였던 시대에는 태어나 죽을 때까지 이 《논어》의 구절을 읊고 되색이며 화제와 비유, 생동의 근거로 삼아 생활 전반에 이를 적용하였다. 그리하여 집집마다 꽂아두고 서당마다 이를 암송하였으며 나아가 과거시험과 벼슬길에 이를 읽지 아니하고 선뜻 나선다는 것은 꿈도 꿀 수 없었다.

나도 지난날 선생님에게 이 《논어》를 배우면서 선비의 꿈을 꾸었고, 학문의 길을 나서게 되는 계기를 얻게 되었다. 특히 단장취의斷章取義한 구절일망정 지금까지 나를 이토록 한 가지에 매달릴 수 있게 한 것이 바로 "죽어야 말리 녀겨"(死而後已. 191)이다. 그래서 힘들고 지칠 때마다 '하늘이 나를 사랑하기 때문에 이렇게 노고롭게 하나보다'라고 하면서 "사랑한다면서 능히 괴롭지 말라하랴?"(愛之, 能勿勞乎. 340)를 되뇌이며 "가고 또 가고"(行行重行行) 하는 길밖에 없었다. 작은 표점하나 그냥 지나치지 못하다가 끝내 일의 바른 길을 터득하는 기쁨도 맛보았으니 일찍이 어떤 사람이 공자를 두고 "그 선생님은 어찌 그리 다능한가?"라고 묻자 공자가 이를 듣고 "나는 어려서 빈천했었다. 그 때문에 하찮은 일에도 능력이 많은 것이다"(吾少也賤, 故多能鄙事. 211)라 하였다. 그리고 급히 성과를 보고자 하였더니 가로막는 걸림돌이 하나둘이 아니었다. 이에 "급히 가고자 하면 이르지 못하나니"(欲速則不達. 319) "공인이 그 일을 잘하려면 먼저 연장부터 잘 베려 놓는 법"(工欲善其事, 必先利其器. 388)의 의미를 깨닫게도 되었다. 이처럼 《논어》는 결국 내 생활 그 자체가 되고 말았다. 그 결과 이제 나도 〈사서四書〉 완정본完整本을 하나 갖게 되었다. 아니 힘써 만들어본 〈노력본勞力本〉이라 해야 맞을 것이다. 좌우간 나로서는 꿈을 이룬 것이며 꽃다운 청장년을 후회없이 되색임질할 수 있다는 안도감까지 든다.

벌써 30여 년이 훌쩍 흘렀다. 내 딴에는 〈사서집주〉를 완전히 역주하여 이 시대 많은 학자들의 연구를 망라하고 싶었던 엉뚱한 오기가 발동했던 것이 벌써 이렇게 많은 성상을 보낸 것이다. 물론 동양 어느 학자가 〈사서〉에 관심을 가지고 읽지 않은 자가 있었겠으며 어느 연구자가 〈사서〉에 대하여 나름대로의 의견과 꿈을 가지지 않은 분이 있었겠는가? 당시나 지금이나 학자 축에도 들지 못하던 내가 그러한 생각을 가진 것은 물론 〈사서〉의 구절구절이 너무 좋아서이기도 하였겠지만 그보다 누구나 덤빌 수 있는 〈사서〉에 대하여, 과연 누구나 덤벼 난맥상을 이루고 있었음을 보았기 때문이었다.

당시는 아직 컴퓨터라는 것이 일반화되지 않아 원고지에 일일이 썼으며 나아가 자료는 있는 대로 찾아 복사하고 카드를 만들어 오려 붙여야 할 시대였다. 그 뒤 비록 문명의 이기가 나왔지만 그래도 입력과 검증, 교정은 절대적인 시간을 요구하였다. 나아가 새로운 이론과 서적이 나타날 때마다 다시 대조하고 참고해야하는 작업은 사실 나에게 커다란 고통을 주었다.

그러나 오히려 그러한 시간들이 행복하였음은 아마 나는 이미 숙명적으로 평원을 마음 놓고 가고 싶은 대로 달릴 수 있는 자동차가 아니라 이미 깔려있는 레일을 달려야 하는 기차와 같은 운명을 가진 자였기 때문이리라. 방향을 바꿀 수도 없고 쉴 수도 없는 그러한 외길을 타고났으니 어디로 가고 누구를 원망하겠는가? 게다가 출판은 더욱 어려운 일이었다. 누구나 하는 〈사서〉가 뭐 다시 출판할 거리가 되겠는가 라는 평가와, 대학자도 아닌 자가 감히

〈사서〉에 손을 대는가 라는 의구심 때문이었으리라. 새롭게 체재를 갖추어 언해까지 넣었으며 집주集註의 음주音注 부분도 빠짐이 없고, 집주의 전고典故도 일일이 찾아 밝혔다고 자신감을 보였지만 그것은 강변에 불과하였고 학문적인 것은 고사하고 상업성 자체가 걸림돌이었기 때문이었다.

그러나 모든 것은 시간과 함께 흘렀다. 지구상 수 천년 수 천만 명이 읽고 연구하여 학문과 감정에 영향을 준 책이 꽤 많겠지만 이 〈사서〉만큼 핍진하게 우리의 역사와 사상을 통제한 책도 드물 것이다. 이 시대에 이러한 일을 담당해보겠다고 나선 것이 바로 과욕이었으며 역부족이었는지 모른다. 그러나 『사이후이死而後已』에 매달리다가도 “마치 말을 할 줄 모르는 듯이”(似不能言. 236) 이 세상을 살다 가리라는 경지에 오르지 못했음을 늘 자책하기도 하였다. 그러나 다시 일어나 정리하고 따져보고 하여 감히 〈노력본〉이라고 내세울만한 이 시대 이 나라의 학문 수준을 알리고 싶었다. 하고 싶은 말도 많고 쓰고 싶은 이야기도 많으나 모두가 췌사贅辭임이 분명한 것 같다. 게다가 조악粗惡하고 누소漏疏한 부분은 각론 연구자가 완벽하게 짚어주기를 바란다. 강호제현江湖諸賢의 편달鞭撻과 질책叱責이 답지遝至하기를 빌 뿐이다. 검증된 책으로 다시 나기 위하여 어떠한 지적도 겸허하게, 그리고 애정어린 관심으로 수용할 것이다.

줄포茁浦 임동석林東錫이 부곽재負郭齋에서 새판을 내면서

# 일러두기

1. 이 책은 주희朱熹의 〈사서집주四書集註〉《논어論語》 전체의 원문原文과 집주문集註文을 빠짐없이 현대식으로 역주譯註한 것이다.
2. 대체로 모든 판본이 경經의 원문 중간에 집주문이 실려 있으나 전체 원문의 대의를 먼저 이해하기 쉽도록 하고자 해당처에 번호를 부여하고 집주문은 따로 아래로 모아 역주하였다.
3. 각 편별로 전체 일련번호와 편장篇章의 순서 번호를 넣어 쉽게 구분하며 역주 내의 설명에서도 쉽게 찾아볼 수 있도록 하였다.
4. 장별로 역대이래 각 학자들의 의견과 주장을 주註에서 처리하였다.
5. 그 외에 어휘, 구절, 허사, 문법적 문제, 음운, 인명 등 문제가 될 만한 것들은 모두 주에서 처리하였다.
6. 음주音注 부분에서 반절식反切式, 직음식直音式, 성조변별식聲調辨別式 등도 언해음諺解音과 대조하여 일일이 누락됨이 없이 밝혔다.
7. 매 단락마다 〈도산본陶山本〉과 〈율곡본栗谷本〉 언해를 실어 문장의 직역은 물론 국어학에도 도움이 되도록 하였다.
8. 언해는 단어별 언해음諺解音을 괄호 안에 넣었으며 띄어쓰기를 하여 시각적으로 구분되도록 하였으며 문장 부호는 표시하지 않았다.
9. 국내외 각종 사서 판본板本, 역주본譯註本, 현대 번역본, 백화어白話語 번역본 등을 두루 참고하였다. 특히 중국 판본은 〈사부간요四部刊要〉본이 가장 완벽하다고 보아 이를 근거로 하되 〈십삼경주소十三經注疏〉본과 대만사범대학臺灣師範大學 사서교학연토회四書教學硏討會 표점활자본標點活字本을 참고로 하였으며, 국내 판본으로는 내각장본內閣藏本 〈경서經書(大學, 論語, 孟子, 中庸)〉(成均館大學校 大東文化研究院 影印, 世宗 甲寅字)를 근거로 하였으며, 〈언해본諺解本〉 두 종류도 교차 검증하였다.

10. 집주集註에 거론된 인명人名은 처음 출현하는 곳에 간단히 약력을 밝혔으며 전체 부록(《大學》 말미)에 따로 모아 설명하였다.
11. 이체자異體字는 원본대로 실었다. 예: 恆(恒), 閒(間), 肸(肹) 등.
12. 집주 내의 전고典故도 일일이 찾아 밝혔으며, 각주脚註에 처리할 수 없는 경우는 해당 부분 괄호 안에 넣었다.
13. 원문에 현토懸吐는 하지 않았으며 현대 중국식 표점부호標點符號를 사용하였다. 다만 우리말 해석문解釋文에는 한국식 문장 부호를 사용하여 구분하였다.
14. 글씨(서예), 전각 자료 등은 현대 국내 작가의 것은 허락을 받아 게재한 것이며, 중국 석가石可의 《孔子事蹟圖・論語箴言印》(1988 山東 齊魯書社)의 전각 작품 등을 전재한 것임을 밝힌다.
15. 부록附錄(1)에는 주희의 〈사서독법四書讀法〉 등과 공자 관련 역사 기록을 실었으며, 부록(2)에는 《논어》 원문 전체를 실어 쉽게 찾아볼 수 있도록 하였다.
16. 사서四書 각 책에 대한 해제는 따로 하지 않고 전체 『사서총해제四書總解題』를 마련하여 《대학》 말미에 실어 일체의 학술적 문제를 일관되게 설명하였다.
17. 기타 자세한 것은 부록과 해제를 참고하기 바란다.

논어

〈孔子〉

《論語》

논어

〈先師孔子行教像〉 唐, 吳道子(그림) 동판.

〈先師孔子行教像〉 唐, 吳道子(그림) 동판.

논어

〈공자〉 北京故宮博物院 소장

山東 曲阜 孔府에 소장된 明代 그림 공자상

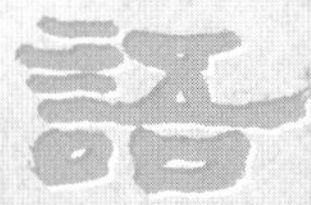

논어

산동성 박물관 소장 〈孔子 魯司寇像〉

山東 曲阜 孔府에 소장된 明代 그림 공자상

논어

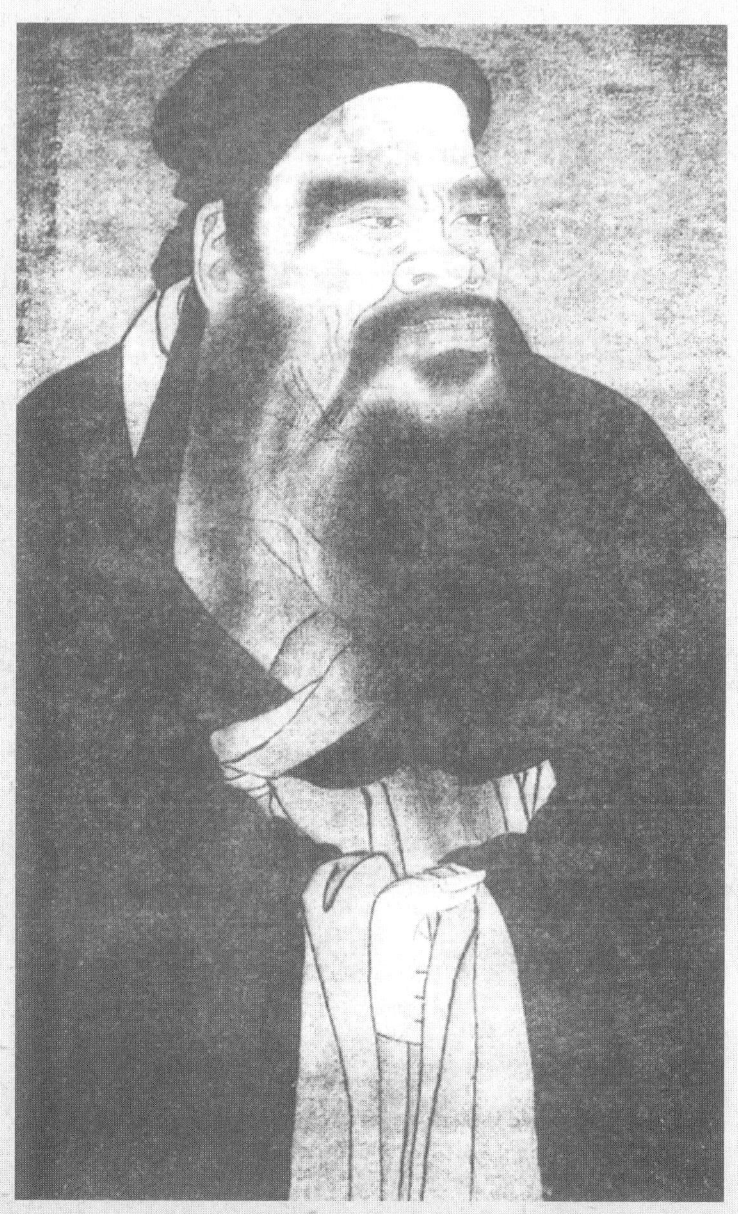

山東 曲阜 孔府에 소장된 明代 그림 공자상

山東 曲阜 孔府에 소장된 明代 그림 공자상

聖蹟堂 刻畫 〈孔子像〉. 《闕里志》에 顧愷之의 그림이라 하였으나 吳道子의 그림에 米芾이 "孔子孔子, 大哉. 孔子以前旣無孔子, 孔子以後更無孔子, 孔子孔子大哉孔子"라는 贊을 붙인 것이라 함. 王立忠《精選中華文物石索》

〈孔子行禮圖〉 吳道子 金刻本 "配德天地, 道冠古今. 刪述六經, 垂憲萬世."
王立忠《精選中華文物石索》

孔子: 唐 開元 27년 〈文宣王〉으로 추증함. 王立忠《精選中華文物石索》

山東 曲阜 孔廟의〈先聖小像〉石刻畫

논어

# 論語集注卷一

## 學而第一

此爲書之首篇。故所記多務本之意。乃入道之門。積德之基。學者之先務也。凡十六章。

子曰。學而時習之。不亦說乎。說悅同。○學之爲言效也。人性皆善。而覺有先後。後覺者必效先覺之所爲。乃可以明善而復其初也。習。鳥數飛也。學之不已。如鳥數飛也。說。喜意也。旣學而又時時習之。則所學者熟。而中心喜說。其進自不能已矣。程子曰。習。重習也。時復思繹。浹洽於中。則說也。又曰。學者。將以行之也。時習之。則所學者在我。故說。謝氏曰。時習者。無時而不習。坐如尸。坐時習也。立如齊。立時習也。有朋自遠方來。不亦樂乎。樂音洛。○朋。同類也。自遠方來。則近者可知。程子曰。以善及人。而信從者衆。故可樂。又曰。說在心。樂主發散在外。人不知而不慍。不亦君子乎。慍。紆問反。○慍。含怒意。君子。成德之名。尹氏曰。學在己。知不知在人。何慍之有。程子曰。雖樂於及人。不見是而無悶。乃所謂君子。愚謂及人而樂者順而易。不知而不慍者逆而難。故惟成德者能之。然德之所以成。亦由學之正。習之熟。說之深。而不已焉耳。○程子曰。樂由說而後得。非樂不足以語君子。

子曰。其爲人也孝弟。而好犯上者鮮矣。不好犯上而好作亂者。未之有也。弟好皆去聲。鮮上聲。下同。○有子。孔子弟子。名若。善事父母爲孝。善事兄長爲弟。犯上。謂干犯在上之人。鮮。少也。作亂。則爲悖逆爭鬭之事矣。此言人能孝弟。則其心和順。少好犯上。必不好作亂也。君子務本。本立而道生。孝弟也者。其爲仁之本與。與平聲。○務。專力也。本。猶根也。仁者。愛之理。心之德也。爲仁。猶曰行仁。與者。疑辭。謙退不敢質言也。言君子凡事專用力於根本。根本旣立。則其道自生。若上文所謂孝弟。乃是爲仁之本。學者務此。則仁道自此而生也。○程子曰。孝弟。順德也。故不好犯上。豈復有逆理亂常之事。德有本。本立則其道充大。孝弟行於家。而後仁愛及於物。所謂親親而仁民也。故爲仁以孝弟爲本。論性。則以仁爲孝弟之本。或問孝弟爲仁之本。此是由孝弟可以至仁否。曰。非也。謂行仁自孝弟始。孝弟是仁之一事。謂之行仁之本則可。謂是仁之本則不可。蓋仁是性也。孝弟是用也。性中只有箇仁義禮智四者而已。曷嘗有孝弟來。然仁主於愛。愛莫大於愛親。故曰孝弟也者。其爲仁之本與。

○子曰。巧言令色。鮮矣仁。巧。好。令。善也。好其言。善其色。致飾於外。務以悅人。則人欲肆而本心之德亡矣。聖人辭不迫切。專言鮮。則絕無可知。學者所當深戒也。○程子曰。知巧言令色之非仁。則知仁矣。

○曾子曰。吾日三省吾身。爲人謀而不忠乎。與朋友交而不信乎。傳不習乎。省。悉井反。爲。去聲。傳。平聲。○曾子。孔子弟子。名參。字子輿。盡己之謂忠。以實之謂信。傳。謂受之於師。習。謂熟之於己。曾子以此三者日省其身。有則改之。無則加勉。其自治誠切如此。可謂得爲學之本矣。而三者之序。則又以忠信爲傳習之本也。○尹氏曰。曾子守約。故動必求諸身。謝氏曰。諸子之學。皆出於聖人。其後愈遠而愈失其眞。獨曾子之學。專用心於內。故傳之無弊。觀於子思孟子可見矣。惜乎其嘉言善行。不盡傳於世也。其幸存而未泯者。學者





《論語集注》 四部刊要 經部 四書類. 宋 吳志忠(刻) 漢京文化社(인본) 1981 臺北

論語卷之一　　朱熹集註

學而第一 此爲書之首篇故所記多務本之意乃入道之門積德之基學者之先務也凡十六章

子曰學而時習之不亦說乎 說悅同○學之爲言效也人性皆善而覺有先後後覺者必效先覺之所爲乃可以明善而復其初也習鳥數飛也學之不已如鳥數飛也說喜意也旣學而又時時習之則所學者熟而中心喜說其進自不能已矣程子曰習重習也時復思繹浹洽於中則說也又曰學者將以行之也時習之則所學者在我故說謝氏曰時習者無時而不習坐如尸坐時習也立如齊立時習也

有朋自遠方來不亦樂乎 樂音洛○朋同類也自遠方來則近者可知程子曰以善及人而信從者衆故可樂又曰說在心樂主發散在外

人不知而不慍不亦君子乎 慍紆問反○慍含怒意君子成德之名尹氏曰學在己知不知在人何慍之有程子曰雖樂於及人不見是而無悶乃所謂君子愚謂及人而樂者順而易不知而不慍者逆而難故惟成德者能之然德之所以成亦曰學之正習之熟說之深而不已焉耳○程子曰樂由說而後得非樂不足以語君子

○有子曰其爲人也孝弟而好犯上者鮮矣不好犯上而好作亂者未之有也 好去聲鮮上聲下同○有子孔子弟子名若善事父母爲孝善事兄長爲弟犯上謂干犯在上之人鮮少也作亂則爲悖逆爭鬪之事矣此言人能孝弟則其心和順少好犯上必不好作亂也

君子務本本立而道生孝弟也者其爲人之本與 與平聲○務專力也本猶根也仁者愛之理心之德也爲仁猶曰行仁與者疑辭謙退不敢質言也言君子凡事專用力於根本根本旣立則其道自生若上文所謂孝弟乃是爲仁之本學者務此則仁道自此而生也○程子曰孝弟順德也故不好犯上豈復有逆理亂常之事德有本本立則其道充大孝弟行於家而後仁愛及於物所謂親親而仁民也故爲仁以孝弟爲本論性則以仁爲孝弟之本或問孝弟爲仁之本此是由孝弟可以至仁否曰非也謂行仁自孝弟始孝弟是仁之一事謂之行仁之本則可謂是仁之本則不可蓋仁是性也孝弟是用也性中只有箇仁義禮智四者而已曷嘗有孝弟來然仁主於愛愛莫大於愛親故曰孝弟也者其爲仁之本與

○子曰巧言令色鮮矣仁 巧好令善也好其言善其色致飾於外務以悅人則人欲肆而本心之德亡矣聖人辭不迫切專言鮮則絕無可知學者所當深戒也○程子曰知巧言令色之非仁則知仁矣

○曾子曰吾日三省吾身爲人謀而不忠乎與朋友交而不信乎傳不習乎 省悉井反爲去聲傳平聲○曾子孔子弟子名參字子輿盡己之謂忠以實之謂信傳謂受之於師習謂熟之於己曾子以此三者日省其身有則改之無則加勉其自治誠切如此可謂得爲學之本矣而三者之序則又以忠信爲傳習之本也○尹氏曰曾子守約故動必求諸身謝氏曰諸子之學皆出於聖人其後愈遠而愈失其眞獨曾子之學專用心於內故傳之無弊觀於子思孟子可見矣惜乎其嘉言善行不盡傳於世也其幸存而未泯者學者其可不盡心乎

○子曰道千乘之國敬事而信節用而愛人使民以時 道乘皆去聲○道治也千乘諸侯之國其地可出兵車千乘者也敬者主一無適之謂敬事而信者敬其事而信於民也時謂農隙之時言治國之要在此五者亦務本之意也○程子曰此言至淺然當時諸侯果能此亦足以治其國矣聖人言雖至近上下皆通此三言者若推其極堯舜之治亦不過此若常人之言近則淺近而已矣楊氏曰上不敬則下慢不信則下疑下慢而疑事不立矣敬事而信以身先之也易曰節以制度不傷財不害民蓋侈用則傷財傷財必至於害民故愛民必先於節用然使之不以其時則力本者不獲自盡雖有愛人之心而人不被其澤矣然此特論其所存而已未及爲政也苟無是心則雖有政不行焉胡氏曰凡此數者又皆以敬爲主愚謂五者反復相因各有次第讀者宜細推之

○子曰弟子入則



《論語集註》 四部備要

論語集註大全卷之一

學而第一

此為書之首篇故所記多務本之意朱子曰此一篇都是先說一箇根本○胡氏曰此篇首取其切於學者記之故以為多務本之意○新安陳氏曰揭君子務本一句以為首篇之要領此說本於游氏朱子已采入賢賢易色章下又首標之如首章以時習為本次章以孝弟為為仁之本三章以忠信為傳習之本道千乘章以五者為治國之本皆是餘可以類推乃入道之門積德之基學者之先務也凡十六章慶源輔氏曰道者人之所共由必有所從入德雖在我之所自得必積而後成凡此篇所論務本之事乃道所從入之門

論語集註大全一

而德所積累之基學者必先務此然後道可入而德可積矣○朱子曰學而篇名也取篇首兩字為別初無意義但學之為義則讀此書者不可以不先講也夫學也者以字義言之則已之未知未能而效夫知之能之之謂也以事理言之則凡未至而求至者皆謂之學雖稼圃射御之微亦曰學配其事而名之也而獨專之則所謂學者果何學也蓋始乎為士者所以學而至乎聖人之事伊川先生所謂儒者之學是也蓋伊川先生之意曰今之學者有三詞章之學也訓詁之學也儒者之學也欲通道則舍儒者之學不可尹侍講所謂學者所以學為人也學而至於聖人亦不過盡為人之道而已此皆切要之言也夫子之所志願子之所學子思孟子之所傳盡在此書而此篇所明又學之本故學者不可以不盡心焉○今讀論語且熟讀學而一篇若明得一篇其餘自然易

論語集註大全 卷之一卷之一 學而第一

饒○學而篇皆是先言自脩而後親師友有朋自遠方來在時習之後而親仁在入孝出弟之後就有道而正焉在食無求飽居無求安之後毋友不如己者在不重則不威之後今人都不去自脩只是專靠師友說話○覺軒蔡氏曰學而名篇專以學言而所謂學者果何所學耶朱子首發明學之本惟在全其本性之善而已

子曰學而時習之不亦說乎說悅同

學之為言效也人性皆善而覺有先後後覺者必效先覺之所為乃可以明善而復其初也朱子曰學之一字實兼致知力行而言問學之為言效也效字所包甚廣曰正是如此博學審問慎思明辨篤行皆學之事○勉齋黃氏曰集註言學而或問以知與能並言

論語集註大全一

何也曰言人之效學於人有此二者先覺之人於天下之理該洽貫通而吾懵然未有所知也於是日聽其議論而向之未知者始有所知矣先覺之人於天下之事躬行實踐而吾懵然未有所能也於是日觀其作為而向之未能者始能矣大抵讀書窮理要當盡聖賢之意備事物之情非吾好為是詳復也理當然也世之學者意念苟且思慮輕淺得其一隅便以為足則其為踈率也亦甚矣學者觀於此亦足以得養心窮理之要矣曰若是則學之為言固無所不學也今集註於此乃以為人性皆善必學而後能明善而復其初何也曰學問之道固多端矣然其歸在於全其本性之善而已明善謂明天下之理復其初則復其本然之善也於論語之首章首舉是以為言其提綱挈領而示人之意深矣○雲峯胡氏曰人性皆善天命之性也覺有先後氣質之性也必效先覺之所為或以所為為所行殊不知汝為周南召南集註曰為猶學也論語曰為之不厭孟子記夫子之言曰

五三

《論語集註大全》朝鮮 世宗 甲寅字. 成均館大學校 大東文化研究院 인본(1965)

論론語어諺언解ᄒᆡ卷권之지一일
學ᄒᆞᆨ而ᅀᅵ第뎨一일
子ᄌᆞㅣ曰왈學ᄒᆞᆨ而ᅀᅵ時시習습之지면不블亦
역說열乎호아
子ᄌᆞㅣ ᄀᆞᄅᆞ샤ᄃᆡ學ᄒᆞᆨᄒᆞ고時시로習습ᄒᆞ면
ᄯᅩᄒᆞᆫ깃브디아니ᄒᆞ랴
有유朋붕이自ᄌᆞ遠원方방來ᄅᆡ면不블亦역樂
락乎호아
벗이遠원方방으로브터오면ᄯᅩᄒᆞᆫ즐겁디아
니ᄒᆞ랴

人인不블知디而ᅀᅵ不블慍온이면不블亦역君군
子ᄌᆞ乎호아
사ᄅᆞᆷ이아디몯ᄒᆞ야도慍온티아니ᄒᆞ면ᄯᅩᄒᆞᆫ
君군子ᄌᆞㅣ아니가
○有유子ᄌᆞㅣ曰왈其기爲위人인也야ㅣ孝효
弟뎨오而ᅀᅵ好호犯범上샹者쟈ㅣ鮮션矣의니
不블好호犯범上샹이오而ᅀᅵ好호作작亂란者쟈
ㅣ未미之지有유也야ㅣ니라
有유子ᄌᆞㅣ ᄀᆞᆯ오ᄃᆡ그사ᄅᆞᆷ이로ᄃᆡ孝효ᄒᆞ며
弟뎨ᄒᆞ고上 ᄋᆞᆯ好호ᄒᆞᆯ者쟈ㅣ적

으니上샹을犯범홈을好호티아니ᄒᆞ고亂란
을作작홈을好호ᄒᆞᆯ者쟈ㅣ잇디아니ᄒᆞ니라
君군子ᄌᆞᄂᆞᆫ務무本본이니本본立립而ᅀᅵ道도生
ᄉᆡᆼᄒᆞᄂᆞ니孝효弟뎨也야者쟈ᄂᆞᆫ其기爲위仁인之
지本본與여딘뎌
君군子ᄌᆞᄂᆞᆫ本본을힘ᄡᅳᆯᄃᆡ니本본이셤애道
도ㅣ生ᄉᆡᆼᄒᆞᄂᆞ니孝효弟뎨ᄂᆞᆫ그仁인ᄒᆞ욜本
본인뎌
○子ᄌᆞㅣ曰왈巧교言언令령色ᄉᆡᆨ이鮮션矣의
仁인이니라

子ᄌᆞㅣ ᄀᆞᆯᄋᆞ샤ᄃᆡ言언을巧교히ᄒᆞ며色ᄉᆡᆨ을
令령히ᄒᆞᆯ이仁인ᄒᆞᆯ이鮮션ᄒᆞ니라
○曾증子ᄌᆞㅣ曰왈吾오ㅣ日일三삼省셩吾오
身신ᄒᆞ노니爲위人인謀모而ᅀᅵ不블忠튱乎호아
與여朋붕友우交교而ᅀᅵ不블信신乎호아傳뎐
不블習습乎호애니라
曾증子ᄌᆞㅣ ᄀᆞᆯ오ᄃᆡ내날로세가지로내몸
ᄋᆞᆯ슬피노니사ᄅᆞᆷ을爲위ᄒᆞ야謀모홈애忠튱
티몯ᄒᆞᆫ가朋붕友우로더브러交교홈애信신
티몯ᄒᆞᆫ가傳뎐코習습디몯ᄒᆞᆫ개니라

《論語諺解》陶山書院 所藏本 大提閣 인본 1972

# 논어

論語栗谷先生諺解卷之一

學而第一

子ᄌᆞ曰왈學ᄒᆞᆨ而이時시習습之지면不블亦역說열乎호아

子ᄌᆞㅣᄀᆞᄅᆞ샤ᄃᆡ學ᄒᆞᆨᄒᆞ야時시로習습ᄒᆞ면ᄯᅩ說열홉디아니랴

有유朋붕自ᄌᆞ遠원方방來ᄅᆡ면不블亦역樂락乎호아

朋붕이遠원方방으로브터으리이시면ᄯᅩᄒᆞᆫ樂락홉디아니랴

論語諺解卷一 一

人인不블知디而이不블慍온ᄒᆞ면不블亦역君군子ᄌᆞ乎호아

人인이아디몯ᄒᆞ야도慍온티아니ᄒᆞ면ᄯᅩᄒᆞᆫ君군子ᄌᆞㅣ아니랴

○有유子ᄌᆞ曰왈其기爲위人인也야ㅣ孝ᄒᆞ弟뎨오而이好호犯범上샹者쟈ㅣ鮮션矣의니不블好호犯범上샹ᄒᆞ고而이好호作작亂란者쟈ㅣ未미之지有유也야ㅣ니라

有유子ᄌᆞㅣᄀᆞᄅᆞᄃᆡ그人인이이론ᄆᆡ孝효弟뎨코上샹犯범ᄒᆞ몰됴히너길者쟈ㅣ져그니上샹犯범호몰됴히아니너기고亂란作작호몰됴히너길者쟈ㅣ잇디아니ᄒᆞ니라

君군子ᄌᆞ務무本본이니本본立립而이道도生ᄉᆡᆼᄒᆞᄂᆞ니孝효弟뎨也야者쟈ᄂᆞᆫ其기爲위仁인之지本본與연뎌

君군子ᄌᆞㅣ本본을務무홀디니本본이立립호매道도ㅣ生ᄉᆡᆼᄒᆞᄂᆞ니孝효弟뎨ᄂᆞᆫ그仁인홀本본인뎌

論語諺解卷一 二

○子ᄌᆞ曰왈巧교言언令령色ᄉᆡᆨ이鮮션矣의仁인이니라

子ᄌᆞㅣᄀᆞᄅᆞ샤ᄃᆡ言언을巧교히ᄒᆞ며色ᄉᆡᆨ을令령히ᄒᆞᄂᆞᆫ이仁인이져그니라

○曾증子ᄌᆞ曰왈吾오ㅣ日일三삼省셩吾오身신ᄒᆞ노니爲위人인謀모而이不블忠튱乎호아與여朋붕友우交교而이不블信신乎호아傳뎐不블習습乎호ㅣ라애니

曾증子ᄌᆞㅣᄀᆞᄅᆞ샤ᄃᆡ내日일마다三삼으로내몸을省셩ᄒᆞ노니人인을爲위ᄒᆞ야謀모호매忠튱티몯ᄒᆞᆫ가朋붕友우로

《論語栗谷諺解》 成均館大學校 養賢齋 인본 1974

# 論語注疏解經卷第一

何晏集解　邢昺疏

## 學而第一

疏 正義曰：自此至堯曰，是魯論語二十篇之名及第次也。當弟子論撰之時，以論語爲此書之大名，學而以下爲當篇之小目。其篇中所載，各記舊聞，意及則言，不爲義例，或以類相從。此篇論君子、孝弟、仁人、忠信、道國之法、主友之規，聞政在乎行德，由禮貴於用和，無求安飽以好學，能自切磋而樂道，皆人行之大者，故爲諸篇之先。既以學爲章首，遂以名篇，言人必須學也。爲政以下諸篇所次，先儒不無意焉，當篇各言其指，此不煩說。第，順次也。一，數之始也。言此篇於次當一也。

子曰：學而時習之，不亦說乎？馬曰：子者，男子之通稱，謂孔子也。王曰：時者，學者以時誦習之。誦習以時，學無廢業，所以爲說懌。

有朋自遠方來，不亦樂乎？包曰：同門曰朋。

人不知而不慍，不亦君子乎？慍，怒也。凡人有所不知，君子不怒。

疏 子曰至君子乎 ○正義曰：此章勸人學爲君子也。子者，古人稱師曰子。子，男子之通稱。此言子者，謂孔子也。曰者，說文云：詞也，從口乙聲，亦象口气出也。然則曰者，發語詞也。以此下是孔子之語，故以子曰冠之。或言孔子曰者，以記非一人，各以意載，無義例也。白虎通云：學，覺也，悟也。言用先王之道，導人情性，使自覺悟也。去非取是，積成君子之德也。孔子曰：學者而能以時誦習其經業，使無廢落，不亦說懌乎？學業稍成，能招朋友，有同門之朋從遠方而來，與己講習，不亦樂乎？既有成德，凡人不知而不怒之，不亦君子乎？言誠君子也。君子之行非一，此其一行耳，故云亦也。注馬曰至說懌 ○正義曰：云子者，男子之通稱者，經傳凡敵者相謂皆言吾子，或直言子，稱師亦曰子，是子者男子有德之通稱也。云謂孔子者，嫌爲他師，故辨之。公羊傳曰：子沈子曰。何休云：沈子稱子冠氏上者，著其爲師也。不但言子曰者，辟孔子也。其不冠子者，他師也。然則書傳直言子曰者，皆指孔子，以其聖德著聞，師範來世，不須言其氏，人盡知之故也。若其他傳受師說，後人稱其先師之言，則以子冠氏上，所以明其爲師也，子公羊子、子沈子之類是也。若非己師而稱他有德者，則不以子冠氏上，直言某子，若高子、孟子之類是也。云時者，學者以時誦習之者，皇氏以爲凡學有三時：一身中時，學記云：發然後禁，則扞格而不勝；時過然後學，則勤苦而難成。故內則云：十年出就外傅，居宿於外，學書計；十有三年學樂，誦詩，舞勺；十五年成童，舞象。是也。二年中時，王制云：春秋教以禮樂，冬夏教以詩書。鄭玄云：春夏，陽也；詩樂者聲，聲亦陽也。秋冬，陰也；書禮者事，事亦陰也。互言之者，皆以其術相成。又文王世子云：春誦夏弦，秋學禮，冬讀書。鄭玄云：誦謂歌樂也，弦謂以絲播詩。陽用事則學之以聲，陰用事則學之以事，因時順氣，於功易也。三日中時，學記云：故君子之於學也，藏焉，脩焉，息焉，遊焉。是日日所習也。言學者以此時誦習所學篇簡之文，及禮樂之容，日知其所亡，月無忘其所能，所以爲說懌也。譙周云：悅深而樂淺也。一曰：在內曰說，在外曰樂。言亦者，凡外境適心則人心說樂，可說可樂之事，其類非一，此學而時習，有朋自遠方來，亦說樂之事耳，故云亦也。注包曰同門曰朋 ○正義曰：鄭玄注大司徒云：同師曰朋，同志曰友。然則同門者，同在師門以授學者也。朋即羣黨之謂，故子夏曰：吾離羣而索居。鄭玄注云：羣謂同門朋友也。此言有朋自遠方來者，即學記云：三年視敬業樂羣也。同志謂同其心意所趣鄉也。朋疏而友親，朋來既樂，友即可知，故略不言也。注慍怒至不怒 ○正義曰：云凡人有所不知，君子不怒者，其說有二：一云古之學者爲己，已得先王之道，含章內映，而他人不見不知，而我不怒也。一云君子易事，不求備於一人，故爲教誨之道，若人有鈍根不能知解者，君子恕之而不慍怒也。

有子曰：孔子弟子有若。

其爲人也孝弟，而好犯上者，鮮矣。鮮，少也。上，謂凡在己上者。言孝弟之人必恭順，好欲犯其上者少也。

不好犯上，而好作亂者，未之有也。君子務本，本立而道生。本，基也。基立而後可大成。

孝弟也者，其爲仁之本與？先能事父兄，然後仁道可大成。

疏 有子曰至本與 ○正義曰：此章言孝弟之行也。弟子有若曰：其爲人也，孝於父母，順於兄長，而好陵犯凡在己上者，少矣。言孝弟之人，性必恭順，故好欲犯其上者少也。既不好犯上，而好作亂者，必無，故云未之有也。是故君子務脩孝弟，以爲道之基本。基本既立，而後道德生焉。恐人未知其本何謂，故又言孝弟也者，其爲仁之本與。禮尚謙退，不敢質言，故云與也。注孔子弟子有若 ○正義曰：史記弟子傳云：有若少孔子四十三歲。鄭玄曰魯人。注鮮少也 ○正義曰：釋詁云：鮮，罕也。故得爲少。皇氏、熊氏以爲上謂君親，犯謂犯顏諫爭。今案注云：上謂凡在己上者，則皇氏、熊氏違背注意，其義恐非也。

子曰

《論語注疏》何晏(集解)　邢昺(疏)　十三經注疏本　臺北

# 논어

篆文(小篆)《論語》清 殿版定本

# 論語正義

劉寶楠著

## 卷一　學而第一

正義曰。釋文及皇邢疏本。皆有此題。邢疏云。自此至堯曰。是魯論語二十篇之名及第次也。當弟子論撰之時。以論語爲此書之大名。學而以下。爲當篇之小目。第。順次也。一。數之始也。言此篇於次當一也。案古人以漆書竹簡。約當一篇。卽爲編列。以韋束之。故孔子讀易。韋編三絕。當孔子時。諸弟子撰記言行。各自成篇。不出一人之手。故有一語而前後篇再出也。毛詩序疏引說文。第。次也。从竹弟。今本說文脫。弟字下云。韋束之次弟也。從古字之象。疑第指韋束之次言。第則指竹簡言。釋名釋書契云。稱題亦有第。因其第次也。後漢安帝紀李賢注。第謂有甲乙之次第

**集解**　正義曰。陸德明經典釋文。載論語舊題。止集解二字。在學而第一之下。自注。一本作何晏集解。一本必六朝時人改題。誤以集解爲何晏一人作也。然釋文雖仍舊題。而云何晏集孔安國云云。其文兩見。則亦爲後世之誤說所惑也。

**凡十六章**　正義曰。釋文舊有此題。其所據卽集解本。今皇邢疏無凡幾章之題者。當由所見本已刪之也。漢石經則每卷後有此題。蓋昔章句家所記之數。統計釋文各篇四百九十二章。趙岐孟子篇敍曰。論四百八十六章。較釋文少六章。然釋文先進篇二十三章。依集解宜爲二十四章。衛靈篇四十九章。依集解實爲四十三章。又陽貨篇二十四章。漢石經作廿六章。凡皆所據本異。故多寡迥殊。今但依釋文以存集解之舊。其有離合錯誤。各記當篇之下。至後世分析移併之故。言人人殊。旣由臆造。則皆略焉。又趙岐言章次大小。各當其事。無所法也。明謂論語章次。依事類敍。無所取法。與孟子篇章迥殊。而皇疏妄有聯貫。翟氏灝考異。已言其誤。後之學者。亦有茲失。旣非理所可取。則皆刪佚。不敢更箸其說焉。

**子曰學而時習之。不亦說乎。**注馬曰。子者。男子之通稱。謂孔子也。王曰。時者。學者以時誦習之。誦習以時。學無廢業。所以爲說懌也。正義曰。曰者。皇疏引說文云。開口吐舌謂之爲曰。邢疏引說文云。曰䛐從口乙聲。亦象。口气出也。所引說文各異。段氏玉裁校定作從口乙。象口氣出也。又引孝經釋文云。從乙在口上。乙象氣。人將發語。口上有氣。故曰字缺上也。學者。說文云。斆。覺悟也。从教从冂。冂。向矇也。臼聲。學。篆文斆省。白虎通辟雍篇。學之爲言覺也。以覺悟所未知也。與說文訓同。荀子勸學篇。君子博學而日參省乎己。則知明而行無過矣。故不登高山。不知天之高也。不臨深谿。不知地之厚也。不聞先王之遺言。不知學問之大也。



《論語正義》清，劉寶楠．新編弟子集成　世系書局　活字本 1977 臺北

논어

集諸家之善說記其姓名有不安者頗爲改易名曰論語集解光祿大夫關內侯臣孫邕光祿大夫臣鄭冲散騎常侍中領軍安鄉亭侯臣曹羲侍中臣荀顗尚書駙馬都尉關內侯臣何晏等上

四部叢刊　論語

論語學而第一　何晏集解　凡十六章

子曰學而時習之不亦悅乎馬融曰子者男子之通稱謂孔子也王肅曰時者學者以時誦習之誦習以時學無廢業所以爲悅懌也有朋自遠方來不亦樂乎苞氏曰同門曰朋也人不知而不慍不亦君子乎慍怒也凡人有所不知君子不慍也有子

《論語集解》(何晏 集解) 四部叢刊 初編 經部「書同文」電子版 北京

皇清經解卷一千一百六十四　學海堂

論語補疏　江都焦孝廉循著

學而時習之不亦說乎(注)王曰時者學者以時誦習之誦習以時學無廢業所以爲說懌

循按當其可之謂時說解悅也不憤不啓不悱不發時也中人以上可以語上中人以下不可以語上時也求也退故進由也兼人故退時也學者以時而說此大學之教所以時也教者學者皆期其能解悅邢疏引譙周說說深樂淺未是

人不知而不慍(注)慍怒也凡人有所不知君子不怒

循按疏有二說前一說他人不見知而我不怒此非注義注言人有所不知則是人自不知非不知己也有所不知則亦有所知我所知而人不知因而慍之矜也人所知而我不知又因而慍之忌也君子不矜則不忌可知其心休休所以爲君子也後漢儒林傳注引魏畧云樂詳字文載黃初中徵拜博士十餘人學多褊又不熟悉惟詳五業並授其或難質不解詳無慍色以杖畫地牽譬引類至忘寢食

其爲人也孝弟而好犯上者鮮矣(注)上謂凡在己上者言孝弟之人必恭順好欲犯其上者少也

循按邱光庭兼明書云皇侃曰犯上謂犯顏而諫言孝弟之人必不犯顏而諫明曰犯上謂干犯君上之法令也言人事父母能孝事兄長能弟即能事君上能遵法令必不干犯於君上也今皇侃疏引熊埋云孝弟之人志在和悅先意承旨



君親有日月之過不得無犯顏之諫然雖屢納忠規何嘗好之哉邢疏謂皇氏熊氏違背注意益以注言凡在己上則不專指君親乃凡在己上之人必恭順而不欲犯其不好犯君親益不待言矣皇熊切言之與注意亦不爲違背益犯顏而諫在唐宋以後視爲臣道之常而聖人則以爲忠誠之變如龍逢比干不得已而爲之故雖或犯顏直諫而心實不好也漢書蓋寬饒傳云好言事刺譏奸犯上意師古音干干犯上意即犯上又叙傳云初成帝性寬進入直言是以王音翟方進等繩法舉過而劉向杜鄴王章朱雲之徒肆意犯上後漢書荀彧亦云田豐剛而犯上犯上爲犯顏而諫古之通義也皇侃本之耳表記云事君可貴可賤可富可貧可生可殺而不可使爲亂鄭注云亂謂違失事君之禮爲亂即此所云作亂非必悖逆乃爲作亂也皇氏熊氏尙知古人事君之禮故用以解說此經邱氏生於唐遂覺犯顏而諫不可爲犯上增出法令二字願孝弟之人不犯法令不悖逆何待有子言之先軫怒秦囚之歸不顧而唾於箕之役則曰匹夫逞志於君而無討敢不自討乎免冑入狄師而死軫之犯顏固出於一時忠憤而自咎如此有子所云犯上正軫之所云逞志於君爾自有子之意不明爲人臣者遂以犯顏而諫爲常至明人有以理勝君之說始以不卒歸咎於君極於撼門而哭者所以鳴其直由犯顏至於違失事君之禮身入於亂而不自知有子以好犯顏者究其歸於作亂而探其本於孝弟所



《論語補疏》清 焦循 皇淸經解

# 논어

皇淸經解卷一千二百九十七　學海堂
論語述何　武進劉禮部逢祿著
學而時習之不亦說乎
學謂刪定六經也當春秋時異端萌芽已見夫子乃述堯舜
三王之法埀教萬世非是則子思子所謂有弗學也時者有
終身之時禮內則六年敎之數與方名之類時過然後學則
勤苦而難成也有一年之時禮世子記春誦夏弦秋學禮冬
讀書是也有一日之時禮學記藏焉脩焉息焉游焉是也
友朋自遠方來不亦樂乎
易曰君子居其室出其言善則千里之外應之況其邇者乎
記曰獨學而無友則孤陋而寡聞友天下之善士故樂
皇淸經解《卷千二百九十七 劉禮部論語述何　一　庚申補刊
人不知而不慍不亦君子乎
禮中庸曰君子依乎中庸遯世不見知而不悔惟聖者能之
又曰苟不固聰明聖智達天德者其孰能知之傳曰末不亦
樂乎堯舜之知君子也制春秋之義以俟後聖以君子之爲
亦有樂乎此也蓋夫子述詩書禮樂文詞有可與人共者不
獨有也至於作春秋筆則筆削則削游夏之徒不能贊一辭
故曰莫我知也又曰知我者其惟春秋乎
子曰君子務本本立而道生孝弟也者其爲仁之本與从後漢書兩引
作子曰本立道生謂始元終麟仁道備矣堯舜之行本乎孝弟
夫子志在春秋行在孝經二經相表裏也
子曰巧言令色鮮矣仁

首記夫子論學次及論仁因辨巧言令色之非仁巧言令色
舜禹所畏左邱明所恥也
曾子曰吾日三省吾身爲人謀而不忠乎與朋友交而不信乎
傳不習乎 釋文三息暫反又如字鄭云魯讀傳爲專今从古
忠信所以進德則遠於巧言令色矣傳六經之微言大義也
習時習也
道千乘之國
春秋述三代之制大國地方百里有萬井十井而賦一乘故
曰千乘 義見昭元年注
敬事而信節用而愛人使民以時
天子敬天事諸侯敬王事乾爲敬爲信謂法天也禮王制冢
皇淸經解《卷千二百九十七 劉禮部論語述何　二　庚申補刊
宰以三十年之通制國用大國萬井三分去一爲六千六百
六十六井不盡助法八家同井可受五萬三千三百二十八
夫不盡一家八口計四十二萬六千六百二十四口諸侯有
分土無分民民衆地寡則白狹鄉徙之寬鄉大國諸侯祿田
三萬二千畝若漢時三百二十戶耳易訟二爻邑人三百戶
舉大數謂天子上大夫受地視侯也朝聘貢獻祭祀權秣之
屬咸出其中軍旅之歲民間一井出稷禾秉芻缶米不是過
也故春秋譏初稅畝用田賦作邱甲城築必書皆重民也人
謂大臣羣臣
子曰弟子入則孝出則弟謹而信汎愛衆而親仁行有餘力則
以學文

《論語述何》 淸 劉逢祿 皇淸經解

論語卷之一

學而第一

朱熹集註

子曰學而時習之不亦說乎

有朋自遠方來不亦樂乎

而不慍不亦君子乎

有子曰其爲人也孝弟而好犯上者鮮矣不好犯上而好作亂者未之有也

《論語》臺灣 坊本

# 논어

論語卷之一

學而第一

(大意) 學而ᄂᆞᆫ、篇일홈이니、首章의、學而두글ᄌᆞ를、取ᄒᆞ야、일홈홈인ᄃᆡ、아리、여러卷이、모다이것을、依倣ᄒᆞ얏고、第一이라홈은、ᄎᆞ례로、쳣저라ᄂᆞᆫ말이라、이것이、글의머리篇이된고로、記錄ᄒᆞᆫ바이、根本을、힘쓴뜻이、만ᄒᆞ니、道에、드러가ᄂᆞᆫ門이오、德을ᄊᆞᆺᄂᆞᆫ터이니、ᄇᆡ호ᄂᆞᆫ者의、먼져힘쓸것이라、무릇열여셧章이라。

子ㅣ曰學而時習之면不亦說乎아

(字解) 子ᄂᆞᆫ、道德과、學問이、잇ᄂᆞᆫ先生을、尊稱홈이니、다만子ㅅ字ᄒᆞᆫ字만、가지고尊稱홈은、孔子셔만、限홈이라、說은悅字와갓ᄒᆞ니、깃부다ᄂᆞᆫ뜻이라。

(訓讀) 子ㅣ글ᄋᆞ샤ᄃᆡ、ᄇᆡ호고、ᄯᅢᄯᅢ로、익히면、ᄯᅩᄒᆞᆫ깃부지、아니ᄒᆞ랴。



有朋이自遠方來면不亦樂乎아

(字解) 樂은、즐겁다ᄂᆞᆫ뜻이라。

(訓讀) 벗이、잇셔、먼곳으로、부터오면、ᄯᅩᄒᆞᆫ즐겁지、아니ᄒᆞ랴。

人不知而不慍이면不亦君子乎아

(字解) 慍은노여워、홈을、먹음은뜻이라、君子ᄂᆞᆫ、德을일운、일홈이라。

(訓讀) ᄉᆞ람이、알지못ᄒᆞ야도、노여워ᄒᆞ지안이ᄒᆞ면、ᄯᅩᄒᆞᆫ、君子가안인가。

(義解) ᄇᆡ호기만ᄒᆞ고、익히지ᄂᆞᆫ、안이ᄒᆞ면、ᄇᆡ혼바를、모다니저버릴지라그러홈으로、ᄯᅢᄯᅢ로、익히면、ᄇᆡ혼바이、익어져셔、점점셔닷고、날로、늘어가셔、ᄂᆡ마ᄋᆞᆷ이깃블지오、ᄂᆡ혼ᄌᆞ만、깃블ᄲᅮᆫ이、안이라、착홈으로써、사ᄅᆞᆷ에게、밋쳐셔、服從ᄒᆞᄂᆞᆫ이가、만홈으로、먼地方에、잇ᄂᆞᆫ벗ᄭᆞ지라도、모다、오면、즐겁지안이ᄒᆞ랴、그러나、學問을、닥금은、ᄂᆡ몸에、잇슴이오、알고、알지못홈은、사람에게잇스니、무엇으로、셩닙이잇스리오、만은、벗이、옴을、즐거워홈은、



《論語》 有教經典諺解叢書 儒教經典講究所(洪熹, 尹喜求, 魚允迪 등)이 펴낸 책. 1922. 서울

原本備旨 論語集註卷之一

## 學而第一

此爲書之首篇故、所記、多務本之意、乃入道之門、積德之基、學者之先務也、凡十六章、

子ㅣ曰學而時習之면不亦說乎아 說悅同

子ㅣ 글ᄋᆞ샤ᄃᆡ 學ᄒᆞ고 時로 習ᄒᆞ면 ᄯᅩ ᄒᆞᆫ 깃브디 아니ᄒᆞ랴

學之爲言、效也、人性、皆善而覺有先後、後覺者、必效先覺之所爲、乃可以明善而復其初也、

習、鳥數飛也、學之不已、如鳥數飛也、

原本備旨論語集註卷一

原本備旨《論語集註》世昌書館 1962 서울

皇清經解卷一百七十七　學海堂

論語稽求篇　蕭山毛檢討奇齡著

有朋自遠方來節　同門曰朋此是古註自說文及詩註左傳註公羊傳註皆然孔氏正義曰周禮大司徒註同師曰朋便不如同門之當蓋朋是門戶之名凡曰朋黨曰朋比比是鄉比黨是黨塾皆里門閭戶學僮居處名色故朋爲同門此是字義本爾不可易也大抵學中境次從黨庠肄習之後既已分門又復來合致足娛樂此與學記所云敬業樂羣檀弓所云離羣索居正可比觀蓋以離爲苦則必以合爲樂也至若學問相長彼此宣暢亦朋來必有之事即以此言樂亦無不可但朋來不可混耳



其爲人也孝弟章　孝弟爲仁之本孟子註甚明孟子曰仁之實事親是也又曰親親仁也實即本字舊儒每比之木實之實即核中仁也根荄也所謂一在木下爲本也然則仁本孝弟矣若親親仁民以節次言則但言其粗者不知後儒何以又有人性無孝弟之說也若然則孟子良知良能之說眞異學與先聽齋曰槩讀有子原文反覆踼蕩踊躍抃掉而爲是言定知堯舜之道只在孝弟其聲詩後學提撕聾聵何等急切及一閒儒說而索然矣張南士曰凡立言各有所重此文且極言仁本孝弟良然

何註先能事父兄然後仁道可大成此以仁孝分先後所始然此係西晉異學從來無此案呂覽夫孝三王五帝之本務此本務字實出有子務本之語故唐宗孝經序以孝爲百行之源源即本也李延壽孝義傳序易曰立人之道曰仁與義夫仁義者合君親之至理實忠孝之所資則竟以仁爲人道即道生之道也以仁爲孝弟所資資深則逢源明云仁是資取孝是源本也惟漢詔舉賢良謂賢以孝爲首則微逗先後之意然但以施用節次言如孟子親親仁民語非本論也至東漢之季南陽延篤有仁孝先後論則意是時已創有仁先孝弟之說且混本末爲先後其異說所始實本諸此然當時早已辨之如云夫仁人之有孝猶四體之有心腹枝葉之有根本也仁以枝葉扶蔬爲大而孝以心體本根爲先則仍以本字析先字且辨既明了則王說已暢又何容再襲客說以



啟更端先仲氏嘗云漢學篤實東京尤甚然其時已逗有魏晉王何虛無講論大意正指此等

本字不訓始字惟宋眞朝作廣韻始有此釋但此節本字則斷斷不作始解爲仁之本即務本本字也孝弟爲仁始則必先曰君子務始始立而道生恐有子無是語矣

賢賢易色節　四者非至德絕行不必學而後能之故曰未學舊註甚明按子夏是節詞氣抑揚與有子孝弟章正同有子重孝弟子夏重力行孟子曰人之所不學而知者其良知也天下原自有不學而可知能者舊註服勞非大孝事本禮記語其以致身爲汪踦之行者謂不能匡君衛國而徒以身殉孺子之忠也故云然此與夫子不許召忽同意若秦之三良齊之徒

《論語稽求篇》清　毛奇齡　皇清經解

論語偶記　仁和方庶常觀旭著

道千乘之國

集解云馬曰其地方三百一十六里有畸包曰百里之國融依周禮包依王制孟子義疑故兩存焉近時經師從馬氏竊以泰伯篇曾子曰可以寄百里之命明指國君之政令先進篇冉有曰方六七十如五六十謙不敢當千乘之國則千乘之國爲百里甚明以他經解論語何如以論語證論語

古者十五而入大學 集注

案尚書周傳云王子公卿大夫元士之適子十五入小學二十入大學書傳略說云餘子十五入小學十八入大學竝無十五入大學之文論語十五而志于學是未及十八入大學之期先有志及之耳且聖人不以常格限也集注古者十五而入大學望經爲註益未深考



孟懿子問孝

就三家葬祭非禮言之檀弓云三家視桓楹葬僭禮之一端也八佾篇三家以雍徹祭僭禮之一端也惟是懿子之父仲孫貜春秋書其卒在昭二十四年史記弟子傳樊遲少孔子三十六歲是貜卒時子遲尚未生今懿子問孝時有樊遲御而夫子備告以生事葬祭者懿子或尚有母在歟檀弓云南宮縚之妻之姑之喪夫子誨之髽南宮縚卽敬叔與懿子俱泉丘人所生但懿子嘗師事夫子弟子傳不列其人論語注祇云魯大夫何故蓋嘗攷孔子用魯使子路爲季氏宰墮三都於是叔孫墮郈季氏墮費此正聖人行道之會獨孟懿子聽小人公斂陽之謀不肯墮成是夫子不得卒行其道於魯沮之者實始懿子也懿子幸得親炙門墻乃於師將行道不知相與有成吾甚惜孟僖子式穀後昆之心必屬之於夫子使學禮而定其位爲可慨矣觀聖門弟子中不列其人與嘗學士喪禮之孺悲同在所棄豈不悲夫此無甚經義吾偶爲今人之背師者發之

揖讓而升下而飲

此文見論語禮記二處禮記注云飲射爵者亦揖讓而升降案禮儀大射云耦進上射在左竝行當階北面揖及階揖升堂揖皆當其物北面揖及物揖射畢北面揖揖如升射是射時之揖讓而升下也大射又云勝者皆袒決遂執張弓不勝者皆襲說決拾卻左手右加弛弓于其上遂以執弣揖如始升射及階勝者先升升堂少右不勝者進北面坐取豐上之觶立卒觶坐奠於豐下興揖不勝者先降是飲射爵時之揖讓而升下也此孔子所言者飲也謂既以禮升降而飲此罰爵其事可擬是以射則爭中卻非言揖讓而升射故康成禮注言亦以明之惟箋詩賓之初筵引論語作下而飲與注禮異要之約畧所取實不如禮注之勝今讀論語者乃棄集解傳注而從詩箋解云揖讓而升者大射之禮耦進三揖而後升堂以揖讓屬於升射又云下而飲謂射畢揖降以俟衆耦皆降勝者乃揖不勝者升取觶立



《論語偶記》清 方觀旭 皇清經解

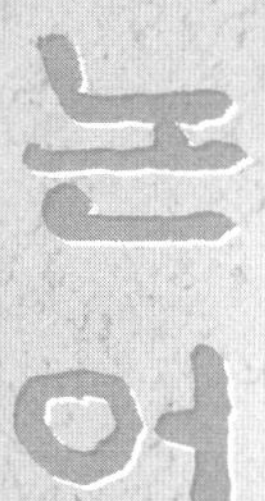

孔子門人考

清　秀水朱彝尊錫鬯撰

成回

劉向曰成回學于子路

楚馯臂子弓 或作宏

司馬遷曰孔子傳易于商瞿瞿傳楚人馯臂子宏

應劭曰子弓是子夏門人

韓子曰荀卿之書語聖人必曰孔子子弓子弓之事業不傳惟太史公書弟子傳有姓名曰馯臂子弓



吳萊曰荀卿所重仲尼子弓子弓未審何人韓子曰仲尼弟子有馯臂子弓漢儒林傳商瞿授易仲尼瞿傳魯橋庇子庸子庸傳江東馯臂子弓子弓與仲尼不同時又行事無大卓卓不足以配孔子邢昺論語疏引王弼說逸民朱張字子弓然弼說又不見有他據也要之孔子嘗稱冉雍可使南面且在德行之科雍字仲弓蓋與子弓同是一人如季路又稱子路然也將荀卿之學實出于子弓之門人故尊其師之所自出與聖人同列

《孔子門人考》清 朱彝尊

孔子弟子考

清 秀水朱彝尊錫鬯撰

魯秦子商字丕茲（家語作不慈 史記作子丕）少孔子四歲唐開元二十七年追贈上洛伯宋大觀四年贈馮翊侯

按高郵夏氏孔門弟子記略及闕里廣志皆云商少孔子四十歲然秦子父堇父偪陽之役與叔梁紇俱以力聞宜與孔子生年相近今據家語舊聞暨史記索隱蘇氏古史文正之又宋大中祥符元年贈孔門弟子侯爵商未得與至大觀四年禮局上言遂補贈馮翊侯闕里志誤以秦祖鄄城之封移之商非也



魯顏子無繇（家語少無 字繇作由）字季路少孔子六歲唐追贈杞伯宋贈曲阜侯元進杞國公諡文裕

蒲大夫卞仲子由字子路（子亦 作季）少孔子九歲唐追贈衛侯宋贈河內侯追衛公

魯南武曾子蔵（亦作 點）字子晳唐追贈宿伯宋追贈萊蕪侯

蔡漆雕子開字子若（史記作 子開）少孔子十一歲習尚書唐追贈滕伯宋平興侯

《孔子弟子考》清 朱彝尊

## 차 례



## 《논어집주》 上

### 〈1〉 學而篇 (총 16장)

## <2> 爲政篇 (총 24장)

## 〈3〉 八佾篇 (총 26장)

## <4> 里仁篇 (총 26장)

## <5> 公冶長篇 (총 27장)

## 《논어집주》 목

### <6> 雍也篇 (총 28장)

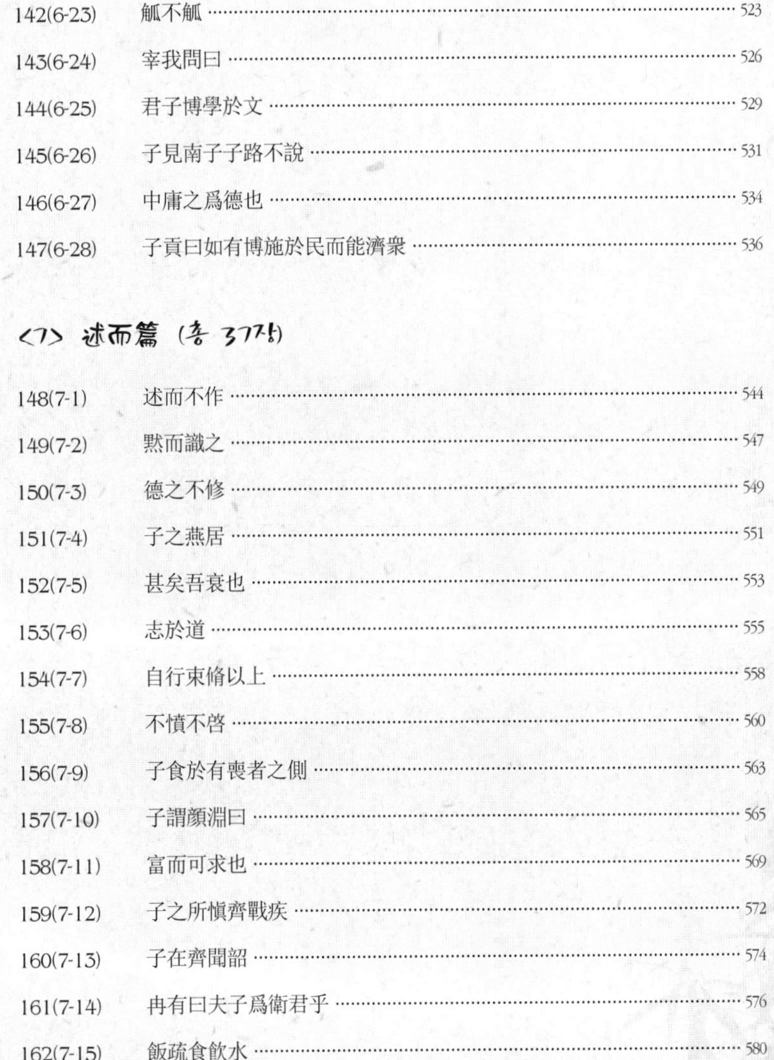



## <7> 述而篇 (총 37장)

## <8> 泰伯篇 (총 21장)

## <9> 子罕篇 (총 30장)

## <10> 鄕黨篇 (총 18장)

## 《논어집주》 3

### <11> 先進篇 (총 25장)

## <12> 顏淵篇 (총 24장)

## <13> 子路篇 (총 30장)

## <14> 憲問篇 (총 47장)

## 《논어집주》 4

### <15> 衛靈公篇 (총 41장)

## <16> 季氏篇 (총 14장)

## <17> 陽貨篇 (총 26장)

## <18> 微子篇 (총 11장)

<19> 子張篇 (총 25장)

## <20> 堯日篇 (총 3장)

## 부록 Ⅰ



## 부록 Ⅱ

# 논어

論語卷第一

學而第一　何晏集解

子曰學而時習之不亦說乎馬曰子者男子之通稱謂孔子也王曰時者學者以時誦習之誦習以時學無廢業所以爲說懌○說音悅下同稱去聲有朋自遠方來不亦樂乎包曰同門曰朋○樂音洛人不知而不慍不亦君子乎慍怒也凡人有所不知君子不怒○慍紆問反有子曰孔曰弟子有若其爲人也孝弟而好犯上者鮮矣鮮少也上謂凡在己上者言孝弟之人必恭順好欲犯其上者少也○弟

《論語》 何晏(集解)

# 학이學而 第一

총16장(001-016)

### ◈ 集註

此爲書之首篇, 故所記多務本之意, 乃入道之門·積德之基·學者之先也. 凡十六章.

이는 책의 첫 편이다. 따라서 기록된 바는, 근본에 힘써야 할 내용이 많다. 이는 입도入道의 문門이요, 적덕積德의 기본이며, 배우는 자로서 우선 먼저 힘써야 할 것들이다. 모두 16장이다.

## 001(1-1)

# 學而時習之

공자孔子가 말하였다.

"배우고 때맞추어 이를 익히면 또한 기쁘지 아니하겠는가? 뜻 맞는 벗이 먼 곳으로부터 오면 또한 즐겁지 아니하겠는가? 남이 알아주지 아니하여도 화내지 않는다면 이 또한 군자가 아니겠는가?"

> 子曰:「學而時習之, 不亦說乎?㊀ 有朋自遠方來, 不亦樂乎?㊁ 人不知, 而不慍, 不亦君子乎?」㊂

【時】'때때로', 혹은 '때맞추어(應時)', '때를 놓치지 않고', '그러한 경우를 만날 때마다', '실습할 때마다' 등의 뜻.

【習】'복습하다'의 뜻보다는 '補習·實習·演習하다'의 뜻.(楊伯峻)

【說】悅의 通假字. 음은 '열'이다.

【有朋】有는 非指稱으로 '어떤'의 뜻, 朋은 친구, 혹은 孔子의 학문을 믿고 찾아오는 弟子로 보기도 한다.(宋翔鳳《樸學齋札記》) 한편 鄭玄(127~200)은 「同門曰朋, 同志曰友」라 하였다.

【自】전치사. '~로부터'의 뜻.

【人不知】'자신의 講述이나 주장하는 바를 알아주지 않는다'는 뜻. 知는 他動詞로 目的語(賓語)가 있어야 하나, 여기서는 목적어가 없어 의문을 제기하기도 한다. 그러나 의문사나 부정사와 결합된 문장은 도치되기도 하며, 이처럼 목적어가 생략되는 경우도 있다.

【慍】'怨恨', '섭섭하게 여김', '탓하고 원망함'의 뜻. 음은 '온'이다.

【君子】《論語》에서의 君子는 '有德者·有位者'를 뜻한다.

전각 작품. 石可(중국현대 공예 작가, 전각가. 이하 같음) "學而時習之, 不亦說乎?" "有朋自遠方來, 不亦樂乎"

## ◉ 諺解

子(ᄌᆞ)ㅣ 골ᄋᆞ샤ᄃᆡ 學(ᄒᆞᆨ)ᄒᆞ고 時(시)로 習(습)ᄒᆞ면 ᄯᅩᄒᆞᆫ 깃브디 아니ᄒᆞ랴

버디 遠方(원방)으로브터 오면 ᄯᅩᄒᆞᆫ 즐겁디 아니ᄒᆞ랴

사ᄅᆞᆷ이 아디 몯ᄒᆞ야도 慍(온)티 아니ᄒᆞ면 ᄯᅩᄒᆞᆫ 君子(군ᄌᆞ)ㅣ 아니가

子(ᄌᆞ)ㅣ ᄀᆞᄅᆞ샤ᄃᆡ 學(ᄒᆞᆨ)ᄒᆞ고 時(시)로 習(습)ᄒᆞ면 ᄯᅩᄒᆞᆫ 說(열)홉디 아니랴

朋(붕)이 遠方(원방)으로브터 오리 이시면 ᄯᅩᄒᆞᆫ 樂(락)홉디 아니ᄒᆞ랴

人(인)이 아디 몯ᄒᆞ야도 慍(온)티 아니면 ᄯᅩᄒᆞᆫ 君子(군ᄌᆞ)ㅣ 아니랴

## ◈ 集註

### 001-㉠

說, 悅同.

○ 學之爲言, 效也. 人性皆善, 而覺有先後, 後覺者必效先覺之所爲, 乃可以明善而復其初也. 習, 鳥數飛也. 學之不已, 如鳥數飛也. 說, 喜意也. 旣學而又時時習之, 則所學者熟, 而中心喜說, 其進自不能已矣. 程子曰:「習, 重習也. 時復思繹, 浹洽於中, 則說也.」又曰:「學者, 將以行之也. 時習之, 則所學者在我, 故悅.」謝氏曰:「時習者, 無時而不習. 坐如尸, 坐時習也; 立如齊, 立時習也.」

說은 悅과 같다.

○ 學이란 말로써 표현한다면, 效(본받다. 따라하다)의 뜻이다. 사람의 본성은 모두가 善하지만 깨달음에는 先後가 있다. 後覺者는 반드시 先覺者의 하는 바를 본받아서 善을 밝혀야, 그 처음의 본성으로 되돌아갈 수 있는 것이다. 習은, 새가 자주 날아보다의 뜻이다. 배우되 끊임없이 반복하는 것은, 마치 어린 새가 나는 연습을 자주 하는 것과 같다. 說은 기뻐하다(喜)의 뜻이다. 이미 배우고 또 때때로 이를 실습하면, 배운 바가 익숙해져서 마음속에 기쁨을 느끼게 되며, 그 진행 또한 자연히 그만둘 수 없게 된다.

程子(程頤: 1033~1107. 字는 正叔, 伊川先生)는 이렇게 말하였다. "習이란 거듭 실습한다는 뜻이다. 때때로 생각하고 演繹하여, 그 중심에 젖어들어 흡족히 하면 기쁨을 맛볼 것이다."

또 이렇게 말하였다. "배움이라는 것은 장차 실행하기 위한 것이다. 때맞추어 이를 익히면 배운 바가 나의 것이 된다. 그 때문에 즐거운 것이다."

謝氏(謝良佐: 1050~1130. 字는 顯道, 上蔡先生)는 이렇게 말하였다. "時習이란 그 어느 때라도 익히지 않음이 없다는 뜻이다. 尸童과 같은 자세로 앉아야 함은 앉을 때마다 이를 연습하며, 똑바로 서는 법이라면 설 때마다 이를 익혀야 한다는 뜻이다." (여기서 尸는 尸童으로 제사 지낼 때 神을 대신하여 神位에 꼿꼿이 앉는 행동을 말한다.(《孟子》 告子(上) 145(11-5) 참조) 한편 齊는 '똑바로 서다', 혹은 '齋戒 때 바르게 서는 행동'을 뜻한다고도 한다.)

## 001-㈡

樂, 音洛.

○ 朋, 同類也. 自遠方來, 則近者可知. 程子曰:「以善及人, 以信從者衆. 故可樂.」又曰:「說在心, 樂主發散在外.」

樂은 음이 洛(락)이다.

○ 朋은 同類이다. 먼 곳에서 온다면 가까운 데에 있는 자는 어떨는지는 가히 알 수 있다. 程子(程頤)는 이렇게 말하였다. "善이 남에게까지 미치게 하여, 믿고 따르는 자가 많다. 그 까닭으로 가히 즐거울 수 있는 것이다." 또 이렇게 말하였다. "說은 마음으로 느끼는 즐거움이요, 樂은 주체가 밖에서 발산함을 말한다."

## 001-㈢

慍, 紆問反.

○ 慍, 含怒意. 君子, 成德之名. 尹氏曰:「學在己, 知不知在人, 何慍之有?」程子曰:「雖樂於及人, 不見是而無悶, 乃所謂君子.」愚謂:「及人而樂者, 順而易; 不知而不慍者, 逆而難. 故惟成德者能之. 然德之所以成, 亦由學之正·習之熟·說之深, 而不已焉耳.」

○ 程子曰:「樂由說而後得, 非樂, 不足以語君子.」

慍은 反切로 '紆問反'(온)이다.

○ 慍은 '노기를 품다'의 뜻이다. 君子란 德을 이룬 자를 일컫는 것이다.

尹氏(尹焞: 1071~1142, 字는 彦明, 혹은 德充, 號는 和靖, 洛陽人)는 이렇게 말하였다. "배움은 스스로에게 있는 것이요, 알아주고 알아주지 않는 것은 남에게 있는 것이니, 어찌 화냄이 있겠는가?"

程子(程頤)는 이렇게 말하였다. "비록 즐거움이 남에게까지 미치면서도 그것이 옳다고 인정받지 못할지라도 괴로워하지 않는다면 이러한 자가 소위 말하는 군자이다."

내(朱熹) 생각으로는 이렇다. "남에게 영향을 주어 즐거움을 느끼는 것은 順理에 맞아 쉬운 일이지만, 남이 알아주지 않아도 성내지 않음은 逆理로서 어려운 일이다. 그 때문에 오직 成德者만이 능히 할 수 있는 일이다. 그러나 덕이 성취될 수 있는 바는, 바로 배움이 바르고 익힘이 숙달되며, 기쁨이 깊어져 이를 그칠 수 없음에 있을 뿐이다."

○ 程子(程頤)는 이렇게 말하였다. "樂은 說로 말미암은 이후에야 얻을 수 있는 것으로, 樂의 단계에 이르지 못하면 군자라 말할 수 없다."

〈程頤〉(正叔, 伊川先生)《三才圖會》

## 002(1-2)

# 有子曰其爲人也孝弟

유자有子가 말하였다.

"그 사람됨이 효제孝弟스러우면서 윗사람 범하기를 좋아하는 사람은 드물다. 윗사람 범하기를 즐겨하지 아니하면서 난亂짓기를 좋아하는 자는 있어본 적이 없다.

군자는 본을 힘쓸지니, 본이 세워지면 도가 생겨나는 법이다. 효제라는 것은, 그 인仁이라는 것을 실천하는 근본이로다!"

有子曰:「其爲人也孝弟, 而好犯上者, 鮮矣; 不好犯上, 而好作亂者, 未之有也.㊀ 君子務本, 本立而道生. 孝弟也者, 其爲仁之本與!」㊁

【有子】 有若. 魯人으로 孔子의 弟子. 《論語》에는 有子와 曾子 만을 각각 두 번씩 '~子'로 존칭하여 부르며, 그 이름을 밝히지 않고 있다. 그 때문에 《論語》는 이 두 사람의 제자가 기록한 것이 아닌가 한다.

【孝弟】 孝는 '父母에게 하는 효성', 弟는 悌의 通假字이며, '兄弟間의 우애'를 말한다.

【亂】 逆理反常의 행위.

【道】 天地自然의 섭리와 日用事物 간의 당연한 이치.

【與】 歟와 같다. 감탄종결사.

## ◉ 諺解

**陶山本** 有子(유ᄌᆞ)ㅣ ᄀᆞᆯ오ᄃᆡ 그 사ᄅᆞᆷ이론디 孝(효)ᄒᆞ며 弟(뎨)ᄒᆞ고 上□□□□□홈을 好(호)홀 者(쟈)ㅣ 젹으니 上(샹)을 犯(범)홈을 好(호)티 아니ᄒᆞ고 亂(란)을 作(작)홈을 好(호)홀 者(쟈)ㅣ 잇디 아니ᄒᆞ니라

君子(군ᄌᆞ)ᄂᆞᆫ 本(본)을 힘ᄡᅳᆯ 디니 本(본)이 셤애 道(도)ㅣ 生(ᄉᆡᆼ)ᄒᆞᄂᆞ니 孝弟(효뎨)ᄂᆞᆫ 그 仁(신)ᄒᆞ욜 本(본)인뎌

**栗谷本** 有子(유ᄌᆞ)ㅣ ᄀᆞᆯ오ᄃᆡ 그 人(인)이론디 孝弟(효뎨)코 上(샹) 犯(범)호ᄆᆞᆯ 됴히 너길 者(쟈)ㅣ 져그니 上(샹) 犯(범)호ᄆᆞᆯ 됴히 너기고 亂(란) 作(작)호ᄆᆞᆯ 됴히 너길 者(쟈)ㅣ 잇디 아니ᄒᆞ니라

君子(군ᄌᆞ)ㅣ 本(본)을 務(무)홀디니 本(본)이 立(립)호매 道(도)ㅣ 生(ᄉᆡᆼ)ᄒᆞᄂᆞ니 孝弟(효뎨)ᄂᆞᆫ 그 仁(인)홀 本(본)인뎌

## ◈ 集註

002-㊀

弟·好, 皆去聲. 鮮, 上聲, 下同.

○ 有子, 孔子弟子, 名若. 善事父母爲孝, 善事兄長爲弟. 犯上, 謂干犯在上之人. 鮮, 少也. 作亂, 則爲悖逆爭鬪之事矣. 此, 言人能孝弟, 則其心和順, 少好犯上, 必不好作亂也.

弟·好는 모두 去聲(사랑하다, 좋아하다)이다. 鮮은 上聲(드물다)이다.

○ 有子는 孔子의 弟子로 이름은 若이다. 부모를 잘 모시는 것을 孝라 하고, 兄長(형과 연장자)을 잘 모시는 것을 弟(悌)라 한다. 犯上이란 윗자리에 있는 사람을 간섭하여 범한다는 말이며, 鮮은 적다(少)의 뜻이다. 作亂이란 悖逆爭鬪하는 일이다. 本章에서는 사람이 능히 孝弟하게 되면, 그 마음이 和順하여 犯上을 좋아하는 경우가 드물어, 반드시 作亂을 좋아하지 않게 됨을 말한 것이다.

## 002-㊁

與, 平聲.

○ 務, 專力也. 本, 猶根也. 仁者, 愛之理, 心之德也. 爲仁, 猶曰行仁. 與者, 疑辭, 謙退不敢質言也. 言君子凡事, 專用力於根本, 根本旣立, 則其道自生. 若上文所謂孝弟, 乃是爲仁之本, 學者務此, 則仁道自此而生也.

○ 程子曰:「孝弟, 順德也, 故不好犯上, 豈復有逆理亂常之事? 德有本, 本立則其道充大. 孝弟行於家, 而後仁愛及於物, 所謂親親而仁民也. 故爲仁, 以孝弟爲本. 論性, 則以仁爲孝弟之本.」或問:「孝弟爲仁之本, 此是由孝弟可以至仁否?」曰:「非也. 謂行仁自孝弟始, 孝弟是仁之一事. 謂之行仁之本則可, 謂是仁之本則不可. 蓋仁是性也; 孝弟是用也, 性中只有箇仁義禮智四者而已, 曷嘗有孝弟來? 然仁主於愛, 愛莫大於愛親, 故曰:『孝弟也者, 其爲仁之本與!』」

與는 平聲(종결사, 歟)이다.

○ 務는 오로지 힘씀을 말한다. 本은 根과 같다. 仁이라는 것은 사랑의 이치이며, 마음의 德이다. 爲仁은 行仁(仁을 행함)과 같은 말이다. 與는 疑辭로서 겸손히 물러서, 감히 質正의 말을 할 수 없다는 뜻이다. 君子는 凡事의 根本에 온 힘을 쏟아야 하고, 근본이 이미 바로 섰다면 그 道가 저절로 생겨남을 말한 것이다.

그 앞의 문장에서 말한 바, 孝弟라는 것은 仁을 실행하는 本이 되는 것이니, 배우는 자가 이에 힘쓴다면 仁의 道가 이로부터 생겨나게 된다는 말이다.

○ 程子(程頤, 伊川)가 말하였다. "孝弟는 덕에 순응하는 것이다. 따라서 윗사람 범하기를 좋아하지 않는다면 어찌 다시 逆理亂常하는 일이 있겠는가? 그리고 德에 근본이 있고 그 근본이 바로 섰다면, 그 道가 充大하게 된다. 孝弟를 집안에서 행하고, 그 뒤 仁愛가 사물에 미치는 것이, 소위 말하는 親親仁民이다. 따라서 仁을 행함에는 孝弟가 본이 되는 것이다. 性을 논함에는 仁으로써 孝弟의 本을 삼는다."

어떤 이가 "孝弟가 仁을 행하는 근본이라 하니, 이는 孝弟로부터 하여 仁에 이를 수 있는지의 여부는 어떠합니까?"라고 물었다. 이에 이렇게 대답하였다. "그렇지 않다. 仁을 행하는 것은 孝悌로부터 시작되며, 孝悌란 仁의 한 가지일 뿐임을 말한 것이다. 仁을 행하는 근본이라고 말하는 것은 가능하지만, 이것이 仁의 근본이라고 일컫는 것은 불가하다. 대개 仁이란 성품이요, 孝弟는 그의 用이다. 성품 속에는 다만 仁·義·禮·智 네 가지가 있을 뿐이다. 이것이 어찌 孝弟에서 나온 것이겠는가? 그러나 仁은 愛에 주체를 삼고, 愛는 愛親보다 큰 것이 없다. 그러한 까닭으로 '孝弟란 仁을 행하는 근본인저!'라고 말한 것이다."

## 003(1-3)

# 巧言令色

공자가 말하였다.
"교묘한 말과 얼굴 색을 잘 꾸미는 자 치고 어진 이는 드물도다!"*

子曰:「巧言令色, 鮮矣仁!」㊀

【巧言】 花言巧語. 교묘한 말솜씨.
【令色】 위선적인 얼굴 표정이나 꾸밈.
【鮮矣仁】 선은 '드믈다'의 뜻. '鮮仁矣'의 뜻을 강조한 표현으로 보고 있다.
* 本章은 陽貨篇(451(17-17))과 중복된다.

"巧言令色, 鮮矣仁"(石可)

## ◉ 諺解

子(ᄌᆞ)ㅣ ᄀᆞᆯᄋᆞ샤ᄃᆡ 言(언)을 巧(교)히 ᄒᆞ며 色(ᄉᆡᆨ)을 令(령)히 ᄒᆞᆯ 이 仁(ᅀᅵᆫ)ᄒᆞᆯ 이 鮮(션)ᄒᆞ니라

子(ᄌᆞ)ㅣ ᄀᆞᄅᆞ샤ᄃᆡ 言(언)을 巧(교)히 ᄒᆞ며 色(ᄉᆡᆨ)을 令(령)히 ᄒᆞᄂᆞᆫ이 仁(인)이 져그니라

## ◈ 集註

### 003-㊀

巧, 好. 令, 善也. 好其言, 善其色, 致飾於外, 務以悅人, 則人欲肆而本心之德, 亡矣. 聖人辭不迫切, 專言鮮, 則絶無可知, 學者所當深戒也.

○ 程子曰:「知巧言令色之非仁, 則知仁矣.」

巧는 好(좋게 하다)와 같다. 令은 善(잘하다)과 같다. 그 말을 좋게 하고 그 얼굴색을 부드럽게 하며, 겉으로 꾸며 남을 즐겁게 하기에 힘쓴다면, 사람의 욕심이 제멋대로 풀어져 本心之德이 사라지고 만다. 성인의 말씀이 박절하지 않고 오직 드물다(鮮)고만 하였으나, 절대 없다는 뜻임을 가히 알 수 있다. 배우는 자들은 마땅히 깊이 경계해야 할 것이다.

○ 程子(程頤: 1033~1170. 伊川先生)가 말하였다. "巧言令色이 仁이 아니라는 것을 안다면, 仁을 아는 것이다."

## 004(1-4)

# 曾子曰吾日三省吾身

증자曾子가 말하였다.

"나는 하루에도 세 가지로 내 자신을 살핀다. 즉, 남을 위해 도모하는 일에 충성스럽지 못한 점은 없는가? 벗과 사귐에 미덥지 못하게 한 경우는 없는가? 전수받은 것을 익히지 아니하고 그냥 넘기지는 않았는가?"

曾子曰:「吾日三省吾身: 爲人謀而不忠乎? 與朋友交而不信乎? 傳不習乎?」㊀

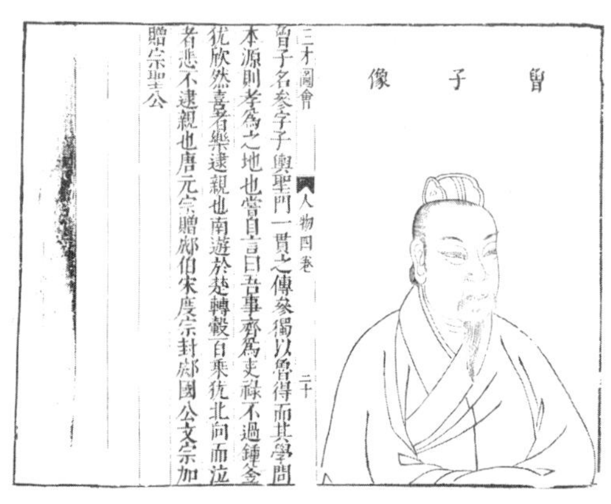

曾子像

三才圖會 人物四卷 二十

曾子名參字子輿聖門一貫之傳參獨以魯得而其學問本源則孝為之地也嘗自言曰吾事親為吏祿不過鍾釜猶欣然喜者樂逮親也南遊於楚轉轂百乘猶北向而泣者悲不逮親也唐元宗贈郕伯宋度宗封郕國公文宗加贈宗聖公

〈曾子〉(曾參)《三才圖會》

【曾子】 이름은 參(삼), 字는 子輿(B.C. 505~435). 曾皙의 아들이며 孔子의 弟子. 武城 사람으로 孔子보다 46세 아래이다. 孝로써 이름이 났다.

【三省】 성(省)은 살피다의 뜻. '세 번 살피다'(반성하다)의 뜻보다는 '여러 차례 반성하다'의 뜻으로 보고 있다.(汪中《述學釋》39) 고대에 三은 '여러 번', 九는 '많은 횟수'를 뜻하였다. 그러나 본문 내용으로 보아 세 가지로 풀이함이 합당할 듯하다.

【傳】 '스승으로부터 전수 받은 것', 혹은 專으로 보아 '반드시 해야 할 일'로 풀이하기도 한다.

## ◉ 諺解

曾子(증ᄌᆞ)ㅣ ᄀᆞᆯᄋᆞ샤ᄃᆡ 내 날로 세 가지로 내 몸을 슬피노니 사ᄅᆞᆷ을 爲(위)ᄒᆞ야 謀(모)홈애 忠(튱)티 몯ᄒᆞᆫ가 朋友(붕우)로 더브러 交(교)홈애 信(신)티 몯ᄒᆞᆫ가 傳(뎐)코 習(습)디 몯ᄒᆞᆫ개니라

曾子(증ᄌᆞ)ㅣ ᄀᆞᄅᆞ샤ᄃᆡ 내 日(일)마다 三(삼)으로 내 몸을 省(셩)ᄒᆞ노니 人(인)을 爲(위)ᄒᆞ야 謀(모)호매 忠(튱)티 몯ᄒᆞᆫ가 朋友(붕우)로 더브러 交(교)호매 信(신)티 몯ᄒᆞᆫ가 傳(뎐)ᄒᆞᆫ 거슬 習(습)디 몯ᄒᆞᆯ가 호미니라

## ◈ 集註

### 004-㊀

省, 悉井反. 爲, 去聲. 傳, 平聲.

○ 曾子, 孔子弟子, 名參, 字子輿. 盡己之謂忠. 以實之謂信. 傳, 謂受之於師. 習, 謂熟之於己. 曾子以此三者, 日省其身, 有則改之, 無則加勉, 其自治誠切如此, 可謂得爲學之本矣. 而三者之序, 則又以忠信爲傳習之本也.

○ 尹氏曰:「曾子守約, 故動必求諸身.」謝氏曰:「諸子之學, 皆出於聖人, 其後愈遠而愈失其眞. 獨曾子之學, 專用心於內, 故傳之無弊, 觀於子思孟子, 可見矣. 惜乎! 其嘉言善行, 不盡傳於世也. 其幸存而未泯者, 學者其可不盡心乎!」

省은 半切로 '悉井反'(성, 살피다)이다. 爲는 去聲(위하다), 傳은 平聲(받아 배우다)이다.

○ 曾子는 孔子의 弟子로 이름은 參, 字는 子輿이다. 자신에게 다하는 것을 忠이라 하고, 성실하게 하는 것을 信이라 한다. 傳은 선생님에게 이를 받아 배운 것을 말한다. 習은 자신에게 익숙하게 한다는 말이다. 曾子는 이 세 가지로써 날마다 자기 몸을 살피되, 고칠 것이 있으면 고치고, 없으면 더욱 힘썼다. 그 스스로 다스려 誠切하기가 이와 같았으니, 가히 爲學之本을 터득하였다고 할 만하다. 그리고 이 세 가지의 순서는 또한 忠과 信으로 傳習의 기본을 삼아야 한다.

○ 尹氏(尹焞: 1071~1142. 字는 彦明)가 말하였다. "曾子는 스스로의 약속을 지켰기 때문에 행동에 반드시 이를 자신에게 구한 것이다."

謝氏(謝良佐)는 이렇게 말하였다. "諸子의 학술은 모두가 聖人에게서 나왔으나 그 뒤 갈수록 멀어졌고, 더욱 그 眞을 잃고 있다. 유독 曾子의 학문만은 오직 속으로 用心하여, 그러한 까닭으로 이를 傳하여도 폐단이 없으니, 子思와 孟子를 보면 가히 알 수 있다.(孟子의 학문은 子思에서, 子思의 학문은 曾子에서 나왔기 때문에 이른 말) 아깝도다, 그 嘉言과 善行이 세상에 모두 전해지지 못하였도다. 그나마 다행히 남아 있어 泯滅되지 않은 것이 있으니, 배우는 자가 가히 盡心을 다하지 않을 수 있겠는가!"

## 005(1-5)

# 道千乘之國

공자가 말하였다.

"천승지국千乘之國을 이끌어 나가는 데에는, 일을 공경히 하면서 믿음을 주고, 절약하여 쓰면서 백성을 사랑하며, 백성을 부리되 때맞추어 해야 하느니라."

子曰:「道千乘之國, 敬事而信, 節用而愛人, 使民以時.」㊀

"敬事而信, 節用而愛人, 使民以時"
(石可)

【道】 動詞. 導와 같다. '인도하다, 이끌어가다, 다스리다'의 뜻.

【千乘】 乘은 말 4필을 단위로 셈하는 것. 千乘은 4천 필. 여기서는 大國의 다른 표현이다.

【時】 고대에는 農業이 중요하였기 때문에 농사철에 방해가 되지 않도록 農閑期에 부려야 함을 뜻한다. 《孟子》 梁惠王(上) 003(1-3)의 「不違農時, 穀不可勝食也」의 뜻이다.

## ◉ 諺解

子(ᄌᆞ)ㅣ ᄀᆞᆯᄋᆞ샤ᄃᆡ 千乘(쳔승)ㅅ 나라ᄒᆞᆯ 道(도)호ᄃᆡ 일을 敬(경)하고 信(신)ᄒᆞ며 쓰기를 節(졀)ᄒᆞ고 사ᄅᆞᆷ을 愛(ᄋᆡ)ᄒᆞ며 民(민)을 브료ᄃᆡ 時(시)로ᄡᅧ ᄒᆞᆯ 띠니라

子(ᄌᆞ)ㅣ ᄀᆞᄅᆞ샤ᄃᆡ 千乘(쳔승) 나라ᄒᆞᆯ 다ᄉᆞ리되 일을 敬(경)하고 信(신)ᄒᆞ며 用(용)을 節(졀)ᄒᆞ고 人(인)을 愛(ᄋᆡ)ᄒᆞ며 民(민)을 使(ᄉᆞ)호ᄃᆡ 時(시)로ᄡᅧ ᄒᆞᆯ 디니라

## ◈ 集註

### 005-㊀

道·乘, 皆去聲.

○ 道, 治也. 千乘, 諸侯之國, 其地可出兵車千乘者也. 敬者, 主一無適之謂. 敬事而信者, 敬其事而信於民也. 時, 謂農隙之時. 言治國之要, 在此五者, 亦務本之意也.

○ 程子曰: 「此言至淺, 然當時諸侯果能此, 亦足以治其國矣. 聖人言雖至近, 上下皆通. 此三言者, 若推其極, 堯舜之治, 亦不過此. 若常人之言近, 則淺近而已矣.」楊氏曰: 「上不敬則下慢, 不信則下疑. 下慢而疑, 事不立矣. 敬事而信, 以身先之也.

易曰:『節以制度, 不傷財, 不害民.』蓋侈用則傷財, 傷財, 必至於害民. 故愛民, 必先於節用. 然使之不以其時, 則力本者不獲自盡, 雖有愛人之心, 而人不被其澤矣. 然此特論其所存而已, 未及爲政也. 苟無是心, 則雖有政, 不行焉.」

胡氏曰:「凡此數者, 又皆以敬爲主.」

愚謂:「五者, 反復相因, 各有次第, 讀者宜細推之.」

道(인도하다)와 乘(4필 말)은 모두 去聲이다.

○ 道는 다스리다(治)의 뜻이다. 千乘은 諸侯의 나라 가운데 그 땅에서 가히 兵車 千乘을 내놓을 수 있는 곳을 말한다. 敬이란 하나를 主로 하여 달리 갈 곳이 없음을 이른 말이다. 敬事而信이란 그 일을 공경히 하고, 백성에게 믿음을 얻음을 말한다. 時는 농사짓는 사이의 틈나는 시간(농한기)을 말한다. 나라를 다스리는 요체는 이상의 다섯 가지에 있음을 말한 것으로, 본 장은 역시 근본에 힘써야 한다는 내용이다.

○ 程子(程頤)가 말하였다. "이는 지극히 얕으나 당시 제후들이 과연 여기에 능하였다면, 역시 족히 그 나라를 다스릴 수 있었을 것이다. 聖人의 말씀이 비록 지극히 가까우나 上下가 모두 통하게 되어 있다. 이 세 가지 말은 만약 그 지극한 곳까지 미루어 나간다면, 堯舜의 다스림도 역시 이를 넘어서지 못할 것이며, 만약 보통 사람의 말이면서 가깝기만 하다면 이는 그냥 淺近할 뿐이다."

○ 楊氏(楊時: 1053~1135. 字는 中立, 號는 龜山)가 말하였다. "윗사람이 공경스럽지 못하면 아랫사람이 태만해지고, 미덥게 하지 않으면 아랫사람은 의심을 하게 된다. 아랫사람이 태만하면서 의심까지 한다면, 일은 바르게 설 수가 없게 된다. 敬事而信이란 자신부터 먼저 하라는 뜻이다. 《周易》에 '절제하되 制度로 하며, 재물도 손상이 없도록 하고, 백성에게도 해가 되지 않도록 하라'(《周易》 節卦 彖의 구절)라 하였다. 대개 사치스럽게 쓰면 재물을 손상하게 되고, 재물에 손상이 가면 반드시 백성을 해치는 데에 이르게 된다. 그러므로 愛民이란 반드시 節用을 먼저 해야 한다. 그러나 백성을 부리되 그 때를 맞추어 하지 않으면 본업에 힘쓰던 자(농사짓는 백성)가 스스로 본업을 극진히 할 기회를 얻을 수 없게 되어, 비록 사람을 사랑하는 마음이 있다 하여도 그 상대가 혜택을 입지 못한다. 그러나 이는 그러한 마음을 가지고 있어야 함을 특별히 논한 것일 뿐이요, 아직 정치에 직접 미치지는 못한 것이다. 진실로 이러한 마음까지 없다면 비록 정치가 있다 하여도 실행되지 못할 것이다."

○ 胡氏(胡寅: 字는 明仲, 號는 致堂·建安人)는 이렇게 말하였다. “무릇 이 몇 가지도 역시 敬을 위주로 하라는 것이다.”

내(愚, 朱子 자신) 생각으로는 이렇다. “이 다섯 가지는 반복하여 서로 그 원인이 되어 차례가 있으니, 읽는 자는 마땅히 세밀히 살펴 추론해야 할 것이다.”

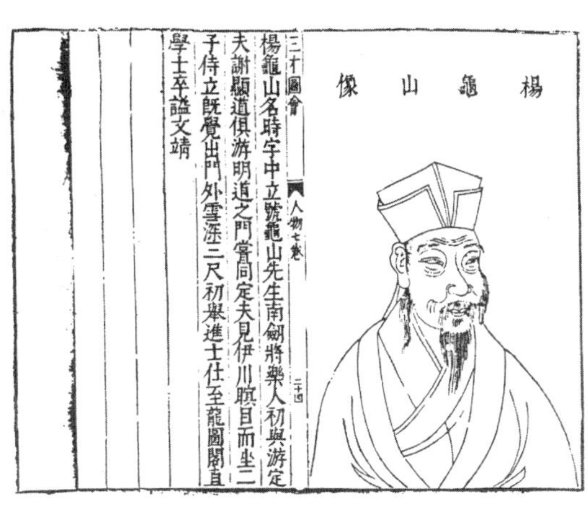


〈楊時〉(中立, 龜山先生)《三才圖會》

## 006(1-6)

# 弟子入則孝

공자가 말하였다.

"제자 된 자는 집 안에 들어와서는 효도하고, 밖에 나가서는 공손히 하여야 한다. 그리고 삼가고 미덥게 하며, 널리 무리를 사랑하되 어진 이를 친히 하여야 한다. 이러한 것을 실행하고 남는 힘이 있으면 글을 배울 것이니라."

子曰:「弟子, 入則孝, 出則弟, 謹而信, 汎愛衆, 而親仁. 行有餘力, 則以學文.」㊀

【弟子】 세 가지 뜻으로 풀이한다. 첫째, 나이 어린 사람. 둘째, 학생. 셋째, 남의 아우나 아들의 신분인 사람.

【信】 말에 信實·誠實함이 있는 것. '미덥다'로 풀이하였다.

【學文】 文을 배움. 여기서의 文은 당시의 교재, 즉《詩》,《書》,《禮》,《樂》 등을 말한다.

"汎愛衆, 而親仁"(石可)

## ◉ 諺解

陶山本 子(ᄌᆞ)ㅣ ᄀᆞᆯᄋᆞ샤ᄃᆡ 弟子(뎨ᄌᆞ)ㅣ 드러는 孝(효)ᄒᆞ고 나는 弟(뎨)ᄒᆞ며 謹(근)ᄒᆞ고 信(신)ᄒᆞ며 너비 衆(즁)을 愛(ᄋᆡ)호ᄃᆡ 仁(ᅀᅵᆫ)을 親(친)히 홀 띠니 行(ᄒᆡᆼ)홈애 남은 힘이 잇거든 곧 ᄡᅥ 글을 學(ᄒᆞᆨ)홀 띠니라

栗谷本 子(ᄌᆞ)ㅣ ᄀᆞᄅᆞ샤ᄃᆡ 弟子(뎨ᄌᆞ)ㅣ 들면 孝(효)ᄒᆞ고 나면 弟(뎨)ᄒᆞ며 謹(근)코 信(신)ᄒᆞ며 너비 衆(즁)을 愛(ᄋᆡ)호ᄃᆡ 仁(인)을 親(친)히 ᄒᆞᆯ 디니 行(ᄒᆡᆼ)호매 나ᄆᆞᆫ 힘이 잇거든 ᄡᅥ 文(문)을 學(ᄒᆞᆨ)ᄒᆞᆯ 디니라

## ◈ 集註

### 006-㊀

弟子之弟, 上聲. 則弟之弟, 去聲.

○ 謹者, 行之有常也. 信者, 言之有實也. 汎, 廣也. 衆, 謂衆人. 親, 近也. 仁, 謂仁者. 餘力, 猶言暇日. 以, 用也. 文, 謂詩書六藝之文.

○ 程子曰:「爲弟子之職, 力有餘則學文, 不修其職而先文, 非爲己之學也.」尹氏曰:「德行, 本也; 文藝, 末也. 窮其本末, 知所先後, 可以入德矣.」洪氏曰:「未有餘力而學文, 則文滅其質; 有餘力而不學文, 則質勝而野.」

愚謂:「力行而不學文, 則無以考聖賢之成法, 識事理之當然, 而所行, 或出於私意, 非但失之於野而已.」

弟子의 弟는 上聲(제자의 뜻)이요, 則弟의 弟는 去聲(悌)이다.

○ 謹이란 행함에 떳떳함이 있는 것이요, 信이란 그 말에 信實함이 있는 것이다. 汎은 廣과 같고, 衆은 여러 사람이란 뜻이다. 親은 近(가까이하다)의 뜻이며, 仁은 어진 자(仁者)라는 뜻이다. 餘力은 한가한 날(暇日)과 같은 말이며, 以는 用(쓰다)과 같다. 文은 詩·書와 六藝(六經)의 문장을 일컫는다.

○ 程子(程頤)가 말하였다. "弟子된 자의 직무는, 하고 힘이 남음이 있으면 글을 배워야 한다. 그 직무를 잘 닦지 않고 먼저 글을 읽는 것은 爲己之學(자신의 수양을 위한 학문, 憲問篇 357(14-25) 참고)이 아니다."

尹氏(尹焞: 1701~1142., 彦明)는 이렇게 말하였다. "德行은 本이며, 文藝는 末이다. 그 本末을 窮究하여 先後되는 바를 알면 가히 덕의 경지로 들어갈 수 있다."

洪氏(洪興祖: 字는 敬善)는 이렇게 말하였다. "餘力이 없는데 文을 배우면 文이 그 본질을 滅하게 되고, 餘力이 있는데도 文을 배우지 않으면, 본질이 勝하여 野하게 된다."

내(朱子) 생각은 이렇다. "힘쓰기만 하고 文을 배우지 않으면 聖賢이 법을 만든 이치와 事理의 당연함을 밝혀낼 수가 없다. 따라서 행하는 바가 자칫 사사로운 생각에서 나오게 되어, 다만 野에 빠지는 정도로 그치는 것이 아니다."

## 007(1-7)

# 子夏曰賢賢易色

자하子夏가 말하였다.

"어진 이를 어진 이로 여기기를 미색 좋아하는 것과 바꿀 수 있어야 한다. 부모를 섬기되 능히 그 있는 힘을 다하며, 임금을 섬김에는 능히 그 몸을 다 바치며, 벗과 사귐에는 말에 믿음이 있어야 한다. 그렇게만 한다면 비록 아직 배우지 않았다 말하여도, 나는 반드시 그런 사람은 배움에 이른 이라고 말할 것이다."

子夏曰:「賢賢易色; 事父母, 能竭其力; 事君, 能致其身; 與朋友交, 言而有信. 雖曰未學, 吾必謂之學矣.」⊖

【子夏】 姓은 卜, 이름은 商, 字는 子夏(B.C. 507~?). 孔子보다 44세 아래였다.
【易色】 '美色과 바꾸다'로 해석하였으나, '어진 이에 대하여 용모를 보고 판단하지 않는다, 容貌를 重示하지 않는다'의 뜻으로도 본다.(《漢書》 卷75 李尋傳 顔師古 注를 볼 것) 즉 '얼마나 賢한가 하는 것이 중요할 뿐, 그 姿色容貌는 중요하지 않다'라는 뜻이다. '易'은 음이 '역'(바꾸다)이다.

## ◉ 諺解

陶山本 子夏(ᄌᆞ하)ㅣ ᄀᆞᆯ오ᄃᆡ 어딘 이를 어딜이 너교ᄃᆡ 色(ᄉᆡᆨ)을 밧고며 父母(부모)를 셤교ᄃᆡ 能(능)히 그 힘을 竭(갈)ᄒᆞ며 님금을 셤교ᄃᆡ 能(능)히 그 몸을 致(티)ᄒᆞ며 朋友(붕우)로 더브러 交(교)호ᄃᆡ 言(언)홈애 信(신)이 이시면 비록 學(ᄒᆞᆨ)디 몯ᄒᆞ얏다 닐어도 나는 반ᄃᆞ시 學(ᄒᆞᆨ)ᄒᆞ얏다 닐오리라

栗谷本 子夏(ᄌᆞ하)ㅣ ᄀᆞᆯ오ᄃᆡ 賢(현)을 賢(현)히 너기되 色(ᄉᆡᆨ)과 易(역)ᄒᆞ며 父母(부모)를 셤기되 能(능)히 그 힘을 竭(갈)ᄒᆞ며 君(군)을 셤기되 能(능)히 그 몸을 致(티)ᄒᆞ며 朋友(붕우)로 더브러 交(교)호ᄃᆡ 言(언)호매 信(신)이 이시면 비록 ᄀᆞᆯ오ᄃᆡ 學(ᄒᆞᆨ)디 몯ᄒᆞ얏다 ᄒᆞ나 나는 반ᄃᆞ시 學(ᄒᆞᆨ)ᄒᆞ얏다 니로리라

## ◈ 集註

### 007-㊀

子夏, 孔子弟子, 姓卜, 名商. 賢人之賢, 而易其好色之心, 好善有誠也. 致, 猶委也. 委致其身, 謂不有其身也. 四者, 皆人倫之大者, 而行之必盡其誠, 學求如是而已. 故子夏言:「有能如是之人, 苟非生質之美, 必其務學之至. 雖或以爲未嘗爲學, 我必謂之已學也.」

○ 游氏曰:「三代之學, 皆所以明人倫也. 能是四者, 則於人倫厚矣. 學之爲道, 何以加此? 子夏以文學名, 而其言如此, 則古人之所謂學者, 可知矣. 故學而一篇, 大抵皆在於務本.」

吳氏曰:「子夏之言, 其意善矣. 然詞氣之間, 抑揚大過, 其流之弊, 將或至於廢學. 必若上章夫子之言, 然後, 爲無弊也.」

子夏는 孔子의 弟子로 姓은 卜이며, 이름은 商이다. 사람의 어짊을 어질게 여기되 이를 好色之心과 바꾼다면, 善을 좋아함에 성실함이 있게 된다. 致는 委(맡기다)와 같다. 그 몸을 맡긴다는 것은 그 몸이 있지 않다는 말이다. 네 가지는 모두가 人倫의 큰 것으로, 이를 행하되 반드시 정성을 다해야 할 것이니, 배움에서는 이와 같음을 구하면 될 뿐이다. 그 때문에 子夏가 "능히 이와 같이 하는 자는 진실로 태어나면서부터 본질로 타고난 아름다움이 아니더라도 반드시 그 배움이 지극해서일 것이다. 비록 혹 아직 배우지 못한 경우라도 나는 반드시 이미 배운 자라고 말할 것이다"라고 한 것이다.

○ 游氏(游酢: 1050~1123. 字는 定夫)가 말하였다. "三代(夏·殷·周)의 학문은 모두가 人倫을 밝히기 위한 것이었다. 이상의 네 가지에 능하다면 인륜에 厚한 것이다. 배움의 道를 실행하는 데 여기에 무엇을 더할 것이 있겠는가? 子夏는 文學으로 이름이 나 있으면서(255(11-2)) 그가 이러한 말을 하였을 정도이니, 옛 사람이 소위 學이라고 하는 것에 대하여 가히 알 만하다. 따라서 學而篇은 대체로 근본에 힘써야 할 문제를 다루고 있다."

吳氏(吳棫: 1100~1154(?). 老才)는 이렇게 말하였다. "子夏의 말은 그 뜻은 선하나 詞氣 사이에 抑揚이 너무 지나치다. 그 흐름의 폐단은 장차 廢學에 이를 수도 있다. 반드시 앞 章(006) 孔子의 말과 같이 한 연후에야 폐단이 없게 될 것이다."

## 008(1-8)

# 君子不重

공자가 말하였다.

"군자가 장중히 하지 않으면 위엄을 세울 수 없다. 배웠다할지라도 견고하지 못하다. 충실함과 믿음을 주로 하며, 자신만 같지 못한 자와는 벗하지 않아야 한다. 그리고 허물이 있으면 고치기를 꺼리지 말 것이니라."*

子曰: 「君子不重, 則不威; 學則不固.㊀ 主忠信.㊁ 無友不如己者.㊂ 過則勿憚改.」㊃

【學則不固】 배운 것조차 견고하지 못함. 그러나 문자적 해석은 분명하지 않다. 何晏《論語集解》에는 「子曰: 固, 蔽也; 一曰: 言人不能敦重, 旣無威嚴, 學又不能堅固識其義理」라 하였다.

【主忠信】 鄭玄은 「主, 親也」라 하여, '忠信한 자를 친히 여기다'의 뜻으로 보았다. 혹은 '主以忠信'의 略文으로도 볼 수 있다. 한편 信은 '信實·誠實함'으로 풀이한다.

* 『過則勿憚改』는 子罕篇 229(9-24)와 중복되었다.

"過則勿憚改"(石可)

## ◉ 諺解

子(ᄌᆞ)ㅣ ᄀᆞᆯᄋᆞ샤ᄃᆡ 君子(군ᄌᆞ)ㅣ 重(듕)티 아니ᄒᆞ면 威(위)티 아니ᄒᆞᄂᆞ니 學(ᄒᆞᆨ)ᄒᆞ면 固(고)티 몯ᄒᆞᄂᆞ니라

忠信(튱신)으로 主(쥬)ᄒᆞ며

己(긔) ᄀᆞᆮ디 몯ᄒᆞᆫ 이를 友(우)티 말오

過(과)ㅣ어든 改(ᄀᆡ)홈을 憚(탄)티 말올 ᄯᅵ니라

栗谷本

子(ᄌᆞ)ㅣ ᄀᆞ로샤ᄃᆡ 君子(군ᄌᆞ)ㅣ 重(듕)티 아니ᄒᆞ면 威(위)티 몯ᄒᆞ고 學(ᄒᆞᆨ)도 固(고)티 몯ᄒᆞ니라

忠信(튱신)을 主(쥬)ᄒᆞ며

己(긔) ᄀᆞᆮ디 몯ᄒᆞ니ᄅᆞᆯ 友(우)티 말며

過(과)ㅣ어든 改(ᄀᆡ)호ᄆᆞᆯ 憚(탄)티 마ᄅᆞᆯ 디니라

## ◈ 集註

### 008-㊀

重, 厚重. 威, 威嚴. 固, 堅固也. 輕乎外者, 必不能堅乎內, 故不厚重, 則無威嚴, 而所學亦不堅固也.

重은 厚重, 威는 위엄, 固는 堅固하다의 뜻이다. 밖을 경홀히 여기게 되면 틀림없이 안으로도 능히 견고할 수가 없다. 따라서 厚重하지 못하면 위엄이 없고, 배운 바도 역시 견고하지 못하게 된다.

### 008-㊁

人不忠信, 則事皆無實, 爲惡則易, 爲善則難. 故學者必以是爲主焉.
○ 程子曰:「人道惟在忠信, 不誠則無物, 且出入無時, 莫知其鄕者, 人心也. 若無忠信, 豈復有物乎?」

사람이 忠과 信으로 하지 않으면 모든 일에 진실이 없게 되며, 惡을 저지르기는 쉽고 善을 행하기는 어렵다. 따라서 배우는 자는 반드시 이를 주로 삼아야 한다.
○ 程子(程頤)가 말하였다. "사람의 도리는 오직 忠과 信에 있다. 성실하지 못하면 사물도 없게 되고, 出入에도 때를 맞추지 못하며, 지향(鄕, 嚮·向과 같음)할 바도 모르게 되는 것이 사람의 마음이다. 만약 忠과 信이 없다면 어찌 다시 사물이 있겠는가?"

### 008-㊂

無, 毋通, 禁止辭也. 友, 所以輔仁, 不如己, 則無益而有損.

無는 毋와 통하며 禁止詞이다. 羽는 輔仁(顔淵篇 302(12-24) 참조)하기 위한 바이니, 자신만 못한 벗이라면 이익은 없고 손해만 있게 된다.

## 008-㊃

勿, 亦禁止之辭. 憚, 畏難也. 自治不勇, 則惡日長, 故有過則當速改, 不可畏難而苟安也. 程子曰:「學文之道, 無他也. 知其不善, 則速改以從善而已.」

○ 程子曰:「君子自修之道, 當如是也.」游氏曰:「君子之道, 以威重爲質, 而學以成之. 學之道, 必以忠信爲主, 而以勝己者輔之. 然或吝於改過, 則終無以入德, 而賢者未必樂告以善道, 故以過勿憚改終焉.」

勿은 역시 禁止詞이다. 憚은 '두렵고 어렵게 여기다'의 뜻이다. 스스로를 다스리면서 용기가 없으면 惡이 날로 자라난다. 따라서 허물이 있다면 마땅히 속히 고쳐야 하며, 두렵고 어렵다고 여겨 구차스럽게 안주해서는 안 된다.

程子(程頤)가 말하였다. "文을 배우는 道란 다른 것이 아니다. 그 不善을 알았다면 속히 고쳐 善을 따르는 것일 뿐이다."

○ 程子(程子: 程顥 혹 程頤(?))가 말하였다. "君子의 自修之道는 마땅히 이와 같아야 한다."

游氏(游酢)는 이렇게 말하였다. "君子의 도는 威重으로 본질을 삼아, 학문으로 이를 성취시켜야 한다. 학문의 도는 반드시 忠信으로 주를 삼아, 자신보다 나은 자로써 이를 輔해야 한다. 그러나 혹 허물을 고치기에 인색하게 되면 끝내 덕으로 들어갈 수 없으며, 어진 이라도 반드시 善導로써 충고해 주기를 좋아하지 않게 된다. 따라서 '過勿憚改'(008(1-8), 229(9-24) 참조)로써 끝을 삼는 것이다."

## 009(1-9)

# 曾子曰愼終追遠

증자曾子가 말하였다.

"부모의 죽음에 근신하며, 먼 조상에게까지 추념追念을 다하면, 백성의 덕이 두터운 쪽으로 귀결될 것이니라."

曾子曰: 「愼終, 追遠, 民德歸厚矣.」㊀

【愼終】 喪禮에서 그 禮를 극진히 함.

【追遠】 제사를 지낼 때 먼 조상까지 追慕·追念하여 그 정성을 극진히 함.

## ◉ 諺解

曾子(증ᄌᆞ)ㅣ ᄀᆞᆯᄋᆞ샤ᄃᆡ 終(죵)을 愼(신)ᄒᆞ며 遠(원)을 追(튜)ᄒᆞ면 民(민)의 德(덕)이 厚(후)에 歸(귀)ᄒᆞ리라

曾子(증ᄌᆞ)ㅣ ᄀᆞᄅᆞ샤ᄃᆡ 終(죵)애 愼(신)ᄒᆞ며 遠(원)을 追(튜)ᄒᆞ면 民德(민덕)이 厚(후)의 歸(귀)ᄒᆞ리라

## ◈ 集註

009-㊀

愼終者, 喪盡其禮. 追遠者, 祭盡其誠. 民德歸厚, 謂下民化之, 其德亦歸於厚. 蓋終者, 人之所易忽也, 而能謹之; 遠者, 人之所易忘也, 而能追之, 厚之道也. 故以此自爲, 則己之德厚; 下民化之, 則其德亦歸於厚也.

愼終이란 '장례에서 그 예를 극진히 함'을 뜻한다. 追遠이란 '제사에 그 정성을 극진히 다함'을 뜻한다. 民德歸厚란 '아래 백성이 이에 교화되어 그 德이 역시 厚한 데로 돌아감'을 뜻한다. 대개 마침(終)에는 사람이 소홀히 하기 쉬운 것이므로 능히 삼감을 다하여야 하고, 먼 조상(遠)에게는 사람이면 쉽게 잊을 수 있는 바이므로 능히 추념을 다해야 하나니, 이것이 厚함의 도리이다. 따라서 이로써 스스로 행한다면 자신의 德이 후해지고, 아래 백성이 교화되면 그 德이 역시 厚한 쪽으로 귀결될 것이다.

## 010(1-10)

# 子禽問於子貢曰

자금子禽이 자공子貢에게 물었다.

"선생님께서 이 나라에 오셔서는 반드시 그 정치에 관하여 들으시니, 이는 요구하셔서 그런 것입니까, 아니면 이 나라에서 그렇게 해주어서 그런 것입니까?"

자공이 이렇게 대답하였다.

"선생님께서는 온溫·량良·공恭·검儉·양讓하셔서 그러한 대접을 받으시는 것입니다. 선생님께서 구하시는 것은 세상의 보통 사람들이 구하는 것과 다른 것이겠지요."

子禽問於子貢曰:「夫子至於是邦也, 必聞其政, 求之與? 抑與之與?」㊀

子貢曰:「夫子溫·良·恭·儉·讓以得之. 夫子之求之也, 其諸異乎人之求之與.」㊁

【子禽】 姓은 陳, 이름은 亢(강), 字는 子禽. 孔子의 제자이다. 〈子張篇〉을 참조할 것. 그러나 《史記》 仲尼弟子列傳에는 그 이름이 보이지 않는다. 그 때문에 '原亢禽'이 아닌가 한다. (臧庸《拜經日記》)

【子貢】 (B.C. 520~?) 姓은 端木, 이름은 賜, 字는 子貢이다. 衛나라 출신으로 孔子보다 31세 아래였다.

【夫子】 고대 '선생님'을 부르는 敬稱이다.

【抑】 反語詞로 '아니면'의 뜻.

【其諸】 '或者, 혹은' 등의 뜻이다. 諸는 음이 '저'이다.

"溫良恭儉讓"(石可)

## ◉ 諺解

陶山本 子禽(ᄌᆞ금)이 子貢(ᄌᆞ공)의게 무러 ᄀᆞᆯ오ᄃᆡ 夫子(부ᄌᆞ)ㅣ 이 邦(방)에 니르샤 반ᄃᆞ시 그 政(졍)을 드르시ᄂᆞ니 求(구)ᄒᆞ시ᄂᆞ냐 與(여)ᄒᆞᄂᆞ냐

子貢(ᄌᆞ공)이 ᄀᆞᆯ오ᄃᆡ 夫子(부ᄌᆞ)ᄂᆞᆫ 溫(온)ᄒᆞ시며 良(량)ᄒᆞ시며 恭(공)ᄒᆞ시며 儉(검)ᄒᆞ시며 讓(샹)ᄒᆞ시모로써 得(득)ᄒᆞ시ᄂᆞ니 夫子(부ᄌᆞ)의 求(구)ᄒᆞ시믄 그 사ᄅᆞᆷ의 求(구)홈애 다ᄅᆞ신뎌

〈張栻〉(敬夫, 南軒先生)《三才圖會》

子禽(ᄌᆞ금)이 子貢(ᄌᆞ공)ᄃᆞ려 問(문)ᄒᆞ야 ᄀᆞᆯ오ᄃᆡ 夫子(부ᄌᆞ)ㅣ 이 나라히 니ᄅᆞ시매 반ᄃᆞ시 그 政(졍)을 드ᄅᆞ시ᄂᆞ니 求(구)ᄒᆞ시냐 與(여)ᄒᆞᄂᆞ냐

子貢(ᄌᆞ공)이 ᄀᆞᆯ오ᄃᆡ 夫子(부ᄌᆞ)ㅣ 溫(온)과 良(량)과 恭(공)과 儉(검)과 讓(양)으로ᄡᅥ 得(득)ᄒᆞ시ᄂᆞ니 夫子(부ᄌᆞ)의 求(구)ᄒᆞ샤ᄆᆞᆫ 그 人(인)의 求(구)홈과 다ᄅᆞᆫ뎌

## ◈ 集註

### 010-㊀

之與之與, 平聲, 下同.

○ 子禽, 姓陳, 名亢. 子貢, 姓端木, 名賜. 皆孔子弟子. 或曰:「亢, 子貢弟子.」未知孰是. 抑, 反語辭.

之與의 與는 평성(의문종결사, 혹은 감탄종결사 歟와 같다)이며 그 아래도 같다.

○ 子禽의 성은 陳이며, 이름은 亢(강)이다. 子貢은 성이 端木이며, 이름은 賜이다. 두 사람 모두가 孔子의 제자이다. 혹은 이렇게 말하기도 한다. "陳亢은 子貢의 제자이다." 어느 것이 옳은지는 알 수 없다. 抑은 反語辭이다.

## 010-㊁

溫, 和厚也. 良, 易直也. 恭, 莊敬也. 儉, 節制也. 讓, 謙遜也. 五者, 夫子之盛德光輝接於人者也. 其諸, 語辭也. 人, 他人也. 言夫子未嘗求之, 但其德容如是, 故時君敬信, 自以其政就而問之耳, 非若他人必求之而後得也. 聖人過化存神之妙, 未易窺測, 然卽此而觀, 則其德盛禮恭而不願乎外, 亦可見矣. 學者所當潛心而勉學也.

○ 謝氏曰:「學者觀於聖人威儀之間, 亦可以進德矣. 若子貢, 亦可謂善觀聖人矣, 亦可謂善言德行矣. 今去聖人千五百年, 以此五者, 想見其形容, 尙能使人興起, 而況於親炙之者乎?」

張敬夫曰:「夫子至是邦, 必聞其政, 而未有能委國而授之以政者. 蓋見聖人之儀刑, 而樂告之者, 秉彝好德之良心也, 而私欲害之, 是以終不能用耳.」

溫은 和厚, 良은 易直, 恭은 莊敬, 儉은 節制, 讓은 謙遜을 뜻한다. 다섯 가지는 夫子의 盛德과 光輝가 남에게 接하는 모습이다. 其諸는 語辭이다. 人은 他人이다. 夫子는 일찍이 이를 요구하지 않았으나, 다만 그 德容이 이와 같았기 때문에 당시 임금이 공경하고 믿어, 스스로 그 정치로써 孔子에게 찾아와 이를 물었을 따름이며, 다른 사람처럼 반드시 요구한 후에 그런 경우가 이루어진 것이 아님을 말한 것이다. 聖人의 過化存神(聖人이 지나가는 곳에는 저절로 교화가 되며, 聖人이 머물러 있는 곳에는 그 德의 신묘함을 측량할 길이 없음)의 묘함은 쉽게 엿볼 수 있는 것이 아니다. 그러나 이 사실로 본다면 그 盛德과 禮恭이 있음에도 이를 밖으로 요구하기를 원치 않았음을 알 수 있다. 배우는 자로서 마땅히 潛心하여 勉學할 바이다.

○ 謝氏(謝良佐: 1050~1103. 顯道, 上蔡先生)는 이렇게 말하였다. "학자들이 성인의 威儀 사이를 보고 나면 역시 가히 덕으로 나갈 수 있다. 子貢 같은 경우라면 가히 성인을 잘 파악하였다고 이를 수 있으며, 역시 德行을 잘 표현하였다고 이를 수 있다. 지금은 聖人(孔子)과 이미 1천 5백 년이나 지났지만, 이 다섯 가지로 그 형용을 상상해 보면 아직도 능히 사람을 興起시키는데, 하물며 친히 그 薰炙를 받은 경우임에랴?"

張敬夫(張栻: 1133~1180)는 이렇게 말하였다. "夫子가 이 나라에 이르러 반드시 그 정사를 들었다지만, 그 임금은 능히 나라를 다 맡겨 정치해 보도록 수여한 자는 아닐 것이다. 대개 성인의 儀刑을 보고 즐겨 설명해 준다는 것은 秉彝好德(떳떳함을 잡고 덕을 좋아함)의 良心일 터인데, 오히려 私欲 때문에 이를 해치게 된다. 이러한 까닭으로 끝내 능히 등용하여 쓰지 못한 것일 뿐이다."

## 011(1-11)

# 父在觀其志

공자가 말하였다.

"아버지가 살아 계실 때에 그가 그 아들된 자로서의 지향志向하는 바가 무엇인가 볼 것이요, 아버지가 돌아가신 후에는 그 자식된 자가 어떠한 행동을 하는지 볼 것이로다.

3년을 아버지의 도를 바꾸지 않아야 가히 효孝라고 할 수 있느니라."*

> 子曰:「父在, 觀其志; 父沒, 觀其行; 三年無改於父之道, 可謂孝矣.」㊀

【觀其志】 其는 '그의 아들'. 아버지가 살아 계신 경우, 그 아들 된 자가 어떤 일을 지향할 때, 먼저 그 아버지를 염두에 두는지 살펴보아야 한다는 뜻이다.
【三年】 여기서는 오직 3년을 뜻하는 것이 아니라, 장기간을 의미한다고 보기도 한다. 그러나 朱子는 3년 간은 부모의 잘잘못에 관계없이 아버지의 뜻을 고치거나 바꿈이 없어야 한다는 뜻으로 보았다.
* 里仁篇 086(4-20)에도 뒤의 구절이 실려 있다.

## ◉ 諺解

子(ᄌᆞ)ㅣ ᄀᆞᆯᄋᆞ샤ᄃᆡ 父(부)ㅣ 在(ᄌᆡ)홈애 그 志(지)를 보고 父(부)ㅣ 沒(몰)홈애 그 行(ᄒᆡᆼ)을 볼 띠나 三年(삼년)을 父(부)의 道(도)애 고티미 업세ᅀᅡ 可(가)히 孝(효)ㅣ라 닐을 이니라

子(ᄌᆞ)ㅣ ᄀᆞᄅᆞ샤ᄃᆡ 父(부)ㅣ 在(ᄌᆡ)호매 그 志(지)를 보고 父(부)ㅣ 沒(몰)호매 그 行(ᄒᆡᆼ)을 볼 디니 三年(삼년)을 父(부)의 道(도)애 改(ᄀᆡ)호미 업서야 可(가)히 孝(효)ㅣ라 니를 디니라

## ◈ 集註

### 011-㊀

行, 去聲.

○ 父在, 子不得自專, 而志則可知. 父沒, 然後其行可見. 故觀此, 足以知其人之善惡, 然又必能三年無改於父之道, 乃見其孝. 不然, 則所行雖善, 亦不得爲孝矣.

○ 尹氏曰: 「如其道, 雖終身無改, 可也; 如其非道, 何待三年? 然則三年無改者, 孝子之心, 有所不忍故也.」

游氏曰: 「三年無改, 亦謂在所當改而可以未改者耳.」

行은 去聲이다.(행동, 名詞)

○ 아버지가 살아 계시면 자식은 스스로 마음대로 할 수가 없으나, 뜻하는 바가 무엇인지는 알 수 있다. 아버지가 돌아가신 후에라야 그 아들 된 자의 행동이 어떠한지를 볼 수 있다. 따라서 이를 보면 족히 그 사람의 善惡을 알 수 있다. 그러나 다시 반드시 능히 아버지의 道(孝)를 3년 동안 고치지 않아야 그 道(孝)가 드러나는 것이다. 그렇지 않으면 그의 행동이 비록 선하다 할지라도 역시 道(孝)를 실천하지 못한 것이다.

○ 尹氏(尹焞)는 이렇게 말하였다. "그것이 道라면 비록 종신토록 고치지 않아도 되지만, 만약 그것이 도가 아니라면 어찌 3년을 기다리겠는가? 그러므로 3년 동안 바꾸지 않는다는 것은 효자의 마음으로 차마 그렇게 하지 못하는 바가 있기 때문이다."

游氏(游酢)는 이렇게 말하였다. "3년을 바꾸지 않는다는 것은, 역시 마땅히 고쳐야 할 것이 있지만 아직 고치지 않아도 될 따름임을 말한다."

## 012(1-12)

# 有子曰禮之用和爲貴

유자有子가 말하였다.

"예禮의 작용은 서로 화합됨을 귀한 것으로 여긴다. 선왕先王의 도道에서도 이것을 아름답게 여겼다. 작은 일 큰일 할 것 없이 모두가 이로 말미암았다. 그러나 행하지 못할 바가 있을 때, 화합을 안다고 화합만 주장하면서 예로써 이를 절제시키지 않으면 역시 실행해낼 수가 없게 된다."

有子曰:「禮之用, 和爲貴. 先王之道, 斯爲美; 小大由之.㊀ 有所不行, 知和而和, 不以禮節之, 亦不可行也.」㊁

【有子】有若. (前出)

【和】調和.《禮記》中庸에 「喜怒哀樂之未發謂之中, 發而皆中節謂之和」라 하였다.

【先王】古代 聖人. 흔히 '禮樂을 制定한 사람'을 뜻한다.

【斯】대명사 '이'이다. 毛子水는 禮를 지칭하는 것이라 하였다.

"和爲貴"(石可)

◉ 諺解

陶山本

有子(유ᄌᆞ)ㅣ ᄀᆞᆯ오ᄃᆡ 禮(례)의 用(용)이 和(화)ㅣ 貴(귀)ᄒᆞ니 先王(션왕)의 道(도)ㅣ 이 아름다온 디라 小(쇼)와 大(대)ㅣ 말믹암으니라

行(ᄒᆡᆼ)티 몯ᄒᆞᆯ 빼 이시니 和(화)를 아라 和(화)만 ᄒᆞ고 禮(례)로ᄡᅥ 節(졀)티 아니면 ᄯᅩᄒᆞᆫ 可(가)히 行(ᄒᆡᆼ)티 몯ᄒᆞᄂᆞ니라

栗谷本

有子(유ᄌᆞ)ㅣ ᄀᆞᆯ오ᄃᆡ 禮(례)의 用(용)이 和(화)ㅣ 貴(귀)ᄒᆞ니 先王(션왕)의 道(도)ㅣ 이 美(미)ᄒᆞᆫ 디라 小大(쇼대)의 由(유)ᄒᆞᆯ 디니라

行(ᄒᆡᆼ)티 몯ᄒᆞᆯ 배 잇ᄂᆞ니 和(화)만 아라 和(화)ᄒᆞ고 禮(례)로ᄡᅥ 節(졀)티 아니면 ᄯᅩᄒᆞᆫ 可(가)히 行(ᄒᆡᆼ)티 몯ᄒᆞᆯ 디니라

◈ 集註

012-㊀

禮者, 天理之節文, 人事之儀則也. 和者, 從容不迫之意. 蓋禮之爲體雖嚴, 而皆出於自然之理, 故其爲用, 必從容而不迫, 乃爲可貴. 先王之道, 此其所以爲美, 而小事大事無不由之也.

禮란 天理의 節文이며 人事의 儀則이다. 和란 조용히 하여 절박하게 굴지 않는다는 뜻이다. 대개 禮가 그 體가 됨은, 비록 엄격하지만 모두가 自然의 이치 속에 나온 것이기 때문에, 그 쓰임에는 반드시 從容(조용, 첩운어)하고 不迫하여야 가히 귀한 것이 될 수 있다. 先王의 道는 이에 그것의 所以를 아름답게 여겼으며, 크고 작은 일 모두 이로 말미암지 않는 것이 없다.

## 012-㊁

承上文而言, 如此而復有所不行者, 以其徒知和之爲貴, 而一於和, 不復以禮節之, 則亦非復禮之本然矣, 所以流蕩忘反, 而亦不可行也.

○ 程子曰:「禮勝則離, 故禮之用和爲貴. 先王之道, 以斯爲美, 而小大由之; 樂勝則流, 故有所不行者, 知和而和, 不以禮節之, 亦不可行.」

范氏曰:「凡禮之體, 主於敬, 而其用則以和爲貴. 敬者, 禮之所以立也; 和者, 樂之所由生也. 若有子, 可謂達禮樂之本矣.」

愚謂:「嚴而泰, 和而節, 此理之自然, 禮之全體也. 毫釐有差, 則失其中正, 而各倚於一偏, 其不可行均矣.」

위의 글을 이어서 말한 것으로 이와 같이 하고도 다시 행해서는 안 될 것이 있다는 것이다. 즉, 한갓 和의 귀함만 알고, 오직 화에만 한결같이 하면서, 禮로써 이를 節制하지 아니하면, 역시 예의 본연으로 돌아갈 수 없으며, 그리하여 流蕩하여 근본으로 되돌아감을 잊고 말 것이니, 역시 이렇게 행해서는 안 된다는 것을 말한 것이다.

○ 程子(程頤)가 이렇게 말하였다. "예가 지나치면 離反된다. 따라서 禮의 쓰임에는 和가 귀한 것이다. 先王의 도는 이를 아름답게 여겨, 크고 작은 것이 이로 말미암았다. 그러나 즐거움이 지나치면 流蕩하게 된다. 따라서 그렇게 행하지 말아야 할 바가 있다. 화를 알고 화하게 하되, 예로써 조절하지 아니하면 역시 행할 수가 없는 것이다."

范氏(范祖禹: 字는 淳夫)는 이렇게 말하였다. "무릇 禮의 體는 敬에 主를 두며, 그 用에는 和를 貴히 여긴다. 敬이란 禮가 설 수 있는 所以이며, 和는 樂이 생겨나는 바이다. 有子같은 경우라면 가히 예악의 근본에 통달했다고 말할 만하다."

내(朱熹) 생각으로는 이렇다. "嚴하되 태평하고, 和하되 절제가 있는 것. 이는 이치의 자연스러움이요, 禮의 全體이다. 털끝만큼의 차이라도 있으면, 그 中正을 잃고 각각 한쪽으로 치우쳐 행동의 균형을 이룰 수 없다."

# 013(1-13)

# 有子曰信近於義

유자有子가 말하였다.

"믿음이 의義에 가깝도록 하면 어떠한 말도 가히 실천에 옮길 수 있다. 공손함이 예禮에 가깝도록 하면 치욕을 멀리할 수 있다.

그 서로 친밀함에 의지하면 역시 가히 어긋남이 없이 믿고 따를 수 있다."

> 有子曰:「信近於義, 言可復也. 恭近於禮, 遠恥辱也. 因不失其親, 亦可宗也.」㊀

【信】 朱子는 約信, 즉 '약속에 대한 믿음'이라 하였다.
【復】 '실천을 허락하다', '약속이나 언약을 실천하다'의 뜻. 음은 '복'이다.
【宗】 '主로 삼다', '믿고 따르다'. '宗敬'의 뜻으로도 본다. 孔安國은 「因, 親也. 言所親不失其親, 亦可宗敬也」라 하였고, 皇侃은 「能親所親, 則是重爲可宗也」라 하였다.

## ◉ 諺解

有子(유ᄌᆞ)ㅣ ᄀᆞᆯ오ᄃᆡ 信(신)이 義(의)예 갓가오면 言(언)을 可(가)히 復(복)ᄒᆞ며 恭(공)이 禮(례)예 갓가오면 恥(티)와 辱(욕)을 遠(원)ᄒᆞ며 因(인)홈애 그 親(친)홀 이를 일티 아니ᄒᆞ면 ᄯᅩᄒᆞᆫ 可(가)히 宗(종)ᄒᆞ얌즉 ᄒᆞ니라

有子(유ᄌᆞ)ㅣ ᄀᆞᆯ오ᄃᆡ 信(신)이 義(의)예 近(근)ᄒᆞ면 言(언)을 可(가)히 復(복)홀 디오 恭(공)이 禮(례)예 近(근)ᄒᆞ면 恥辱(티욕)을 멀리 홀 디오 因(인)호매 그 親(친)홀 ᄃᆡ롤 失(실)티 아니면 ᄯᅩᄒᆞᆫ 可(가)히 宗(종)홀 디니라

## ◈ 集註

### 013-㊀

近·遠, 皆去聲.

○ 信, 約信也. 義者, 事之宜也. 復, 踐言也. 恭, 致敬也. 禮, 節文也. 因, 猶依也. 宗, 猶主也. 言約信而合其宜, 則言必可踐矣; 致恭而中其節, 則能遠恥辱矣; 所依者不失其可親之人, 則亦可以宗而主之矣. 此, 言人之言行交際, 皆當謹之於始而慮其所終, 不然, 則因仍苟且之間, 將有不勝其自失之悔者矣.

近(가까이하다)·遠(멀리하다)은 모두 去聲이다.

○ 信은 약속에 대한 믿음을 뜻하며, 義란 일의 마땅함을 뜻한다. 復는 말을 실천하는 것이며, 恭은 공경을 다하는 것이다. 禮는 節文이며, 因은 依와 같고, 宗은 主와 같다. 信義를 묶어 그 마땅함에 합치시키면, 그 말은 반드시 실천할 수 있으며, 공경을 다하여 그 절도에 맞게 한다면, 능히 치욕을 멀리할 수 있고, 의지한 바가 가히 친할 만한 사람을 잃지 않았다면, 역시 宗으로 하여 이를 主體로 삼을 수 있음을 말한 것이다. 이는 사람의 언행과 교제에서 모두가 마땅히 그 시작에서는 삼가고, 그 끝을 생각하여야 하며, 그렇게 하지 않고서는 지난 버릇의 구차스러움 속에 의지해, 장차 스스로의 실책에 대한 후회를 이겨낼 수 없게 됨을 말한 것이다.

## 014(1-14)

# 君子食無求飽

공자가 말하였다.

“군자란, 먹는데 있어서 배부름을 구하지 아니하며, 거처에 있어서 편안함을 추구하지 아니하며, 일에는 민첩하게 하고, 그 말에는 삼감이 있으며, 도 있는 이에게 다가가서 질정을 하여야 한다. 이렇게 하면 가히 배움을 좋아하는 사람이라고 말할 수 있느니라.”

子曰:「君子食無求飽, 居無求安, 敏於事而愼於言, 就有道而正焉, 可謂好學也已.」㊀

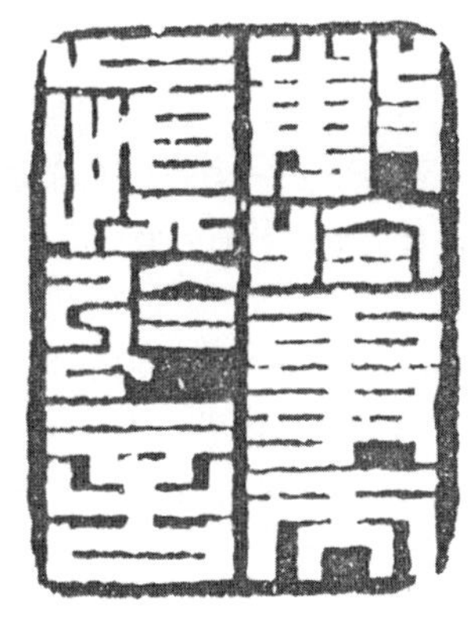
“敏於事而愼於言”(石可)

【君子】《論語》에서의 君子는, 때에 따라 有位之人과 有德之人의 뜻을 구분하고 있으나 뚜렷한 분별은 어렵다.
【正】 動詞로 쓰였으며, '匡正·修正·端正'의 뜻이다.

## ◉ 諺解

子(ᄌᆞ)ㅣ ᄀᆞᆯᄋᆞ샤ᄃᆡ 君子(군ᄌᆞ)ㅣ 食(식)홈애 飽(포)홈을 求(구)티 아니ᄒᆞ며 居(거)홈애 安(안)홈을 求(구)티 아니ᄒᆞ며 事(ᄉᆞ)애 敏(민)ᄒᆞ며 言(언)애 愼(신)ᄒᆞ고 道(도)인ᄂᆞᆫ ᄃᆡ 나사가 正(졍)ᄒᆞ면 可(가)히 學(ᄒᆞᆨ)을 됴히 너긴다 닐을 이니라

子(ᄌᆞ)ㅣ ᄀᆞᄅᆞ샤ᄃᆡ 君子(군ᄌᆞ)ㅣ 食(식)애 飽(포)호ᄆᆞᆯ 求(구)티 말며 居(거)호매 安(안)호ᄆᆞᆯ 求(구)티 말며 事(ᄉᆞ)애 敏(민)ᄒᆞ고 言(언)애 愼(신)ᄒᆞ고 有道(유도)애 就(취)ᄒᆞ야 正(졍)ᄒᆞ면 可(가)히 學(ᄒᆞᆨ)을 好(호)ᄒᆞᆫ다 니ᄅᆞᆯ 디니라

## ◈ 集註

014-㊀

好, 去聲.

○ 不求安飽者, 志有在而不暇及也. 敏於事者, 勉其所不足. 謹於言者, 不敢盡其所有餘也. 然猶不敢自是, 而必就有道之人, 以正其是非, 則可謂好學矣. 凡言道者, 皆謂事物當然之理, 人之所共由者也.

○ 尹氏曰:「君子之學, 能是四者, 可謂篤志力行者矣. 然不取正於有道, 未免有差, 如楊墨學仁義而差者也, 其流至於無父無君, 謂之好學, 可乎?」

好는 去聲(좋아하다)이다.

○ 不求安飽란, '뜻한 바가 있어 미칠 겨를이 없다'는 의미이다. 敏於事란 그 부족한 바에 힘쓴다는 뜻이며, 謹於言이란 그 남는 바를 감히 다 표출하지 않는다는 뜻이다. 그러나 오히려 감히 스스로 옳다고 여기지 않으면서 반드시 도 있는 자에게 다가가 그 是非를 바로 잡는다면 가히 好學이라 이를 수 있다. 무릇 道라고 말한 것은 모두가 사물의 當然之理이며, 사람이 함께 말미암는 바의 것임을 이른다.

○ 尹氏(尹焞)는 이렇게 말하였다. "君子의 학문에서 능히 이 네 가지를 실천한다면, 가히 뜻을 독실히 하여 힘써 행하는 자라 이를 수 있다. 그러나 이를 도 있는 곳에서 바르게 취하지 않으면 차질을 빚음을 면할 수 없다. 예를 들면, 楊朱·墨翟은 仁義를 배우기는 하였으나 차질을 빚고 만 경우이다. 그들은 無父無君(《孟子》 滕文公上(060)에 '楊氏爲我, 是無君也; 墨氏兼愛, 是無父也'라 함)으로 흐르고 말았으니, 이를 두고 好學이라 한다면 可하겠는가?"

## 015(1-15)

# 子貢曰貧而無諂

자공子貢이 말하였다.

"가난해도 아첨하지 아니하며, 부유해도 교만하지 아니하다면 어떻습니까?"

공자가 말하였다.

"그 정도라면 괜찮다. 그러나 가난하면서도 즐거워하고 부유하면서도 예를 좋아하는 것만은 못하다."

자공이 다시 여쭈었다.

"시詩에 '끊듯이 자르듯이, 쪼듯이 갈듯이'라 하였는데, 이를 두고 한 말입니까?"

공자가 말하였다.

"사賜야, 비로소 가히 더불어 시를 말할 만 하구나. 지나간 것을 일러주면 다음에 이어질 말을 아는구나."

子貢曰:「貧而無諂, 富而無驕, 何如?」
子曰:「可也; 未若貧而樂, 富而好禮者也.」㊀
子貢曰:「詩云:『如切如磋, 如琢如磨』, 其斯之謂與?」㊁
子曰:「賜也, 始可與言詩已矣, 告諸往而知來者.」㊂

【諂】 남에게 卑屈하게 구는 것.

【詩】 본문의 구절은 《詩經》 衛風 기욱(淇奧)篇의 일부로서, 玉器를 만들 때의 여러 과정을 표현하였으며, 비유하여 '學問을 열심히 하는' 뜻으로 쓰인다.

【賜】 子貢의 이름. '貢'과 '賜'는 相補的인 관계로 되어 있다. 古代人의 名과 字의 연관 관계를 알 수 있다.

【告諸往】 저(諸)는 '之於' 혹은 '之乎'의 합성어로써 음은 '저'이다.

〈子貢〉

◉ 諺解

陶山本 子貢(ᄌᆞ공)이 ᄀᆞᆯ오ᄃᆡ 貧(빈)ᄒᆞ야도 諂(텸)홈이 업스며 富(부)ᄒᆞ야도 驕(교)홈이 업소ᄃᆡ 엇더ᄒᆞᇮ닝잇고 子(ᄌᆞ)ㅣ ᄀᆞᆯᄋᆞ샤ᄃᆡ 可(가)ᄒᆞ나 貧(빈)ᄒᆞ고 樂(락)ᄒᆞ며 富(부)ᄒᆞ고 禮(례)를 好(호)ᄒᆞᄂᆞᆫ 者(쟈)만 ᄀᆞᆮ디 몯ᄒᆞ니라

子貢(ᄌᆞ공)이 ᄀᆞᆯ오ᄃᆡ 詩(시)예 닐오ᄃᆡ 切(졀)ᄐᆞᆺ ᄒᆞ고 磋(차)ᄐᆞᆺ ᄒᆞ며 琢(탁)ᄐᆞᆺ ᄒᆞ고 磨(마)ᄐᆞᆺ ᄒᆞ다 ᄒᆞ니 그 이를 닐옴인뎌

子(ᄌᆞ)ㅣ ᄀᆞᆯᄋᆞ샤ᄃᆡ 賜(ᄉᆞ)ᄂᆞᆫ 비로소 可(가)히 더브러 詩(시)를 니ᄅᆞ리로다 往(왕)을 告(고)홈애 來者(ᄅᆡ쟈)를 알오녀

栗谷本 子貢(ᄌᆞ공)이 ᄀᆞᆯ오ᄃᆡ 貧(빈)코 諂(텸)이 업ᄉᆞ미 富(부)코 驕(교)호미 업ᄉᆞ면 엇더ᄒᆞ니잇고 子(ᄌᆞ)ㅣ ᄀᆞᄅᆞ샤ᄃᆡ 可(가)ᄒᆞ나 貧(빈)코 樂(락)ᄒᆞ며 富(부)코 禮(례)ᄅᆞᆯ 好(호)ᄒᆞᄂᆞ니만 ᄀᆞᆮ디 몯ᄒᆞ니라

子貢(ᄌᆞ공)이 ᄀᆞᆯ오ᄃᆡ 詩(시)예 닐오ᄃᆡ 切(절)ᄐᆞᆺ 磋(차)ᄐᆞᆺ ᄒᆞ며 琢(탁)ᄐᆞᆺ 磨(마)ᄐᆞᆺ ᄒᆞ다 ᄒᆞ니 그 이ᄅᆞᆯ 니로민뎌

子(ᄌᆞ)ㅣ ᄀᆞᄅᆞ샤ᄃᆡ 賜(ᄉᆞ)ᄂᆞᆫ 비로소 可(가)히 더브러 詩(시)를 니ᄅᆞ리로다 往(왕)을 告(고)호매 來者(ᄅᆡ쟈)ᄅᆞᆯ 알고녀

### ◈ 集 註

015-㊀

樂, 音洛. 好, 去聲.

○ 諂, 卑屈也. 驕, 矜肆也. 常人溺於貧富之中, 而不知所以自守, 故必有二者之病. 無諂無驕, 則知自守矣, 而未能超乎貧富之外也. 凡曰可者, 僅可而有所未盡之辭也. 樂則心廣體胖, 而忘其貧; 好禮則安處善, 樂循理, 亦不自知其富矣. 子貢貨殖, 蓋先貧後富, 而嘗用力於自守者, 故以此爲問. 而夫子答之如此, 蓋許其所已能, 而勉其所未至也.

樂의 音은 洛(락)이며, 好는 去聲이다.

○ 諂은 비굴함을, 驕는 자랑하며 제멋대로 함을 뜻한다. 보통 사람으로서 貧富 중 어느 경우에 빠지면 스스로 지켜낼 바를 알지 못한다. 그러므로 그 두 경우의 병폐가 있다. 아첨도 없고 교만도 없다면, 스스로 지킴을 아는 것이기는 하나, 능히 빈부의 밖으로 초탈하였다고는 볼 수 없다. 무릇 可라고 일컬은 것은 겨우 가하다는 뜻으로 아직 未盡한 바가 있다는 표현이다. 즐겁게 여기면 心廣體胖(마음이 넓어지고 몸은 살찜. 평안해짐을 뜻함)하여 그 가난을 잊게 된다. 禮를 좋아하면 善에 처함을 편안히 여겨, 이치대로 따름에 즐거움을 느끼느라 역시 스스로 부유함을 알지 못하게 된다. 子貢은 貨殖(재물을 늘림, 先進篇 271(11-18) 참조)에 뛰어나 먼저 가난하였으나 뒤에 부유하게 되긴 하였지만, 일찍이 힘써 스스로 지켜낸 자일 것이다. 그 때문에 이 문제를 여쭈운 것이며, 夫子의 답 또한 이와 같았던 것이다. 아마 이미 능한 바를 인정해 주면서 아직 이르지 못한 바를 힘쓰도록 한 것이리라.

## 015-㊁

磋, 七多反. 與, 平聲.

○ 詩衛風淇奧之篇, 言治骨角者, 旣切之而復磋之; 治玉石者, 旣琢之而復磨之; 治之已精, 而益求其精也. 子貢自以無諂無驕爲至矣, 聞夫子之言, 又知義理之無窮, 雖有得焉, 而未可遽自足也, 故引是詩而明之.

磋는 反切로 '七多反'(차)이며, 與는 平聲(의문종결사)이다.

○ 詩는 衛風 기욱(淇奧)篇의 구절로 骨角을 깎아 다루는 자가 이미 자르고 난 후에도 다시 갈며, 玉石을 다듬는 자가 이미 쫀 다음에도, 다시 이를 문질러 갈 듯이 그 다듬음이 이미 정밀하다 하여도 더욱 더 정밀함을 요구한다는 뜻을 말한 것이다. 子貢은 스스로 無諂無驕한 정도가 지극한 것으로 여겼지만, 夫子의 말을 듣고 다시 義理의 무궁함을 알게 되어, 비록 얻은 것이 있다 하여도 얼른 자족할 수가 없어서, 그 까닭으로 詩를 인용하여 이를 밝힌 것이다.

## 015-㊂

往者, 其所已言者. 來者, 其所未言者.

○ 愚按:「此章問答, 其淺深高下, 固不待辨說而明矣. 然不切則磋無所施, 不琢則磨無所措, 故學者雖不可安於小成, 而不求造道之極致; 亦不可騖於虛遠, 而不察切己之實病也.」

往이란 이미 말한 바를 뜻하며, 來란 아직 말하지 아니한 것(다음에 할 말)을 뜻한다.

○ 내(朱熹) 생각으로는 이렇다. "이 章의 문답은 그 얕고 깊고, 높고 낮음이 진실로 辨說을 기다릴 것도 없을 정도로 밝히 드러난다. 그러나 끊지 않으면 갈 일이 없고, 쪼지 않으면 문질러 갈 일이 없다. 따라서 배우는 자는 비록 조그만 성취에 안주하느라 造道(道에 나아감. 造는 之와 같음)의 극치를 구하지 않아서도 안 되지만, 역시 虛遠에 매달려 자기 자신에게 절실한 실제의 병폐를 살피지 못하는 경우가 있어서도 안 될 것이다."

## 016(1-16)

# 不患人之不己知

공자가 말하였다.

"남이 나를 알아주지 못함을 걱정하지 말고, 내가 남을 알아보지 못할까 걱정하라."*

子曰:「不患人之不己知, 患不知人也.」㊀

【不己知】 자신을 알아주지 않음. 古文法에서는 의문사나 否定詞 다음의 술어·목적어가 도치된다.

* 본 장은 里仁篇 080(4-14)·憲問篇 364(14-32)와 관련이 있다.

"不患人之不己知,
患不知人也"(石可)

◉ 諺解

子(ᄌᆞ) ㅣ ᄀᆞᆯᄋᆞ샤ᄃᆡ 人(신)의 己(긔)를 아디 몯홈을 患(환)티 말고 人(신)을 아디 몯홈을 患(환)홀 띠니라

子(ᄌᆞ) ㅣ ᄀᆞᄅᆞ샤ᄃᆡ 人(인)의 날 아디 몯호ᄆᆞᆯ 患(환)티 말고 人(인) 아디 몯호ᄆᆞᆯ 患(환)홀 디니라

◈ 集註

016-㊀

尹氏曰:「君子求在我者, 故不患人之不己知. 不知人, 則是非邪正, 或不能辨, 故以爲患也.」

尹氏(尹焞: 1071~1142)가 말하였다. "君子는 자기 자신에게 있는 것으로써 구하기 때문에, 남이 자신을 알아주지 못함에 대하여 걱정하지 않는 것이다. 그러나 내가 남을 알지 못하면 是非나 邪正을 변별할 수 없는 경우가 가끔 있게 된다. 그러한 까닭으로 이를 걱정거리로 여기는 것이다."

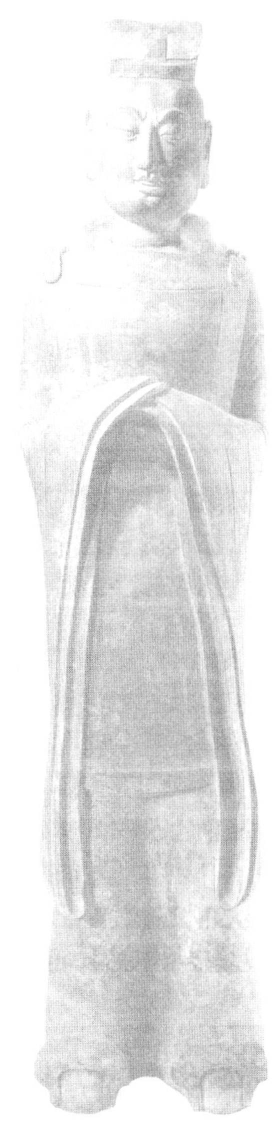

# 논어

공자「志于學」石刻畫. 石可(중국 현대 작가).

# 위정爲政 第二

총24장(017-040)

◈ **集註**

凡二十四章.

모두 24장이다.

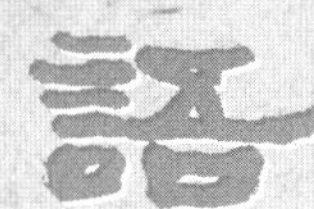

# 017(2-1)

## 爲政以德

공자가 말하였다.

"정치를 행함에 덕으로써 하는 것은, 비유컨대 북극성이 제자리에 있되 뭇 별들이 그를 둘러싸고 도는 것과 같다."

子曰:「爲政以德, 譬如北辰居其所而衆星共之.」㊀

"爲政以德, 譬如北辰居其所而衆星共之"(石可)

【北辰】 北極星. 《爾雅》 釋天에 「北極謂之北辰」이라 하였다. 辰은 '신'으로 읽는다.
【共】 拱과 같다. 環抱·環繞와 같다. '그것을 중심으로 돌다'의 뜻. 朱子는 '向하다'의 뜻으로 보았다.

## ◉ 諺解

子(ᄌᆞ)ㅣ ᄀᆞᆯᄋᆞ샤ᄃᆡ 政(졍)을 호ᄃᆡ 德(덕)으로ᄡᅥ 홈이 譬(비)컨댄 北辰(븍신)이 그 所(소)애 居(거)ᄒᆞ얏거든 모든 별이 共(공)홈 ᄀᆞᄐᆞ니라

子(ᄌᆞ)ㅣ ᄀᆞᄅᆞ샤ᄃᆡ 政(졍)ᄒᆞᄂᆞᆫ 이 德(덕)을 ᄡᅥ 호미 譬(비)컨댄 北辰(븍신)이 그 所(소)애 居(거)ᄒᆞ얏거든 衆星(즁셩)이 共(공)홈 ᄀᆞᄐᆞ니라

## ◈ 集註

### 017-㊀

共, 音拱, 亦作拱.

○ 政之爲言, 正也. 所以正人之不正也; 德之爲言, 得也. 得於心而不失也. 北辰, 北極, 天之樞也. 居其所, 不動也. 共, 向也. 言衆星四面旋繞而歸向之也. 爲政以德, 則無爲而天下歸之, 其象如此.

○ 程子曰: 「爲政以德, 然後無爲.」

范氏曰: 「爲政以德, 則不動而化·不言而信·無爲而成. 所守者, 至簡而能御煩; 所處者, 至靜而能制動; 所務者, 至寡而能服衆.」

共은 음이 拱(공)이며, 拱으로도 쓴다.

○ 政은 말로는 正으로(聲訓 풀이이다), 사람의 不正을 바르게 하는 바이다. 德이란 말로는 得으로, 마음에 터득하여 잃지 않는다는 뜻이다.(內閣本은 '得於心而不失也'가 '行道而有得於心也'로 실려 있다.) 北辰은 北極으로 하늘의 中樞이다. 居其所는 움직이지 않는다는 뜻이다. 共은 向하다의 뜻이다. 여러 별들이 四面에서 둘러싸 돌면서 그에 附歸하여 향함을 말한 것이다. 爲政以德하면 作爲없이 천하가 附歸하여, 그 형상이 이와 같음을 말한 것이다.

○ 程子(程頤)가 이렇게 말하였다. "爲政以德한 연후에야 作爲가 없다."

范氏(范祖禹)는 이렇게 말하였다. "爲政以德하면 움직이지 않아도 교화되고, 말하지 않아도 믿게 되며, 作爲 없이도 이루게 된다. 지켜야 할 바는 지극히 간소하면서 능히 번거로움을 제어하는 것이요, 처해야 할 바는 지극히 고요하면서도 능히 움직임을 제어하는 것이며, 힘써야 할 바는 지극히 적으면서 능히 무리를 복종시킬 수 있는 것이다."

# 018(2-2)

# 詩三百一言以蔽之

**공자**가 말하였다.

"시詩 3백 편을 한마디로 말한다면, '생각에 사악함이 없다'이다."

子曰:「詩三百, 一言以蔽之, 曰:『思無邪』.」㊀

【詩三百】 지금의 《詩經》은 笙詩 6편을 합하여 모두 3백 11편이다.

【蔽】 '덮다·槪括하다'의 뜻.

【思無邪】 원래 《詩經》 魯頌 駉篇의 구절. 思는 語辭, 즉 《詩經》의 표현 언어를 뜻한다. 《毛詩鄭箋》에 「思遵伯禽之法, 專心無復邪意也」라 하였다.

## ◉ 諺解

子(ᄌᆞ)ㅣ ᄀᆞᆯᄋᆞ샤ᄃᆡ 詩(시)ㅣ 三百(삼ᄇᆡᆨ)애 ᄒᆞᆫ 말이 ᄲᅧ 蔽(폐)ᄒᆞ야 시니 ᄀᆞᆯ온 思(ᄉᆞ)ㅣ 邪(사) 업슴이니라

子(ᄌᆞ)ㅣ ᄆᆞᄅᆞ샤ᄃᆡ 詩(시) 三百(삼ᄇᆡᆨ)애 ᄒᆞᆫ 말이 ᄲᅧ 蔽(폐)ᄒᆞ니 ᄀᆞᆯ온 思(ᄉᆞ)ㅣ 邪(사) 업다 호미니라

## ◈ 集註

### 018-㊀

詩, 三百十一篇. 言三百者, 擧大數也. 蔽, 猶蓋也.「思無邪」, 魯頌, 駉篇之辭. 凡詩之言, 善者, 可以感發人之善心; 惡者, 可以懲創人之逸志. 其用歸於使人得情性之正而已. 然其言微婉, 且或各因一事而發, 求其直指全體, 則未有若此之明且盡者. 故夫子言詩三百篇, 而惟此一言足以盡蓋其義, 其示人之意亦深切矣.

○ 程子曰:「『思無邪』者, 誠也.」范氏曰:「學者, 必務知要, 知要則能守約, 守約則足以盡博矣. 經禮三百, 曲禮三千, 亦可以一言而蔽之, 曰:『毋不敬』.」

《詩》는 3백 11편이다. 三百이라고 말한 것은 대체적인 숫자를 거론한 것이다. 蔽는 蓋(덮다)와 같다. 思無邪는 魯頌 駉篇의 구절이다. 무릇 詩에서 말한 善이라는 것은 가히 사람의 善心을 感發시킬 수 있으며, 惡이라는 것은 가히 사람의 逸志를 懲創할 수 있다. 그 쓰임은 사람으로 하여금 情性의 바른 것을 얻는 데 귀결될 따름이다. 그러나 그 말이 미미하고 완곡하며, 또한 가끔 각각 그 한 가지 사건에 의하여 발현된 것인데도 그 전체를 곧바로 지적함에는 이처럼 명확하고 극진한 것이 없었다. 따라서 夫子가 詩 3백 편을 언급하되 오직 이 한 마디로 족히 그 義를 다 덮을 수 있다 하였으니, 사람에게 보여 주는 뜻이 역시 深切하다.

○ 程子(程頤)가 이렇게 말하였다. "'思無邪'란 誠을 뜻한다."

范氏(范祖禹)는 이렇게 말하였다. "배우는 자는 반드시 要體를 아는 데 힘써야 한다. 要體를 알면 능히 守約할 수 있고, 守約하면 족히 廣博함을 다할 수 있다. 經禮(《儀禮》)의 3백과 曲禮(《禮記》의 편명, 여기서는 자질구레한 禮의 가짓수가 많음을 뜻함. 한편 《禮記》 禮器篇에 '禮, 有大有少; 有顯有微. 大者不可損, 小者不可益; 顯者不可掩, 微者不可大也'라 하였다. 그리고 《中庸》 27章에는 '禮儀三百, 威儀三千, 待其人而後行'이라 하였다)의 3천 가지도 역시 가히 一言以蔽之하면 毋不敬(공경 아님이 없다)이다."

# 019(2-3)

## 道之以政

공자가 말하였다.

"정치로만 인도하고 형벌로만 정연整然하게 하면, 백성은 면免하면 그만이라 여길 뿐, 부끄러움은 느끼지 못한다. 그러나 덕으로써 인도하고 예로써 정연히 하면 부끄러움도 느끼고, 또한 목적한 바에 이르게 된다."

子曰:「道之以政, 齊之以刑, 民免而無恥;㊀ 道之以德, 齊之以禮, 有恥且格.」㊁

【道】 導, 引導, 治導의 뜻.
【政】 法制禁令을 뜻한다. 規制로써만 다스림을 말한다.
【齊】 整然히 함. 整齊, 나란히, 똑같이 되도록 함.
【免】 고대의 免자는 대개 免罪·免刑·免禍의 뜻으로 쓰였다.
【格】 至로 해석한다. '능히 善에 이름'을 뜻한다.

## ◉ 諺解

陶山本

子(ᄌᆞ)ㅣ ᄀᆞᆯᄋᆞ샤ᄃᆡ 道(도)호ᄃᆡ 政(졍)으로ᄡᅥ ᄒᆞ고 齊(졔)호ᄃᆡ 刑(형)으로ᄡᅥ ᄒᆞ면 民(민)이 免(면)홀 만ᄒᆞ고 恥(티)홈은 업ᄂᆞ니라

道(도)호ᄃᆡ 德(덕)으로ᄡᅥ ᄒᆞ고 齊(졔)호ᄃᆡ 禮(례)로ᄡᅥ ᄒᆞ면 恥(티)홈이 잇고 ᄯᅩ 格(격)ᄒᆞᄂᆞ니라

栗谷本

子(ᄌᆞ)ㅣ ᄀᆞᄅᆞ샤ᄃᆡ 政(졍)으로ᄡᅥ 道(도)ᄒᆞ고 刑(형)으로ᄡᅥ 齊(졔)ᄒᆞ면 民(민)이 免(면)호ᄃᆡ 恥(티)업ᄉᆞ니라

德(덕)으로ᄡᅥ 道(도)ᄒᆞ고 禮(례)로ᄡᅥ 齊(졔)ᄒᆞ면 恥(티)잇고 ᄯᅩᄒᆞᆫ 格(격)ᄒᆞᄂᆞ니라

## ◈ 集註

### 019-㊀

道, 音導, 下同.

○ 道, 猶引導, 謂先之也. 政, 謂法制禁令也. 齊, 所以一之也. 道之而不從者, 有刑以一之也. 免而無恥, 謂苟免刑罰, 而無所羞愧. 蓋雖不敢爲惡, 而爲惡之心, 未嘗忘也.

道는 음이 導(도)이다. 아래도 같다.

○ 道는 引導와 같으며, '먼저 하다'라는 뜻이다. 政은 法制와 禁令을 뜻한다.

齊는 이를 하나로 만든다는 뜻이다. 인도하되 따르지 않는 자를 刑罰을 두어 하나로 만든다는 뜻이다. 免而無恥란 구차스럽게 형벌을 면하기만 하면, 부끄럽게 여기는 바가 없다는 말이다. 대개 비록 악한 일을 감히 하지는 않지만, 악을 행하고자 하는 마음이 아직 잊혀지지 않았음을 뜻한다.(世宗甲寅字《內閣本》에는 '未嘗忘也'가 '未嘗亡也」로 되어 있다. '아직 없애지 못하고 있다'의 뜻이다.)

## 019-㊂

禮, 謂制度品節也. 格, 至也. 言躬行以率之, 則民固有所觀感而興起矣, 而其淺深厚薄之不一者, 又有禮以一之, 則民恥於不善, 而又有以至於善也. 一說:「格, 正也. 書曰:『格其非心.』」

○ 愚謂:「政者, 爲治之具. 刑者, 輔治之法. 德禮則所以出治之本, 而德又禮之本也. 此其相爲終始, 雖不可以偏廢, 然政刑, 能使民遠罪而已. 德禮之效, 則有以使民日遷善而不自知. 故治民者, 不可徒恃其末, 又當深探其本也.」

禮는 制度·品節을 뜻한다. 格은 至와 같다. 몸소 행하면서 이를 인솔하면 백성이 진실로 이를 보고 감동하여 興起하는 바가 있을 것이다. 그 淺深·厚薄이 동일하지 않은 것도, 다시 禮를 두어 하나로 하면 백성은 不善에 대하여 부끄러움을 느끼고, 게다가 善에 이를 수 있게 됨을 말한 것이다. 일설에는 "格을 正이라 하였다. 《書》에 '그 그릇된 마음을 바로잡는다'(《書經》 冏篇의 구절)라 한 것이 그것이다"라 하였다.

○ 내(朱熹) 생각은 이렇다. "政이란 다스림을 행하는 도구이며, 刑이란 다스림을 보필하는 法이다. 德禮란 다스림을 드러내는 本이 되는 바이며, 德 또한 禮의 근본이기도 하다. 이는 서로 終始가 되는 것으로, 비록 치우치거나 폐지할 수 없는 것이기는 하나, 政刑이란 능히 백성으로 하여금 죄에서 멀리할 수 있게 할 뿐이다. 德禮의 효용이라면 백성으로 하여금 날로 善한 곳으로 옮겨가되 스스로도 알지 못하게 하는 것이다. 그러므로 백성을 다스리는 자는 한갓 그 말을 믿어서는 안 되며, 또한 마땅히 그 本을 깊이 탐구해야 하는 것이다."

## 020(2-4)

# 吾十有五而志于學

공자가 말하였다.

"나는 열다섯에 배움에 뜻을 두었고, 서른에 바르게 섰으며, 마흔에 미혹하지 않았고, 쉰에 천명이 무엇인가를 알게 되었으며, 예순에 귀로 들으면 순하게 깨닫게 되었고, 일흔에 하고 싶은 바대로 하여도 법규에 넘어섬이 없었다."

子曰:「吾十有五而志于學,㊀ 三十而立,㊁ 四十而不惑,㊂ 五十而知天命,㊃ 六十而耳順,㊄ 七十而從心所欲, 不踰矩.」㊅

【十有五】 15세를 말한다. 有는 又의 뜻이다.
【立】 '立於禮'의 생략으로 해석한다.
【天命】 天地自然의 대원칙.
【耳順】 鄭玄은 「聞其言而知其微旨也」라 하였다.
【從】 縱과 같다.
【矩】 길이나 각도를 재는 자. 흔히 規矩라 합성하여 쓰며, 規는 圓尺, 矩는 方尺이라 한다. 引申하여 '법도'라는 뜻

### ◉ 諺解

子(ᄌᆞ)ㅣ ᄀᆞᆯᄋᆞ샤ᄃᆡ 내 열히오 ᄯᅩ 다ᄉᆞ새 學(ᄒᆞᆨ)애 志(지)ᄒᆞ고
셜흔에 立(립)ᄒᆞ고
마ᄋᆞᆫ애 惑(혹)디 아니ᄒᆞ고
쉰에 天命(텬명)을 알고
여슌에 耳(ᅀᅵ)ㅣ 順(슌)ᄒᆞ고
닐흔에 ᄆᆞᄋᆞᆷ의 欲(욕)ᄒᆞᄂᆞᆫ 바를 조차 矩(구)에 넘디 아니호라

子(ᄌᆞ)ㅣ ᄀᆞᄅᆞ샤ᄃᆡ 내 十(십)이오 ᄯᅩ 五(오)애 學(ᄒᆞᆨ)의 志(지)ᄒᆞ고
三十(삼십)애 立(립)ᄒᆞ고
四十(사십)애 惑(혹)디 아니코
五十(오십)애 天命(텬명)을 알고
六十(륙십)애 耳(이)ㅣ 順(슌)ᄒᆞ고
七十(칠십)애 ᄆᆞᄋᆞᆷ의 欲(욕)ᄒᆞᄂᆞᆫ 바ᄅᆞᆯ 조초ᄃᆡ 矩(구)ᄅᆞᆯ 踰(유)티 아니호라

### ◈ 集註

020-㊀

古者, 十五而入大學. 心之所之謂之志. 此所謂學, 卽大學之道也. 志乎此, 則念念在此而爲之不厭矣.

옛날에는 열 다섯에 大學에 들어갔다.(《大戴禮記》 保傅篇에 '古者, 年八歲而出外舍, 學小藝焉, 履小節焉; 束髮而就大學, 學大藝焉, 履大節焉'이라 함.) 마음이 가는 바를 志라 한다. 여기서 말하는 學이란 大學之道이다. 여기에 뜻을 두었다면, 생각함이 온통 여기에 있어, 이를 하면서도 싫증이 없게 되는 것이다.

020-㊁

有以自立, 則守之固而無所事志矣.

스스로 섬立이 있다면 이를 견고하게 지키면서도 일삼아 둘 뜻이 없게 될 것이다.

020-㊂

於事物之所當然, 皆無所疑, 則知之明而無所事守矣.

事物의 당연한 바에 대하여 어떤 의심도 없다면, 앎이 명료해져서 지키는 문제에 대하여 일삼을 바가 없게 될 것이다.

020-㊃

天命, 卽天道之流行而賦於物者, 乃事物所以當然之故也. 知此則知極其精, 而不惑, 又不足言矣.

天命이란, 즉 天道가 流行하여 萬物에 부여된 것으로, 이에 사물이 당연한 연고가 되는 바이다. 이를 알게 되면, 그것을 지극히 정밀하게 하여야 함을 알게 되어, 미혹함도 없어지는 것은 또한 굳이 말로 할 것도 못 된다.

020-㊄

聲入心通, 無所違逆, 知之之至, 不思而得也.

소리가 마음으로 들어가 通曉하여 거스를 바가 없으며, 아는 것이 지극함에 이르러 생각하지 않아도 터득하게 된다.

020-㊅

從, 如字.

○ 從, 隨也. 矩, 法度之器, 所以爲方者也. 隨其心之所欲, 而自不過於法度, 安而行之, 不勉而中也.

○ 程子曰:「孔子, 生而知者也. 言亦由學而至, 所以勉進後人也. 立, 能自立於斯道也. 不惑, 則無所疑矣. 知天命, 窮理盡性也. 耳順, 所以皆通也. 從心所欲, 不踰矩, 則不勉而中矣.」

又曰:「孔子自言其進德之序如此者, 聖人未必然, 但爲學者立法, 使之盈科而後進, 成章而後達耳.」

胡氏曰:「聖人之敎亦多術, 然其要, 使人不失其本心而已. 欲得此心者, 惟志乎聖人所示之學, 循其序而進焉. 至於一疵不存, 萬里明盡之後, 則其日用之間, 本心瑩然, 隨所意欲, 莫非至理. 蓋心卽體, 欲卽用, 體卽道, 用卽義, 聲爲律而身爲度矣.」

又曰:「聖人言此, 一以示學者當優游涵泳, 不可躐等而進; 二以示學者當日就月將, 不可半途而廢也.」

愚謂:「聖人生知安行, 固無積累之漸, 然其心未嘗自謂已至此也. 是其日用之間, 必有獨覺其進 而人不及知者. 故因其近似以自明, 欲學者以是爲則而自勉, 非心實自聖而姑爲是退託也. 後凡言謙辭之屬, 意皆放此.」

從은 글자 그대로(따르다·좇다)의 뜻이다.

○ 從은 隨이다. 矩는 法度의 기구로서 모난 것을 만드는 바의 것이다. 그 마음이 하고자 하는 바를 따르되, 저절로 법도를 넘어섬이 없으니 편안히 이를 행하면 힘쓰지 않아도 맞게 된다.

○ 程子(程頤)가 이렇게 말하였다. "孔子는 태어나면서부터 앎이 있었던 자이다. 그러나 그의 말은 역시 배움으로 말미암아 이른다 하였으니 後人을 勉進시키기 위한 것이다. 立은 능히 스스로 이 道에 서는 것을 뜻한다. 不惑은 의심할 바가 없다는 것이다. 知天命은 窮理가 그 성품을 다하였다는 것이다. 耳順은 모두를 통달하였다는 뜻이며, 從心所欲, 不踰矩라는 것은 힘쓰지 않아도 맞다라는 뜻이다."

또 이렇게 말하였다. "孔子가 스스로 進德의 차례가 이와 같다고 말한 것은 聖人이 꼭 그러하다는 것이 아니라 다만 배우는 자를 위하여 법을 세운 것으로, 그들로 하여금 科程을 다 채운 후 나가도록 하며, 成章한 이후에 통달케 하기 위한 것일 뿐이다."

胡氏(胡寅)은 이렇게 말하였다. "聖人의 가르침 역시 方術이 많다. 그러나 그 요체는 사람으로 하여금 그 본심을 잃지 않게 하는 데 있을 따름이다. 이러한 마음을 터득코자 하는 자는 오직 聖人이 보여 준 바의 학문에 뜻을 두고, 그 순서에 따라 나아가면 된다. 하나의 흠도 남겨 두지 않고 모든 이치를 밝게 깨달은 후라면, 그 일상생활에 있어서 본심이 반짝일 것이며, 뜻하는 바대로 따라도 지극한 이치가 아님이 없게 된다. 대개 마음이란 곧 體이며, 欲이란 用이다. 體는 道이며 用은 義로써 소리를 내면 律이 되고 自身은 법도가 되는 것이다."

또 이렇게 말하였다. "聖人이 이렇게 말한 것은 첫째, 배우는 자는 마땅히 優游涵泳(차분히 하나씩 살핌)하여야 하며 몇 단계를 훌쩍 뛰어넘어 나갈 수 없음을 보여 준 것이요, 둘째, 배우는 자는 마땅히 日就月將하여야 하므로 중도에 그쳐서는 안 됨을 보여 준 것이다."

나는 이렇게 생각한다. "聖人은 태어나면서부터 이미 알고 편안히 행동하므로 진실로 積累之漸(자꾸 쌓여 점점 달라짐)이란 없다. 그러나 그 마음은 스스로 그러한 경지에 이르렀다고 여겨본 적이 없다. 이는 그 일상생활에서 반드시 자신은 나아감을 깨닫되 다른 사람들은 이를 알아차리지 못하는 것이다. 그러므로 그 가까운 것으로써 스스로 밝혀, 배우는 자들이 이를 법칙으로 여겨 스스로 힘쓰게 하려는 것이지 마음속에 스스로 성인이라 하여 짐짓 이를 退託(물러나 의탁함. 겸양의 뜻)으로 삼으려는 것이 아니다. 뒤에 있는 말들은 무릇 겸양의 말씀에 속하는 것들로 뜻은 모두가 이와 같다."

## 021(2-5)

# 孟懿子問孝

맹의자孟懿子가 효孝에 대하여 묻자 공자가 이렇게 말하였다.

"어김이 없어야 하느니라."

번지樊遲가 말을 몰자, 공자가 번지에게 이렇게 일러주었다.

"맹손(孟孫, 맹의자)이 나에게 효에 대하여 묻기에 내가 '위배됨이 없어야한다'고 말하였단다."

그러자 번지가 여쭈었다.

"무슨 뜻입니까?"

공자가 이렇게 설명하였다.

"살아 계실 때에는 예로써 이를 섬기고, 돌아가시게 되면 예로써 장례를 지내며, 제사를 예로써 모셔야 한다는 뜻이니라."

孟懿子問孝.

子曰:「無違.」㊀

樊遲御, 子告之曰:「孟孫問孝於我, 我對曰:『無違』.」㊁

樊遲曰:「何謂也?」

子曰:「生, 事之以禮; 死, 葬之以禮, 祭之以禮.」㊂

【孟懿子】 魯나라 三大夫 중의 하나. 姓은 仲孫이며 이름은 何忌, 謚號는 懿이다. 《左傳》 昭公 7年에 그의 아버지인 孟僖子가 죽으면서 아들 孟懿子에게 孔子를 찾아가 禮를 배울 것을 유언한 기록이 있다.

【無違】 禮에 어긋남이 없이 함. 《左傳》 襄公 26年 傳에 「古人凡背禮者謂之違」라 하였다.

【樊遲】 孔子의 弟子. 이름은 須이며, 字는 子遲. 孔子보다 46세 아래였다. 그러나 《史記》 仲尼弟子列傳에는 36세 아래라고 하였으며, 《孔子家語》에는 46세 아래라 하였다.

【御】 孔子를 위하여 수레를 모는 일.

## ◉ 諺解

陶山本 孟懿子(밍의ᄌᆞ)ㅣ 孝(효)를 묻ᄌᆞ온대 子(ᄌᆞ)ㅣ ᄀᆞᄅᆞ샤ᄃᆡ 違(위)홈이 업슴이니라

樊遲(번디)ㅣ 御(어)ᄒᆞ야쩌니 子(ᄌᆞ)ㅣ 告(고)ᄒᆞ야 ᄀᆞᄅᆞ샤ᄃᆡ 孟孫(밍손)이 孝(효)를 내게 무러늘 내 對(ᄃᆡ)ᄒᆞ야 ᄀᆞᆯ오ᄃᆡ 違(위)홈이 업슴이라 호라

樊遲(번디)ㅣ ᄀᆞᆯ오ᄃᆡ 엇디 닐옴이닝잇고 子(ᄌᆞ)ㅣ ᄀᆞᄅᆞ샤ᄃᆡ 사라실 제 셤김을 禮(례)로ᄡᅥ ᄒᆞ며 죽음애 葬(장)홈을 禮(례)로ᄡᅥ ᄒᆞ며 祭(졔)홈을 禮(례)로ᄡᅥ 홈이니라

孟懿子(밍의ᄌᆞ)ㅣ 孝(효)를 問(문)ᄒᆞᆫ대 子(ᄌᆞ)ㅣ ᄀᆞᄅᆞ샤ᄃᆡ 違(위)호미 업슬 디니라

樊遲(번디)ㅣ 御(어)ᄒᆞ얏더니 子(ᄌᆞ)ㅣ 告(고)ᄒᆞ야 ᄀᆞᄅᆞ샤ᄃᆡ 孟孫(밍손)이 내게 孝(효)ᄅᆞᆯ 뭇거ᄂᆞᆯ 내 對(ᄃᆡ)ᄒᆞ야 ᄀᆞᆯ오ᄃᆡ 無違(무위)라 호라

樊遲(번디)ㅣ ᄀᆞᆯ오ᄃᆡ 엇디 니로미니잇고 子(ᄌᆞ)ㅣ ᄀᆞᄅᆞ샤ᄃᆡ 生(ᄉᆡᆼ)애 事(ᄉᆞ)호ᄆᆞᆯ 禮(례)로ᄡᅥ ᄒᆞ며 死(ᄉᆞ)애 葬(장)호ᄆᆞᆯ 禮(례)로ᄡᅥ ᄒᆞ며 祭(졔)ᄅᆞᆯ 禮(례)로ᄡᅥ 호미니라

## ◈ 集註

### 021-㉠

孟懿子, 魯大夫仲孫氏, 名何忌. 無違, 謂不背於理.

孟懿子는 魯나라 大夫인 仲孫氏로 이름은 何忌이다. 無違란 도리에 위배되지 않음을 말한다.

### 021-㉡

樊遲, 孔子弟子, 名須. 御, 爲孔子御車也. 孟孫, 卽仲孫也. 夫子以懿子未達而不能問, 恐其失指, 而以從親之令爲孝, 故語樊遲以發之.

樊遲는 孔子의 弟子로 이름은 須이다. 御는 孔子를 위하여 수레를 모는 것이다. 孟孫은, 즉 仲孫氏이다. 夫子는 孟懿子가 알아차리지 못하였으면서도 능히 묻지 않자, 그 가리키는 바를 잃은 채, 어버이의 명을 따르는 것만이 곧 孝인 줄 알까 두려워 이를 樊遲에게 일러 밝혀 준 것이다.

### 021-㉢

生事葬祭, 事親之始終, 具矣. 禮, 卽理之節文也. 人之事親, 自始至終, 一於禮而不苟, 其尊親也至矣. 是時, 三家僭禮, 故父子以是警之, 然語意渾然, 又若不專爲三家發者, 所以爲聖人之言也.

○ 胡氏曰:「人之欲孝其親, 心雖無窮, 而分則有限. 得爲而不爲, 與不得爲而爲之, 均於不孝. 所謂以禮者, 爲其所得爲者而已矣.」

生事葬祭(본문의 生事와 葬·祭)는 어버이를 섬기는 시작과 끝이 다 갖추어진 것이다. 禮는 곧 이치의 節文이다. 사람이 어버이를 섬김에 처음부터 끝까지 한결같이 禮로 하되 구차함이 없도록 함은 尊親의 지극함이다. 이 당시 三家가 예를 僭稱하였다. 그 때문에 孔子가 이로써 경계한 것이다. 그러나 語意가 渾然하여 또한 三家만을 들어 밝히지 않는 것처럼 하였으니, 성인으로써의 말씀이다.

○ 胡氏(胡寅)는 이렇게 말하였다. "사람으로서 그 어버이에게 효도를 하고자 함에 마음으로는 비록 무궁하다 하나 그 푼수(分數)는 한계가 있게 마련이다. 할 수 있으되 하지 않는 것과 할 수 없는 데도 하는 것은 똑같이 불효에 해당한다. 소위 예로써 한다는 것은 그 할 수 있는 바를 하는 것일 뿐이다."

## 022(2-6)

# 孟武伯問孝

맹무백孟武伯이 효孝에 대하여 묻자, 공자가 말하였다.
"부모 된 분들은 오직 자식의 병을 걱정하시느니라."

孟武伯問孝.
子曰:「父母唯其疾之憂.」㊀

【孟武伯】 孟懿子의 아들. 姓은 仲孫이며, 이름은 彘, 諡號는 武.
【其】 그 아들 된 자, 즉 자녀로 보는 설(馬融)과 부모로 보는 설(王充《論衡》 問孔篇·《淮南子》 說林訓의 高誘 注)이 있다. 여기서는 馬融의 설을 따랐다.

## ◉ 諺解

陶山本

孟武伯(ᄆᆡᆼ무ᄇᆡᆨ)이 孝(효)를 묻ᄌᆞ온대 子(ᄌᆞ)ㅣ ᄀᆞᆯᄋᆞ샤ᄃᆡ 父母(부모)ᄂᆞᆫ 오직 그 疾(질)을 근심ᄒᆞ시ᄂᆞ니라

孟武伯(ᄆᆡᆼ무ᄇᆡᆨ)이 孝(효)ᄅᆞᆯ 問(문)ᄒᆞᆫ대 子(ᄌᆞ)ㅣ ᄀᆞᄅᆞ샤ᄃᆡ 父母(부모)ᄂᆞᆫ 오직 그 疾(질)을 憂(우)ᄒᆞ시ᄂᆞ니라

## ◈ 集註

### 022-㊀

武伯, 懿子之子, 名彘. 言父母愛子之心, 無所不至, 惟恐其有疾病, 常以爲憂也. 人子體此, 而以父母之心爲心, 則凡所以守其身者, 自不容於不謹矣, 豈不可以爲孝乎? 舊說:「人子能使父母, 不以其陷於不義爲憂, 而獨以其疾爲憂, 乃可爲孝.」亦通.

武伯은 孟懿子의 아들로서 이름은 彘이다. 부모가 자식 아끼는 마음은 이르지 않는 곳이 없지만, 오직 그에게 질병이 있을까 하는 것을 항상 근심함을 말한 것이다. 사람의 자녀로써 이를 체득하여 부모의 마음으로 자신의 마음을 삼으면, 무릇 자신의 몸을 잘 지켜야 함에 스스로 不謹은 용납될 수 없을 것이니, 어찌 孝라고 여기지 않을 수 있겠는가? 옛날 說로는 "자녀로서 능히 부모로 하여금 자식이 不義에 빠지는 것을 근심으로 여기게 해서는 안 되며, 오직 질병이 있을까 하는 것만을 근심거리가 되게 하는 것이 가히 孝라고 할 수 있다"라 하였는데 역시 통하는 풀이이다.

## 023(2-7)

# 子游問孝

자유子游가 효孝에 대하여 여쭙자, 공자가 말하였다.

"지금의 효도라고 하는 것은 이는 능히 봉양하는 것이라 말할 수 있을 뿐이다. 개나 말에게 있어서도 모두가 양육은 있게 마련이다. 공경함이 없다면 무슨 구별이 있겠느냐?"

子游問孝.

子曰:「今之孝者, 是謂能養. 至於犬馬, 皆能有養; 不敬, 何以別乎?」㊀

【子游】 孔子의 弟子. 吳나라 사람으로 姓은 言이며, 이름은 偃, 字는 子游이다. 孔子보다 45세 아래였다.
【有養】 세 가지의 說이 있다. 일반적으로 '犬馬가 능히 사람을 받들어 奉養하다'의 뜻과 '犬馬도 자신의 어미는 奉養한다'(李光地《論語箚記》)는 뜻으로 보는 견해이다. 그러나 '犬馬도 사람으로부터 飼育됨을 받다'(朱子)라는 뜻으로 널리 풀이된다.

## ◉ 諺解

陶山本 子游(ᄌᆞ유)ㅣ 孝(효)를 묻ᄌᆞ온대 子(ᄌᆞ)ㅣ 골ᄋᆞ샤ᄃᆡ 이젯 孝(효)ᄂᆞᆫ 이 닐온 能(능)히 養(양)홈이니 犬(견)과 馬(마)애 니르러도 다 能(능)히 養(양)홈이 인ᄂᆞ니 敬(경)티 아니ᄒᆞ면 므스거스로써 別(별)ᄒᆞ리오

栗谷本 子游(ᄌᆞ유)ㅣ 孝(효)를 問(문)ᄒᆞᆫ대 子(ᄌᆞ)ㅣ ᄀᆞᄅᆞ샤ᄃᆡ 이제 孝(효)ᄂᆞᆫ 이 닐온 能(능)히 養(양)호ᄆᆞᆯ 니ᄅᆞᄂᆞ니 犬馬(견마)의 니르러도 다 能(능)히 養(양)호ᄆᆞᆯ 둣ᄂᆞ니 敬(경)티 아니면 엇디 ᄡᅥ 別(별)ᄒᆞ리오

## ◈ 集註

### 023-㊀

養, 去聲. 別, 彼列反.

○ 子游, 孔子弟子, 姓言, 名偃. 養, 謂飮食供奉也. 犬馬待人而食, 亦若養然. 言人畜犬馬, 皆能有以養之, 若能養其親而敬不至, 則與養犬馬者何異? 甚言不敬之罪, 所以甚警之也.

○ 胡氏曰: 「世俗事親, 能養足矣. 狎恩恃愛, 而不知其漸流於不敬, 則非小失也. 子游, 聖門高弟, 未必至此. 聖人直恐其愛踰於敬, 故以是深警發之也.」

養은 去聲(봉양하다의 뜻)이다. 別은 反切로 '彼列反', 별(구별하다)이다.

○ 子游는 孔子의 弟子로 姓은 言이며, 이름은 偃이다. 養은 '음식으로 받들어 모시다'의 뜻이다. 개나 말은 사람에게 기대어 먹으니, 역시 奉養받는 것과 같다. '사람이 개나 말을 기르는 것도 모두가 능히 길러 줌이 있으니, 만약 그 어버이를 봉양하면서 공경함이 지극하지 않다면, 개나 말을 기르는 것과 무엇이 다르겠는가' 라고 말한 것이다. 不敬之罪를 심하게 표현한 것은 심히 경계하기 위함이다.

○ 胡氏(胡寅)가 이렇게 말하였다. "세속의 事親은 능히 봉양하면 족하다고 여겨, 그 은혜를 쉽게 여기고 親狎하며, 그 사랑을 믿고 점차 不敬으로 흘러 들어감을 알아채지 못한다면 이는 작은 실수가 아니다. 子游는 聖門의 高弟로 꼭 이러한 지경에 이른 것은 아니다. 聖人께서 곧바로 그 사랑이 공경보다 넘어설까 하여, 그 때문에 이로써 깊이 警發한 것이다."

## 024(2-8)

# 子夏問孝

자하子夏가 효에 대하여 여쭙자, 공자가 말하였다.

"얼굴빛을 편히 보이기가 어려운 것이다. 힘든 일이 있으면 어린 사람이 그 노고로움을 대신하고, 술과 밥이 있으면 연장자가 먼저 들도록 한다. 일찍이 이런 경우를 보고 효라고 여긴 적이 있더냐?"

子夏問孝.

子曰:「色難. 有事, 弟子服其勞; 有酒食, 先生饌, 曾是以爲孝乎?」㊀

【色難】 '자식된 자가 부모를 모실 때, 자신의 얼굴을 편히 보이기가 어려움'을 뜻하는 것으로 본다. 그러나 '부모의 얼굴빛을 잘 살펴 그 뜻을 감지하여 모셔야 한다'는 뜻으로 보는 설도 있다.(包咸·馬融)

【弟子】 나이 어린 사람.

【先生】 나이 많은 사람. 年長者. 馬融은 「先生謂父兄也」라 하였고, 劉台拱은 《論語騈枝》에서 「論語言弟子者七, 其二皆年幼者, 其五謂門人. 言先生者二, 皆謂年長者」라 하였다.

【食】 名詞. 밥, 음식. '사'로 읽는다.

## ◉ 諺解

陶山本 子夏(ᄌᆞ하)ㅣ 孝(효)를 묻ᄌᆞ온대 子(ᄌᆞ)ㅣ ᄀᆞᆯᄋᆞ샤ᄃᆡ 色(ᄉᆡᆨ)이 어려오니 일이 잇거든 弟子(뎨ᄌᆞ)ㅣ 그 勞(로)를 服(복)ᄒᆞ고 酒(쥬)와 食(ᄉᆞ)ㅣ 잇거든 先生(션ᄉᆡᆼ)을 饌(찬)홈이 일즉 이를 ᄡᅧ 孝(효)ㅣ라 ᄒᆞ랴

栗谷本 子夏(ᄌᆞ하)ㅣ 孝(효)를 問(문)ᄒᆞᆫ대 子(ᄌᆞ)ㅣ ᄀᆞᄅᆞ샤ᄃᆡ 色(ᄉᆡᆨ)이 難(란)ᄒᆞ니 事(ᄉᆞ)ㅣ 잇거든 弟子(뎨ᄌᆞ)ㅣ 그 勞(로)를 服(복)ᄒᆞ고 酒食(쥬ᄉᆞ)ㅣ 잇거든 先生(션ᄉᆡᆼ)을 饌(찬)호ᄆᆞᆯ 일즉 일로ᄡᅧ 孝(효)ㅣ라 ᄒᆞ랴

## ◈ 集 註

024-㊀

食, 音嗣.

○ 色難, 謂事親之際, 惟色爲難也. 食, 飯也. 先生, 父兄也. 饌, 飮食之也. 曾, 猶嘗也. 蓋孝子之有深愛者, 必有和氣; 有和氣者, 必有愉色; 有愉色者, 必有婉容; 故事親之際, 惟色爲難耳, 服勞奉養, 未足爲孝也. 舊說: 「承順父母之色, 爲難.」 亦通.

○ 程子曰: 「告懿子, 告衆人者也. 告武伯者, 以其人多可憂之事. 子游能養而或失於敬, 子夏能直義而或少溫潤之色. 各因其材之高下, 與其所失而告之, 故不同也.」

食는 음이 嗣(사. 명사(밥))이다.

○ 色難은 어버이를 모실 때, 오직 얼굴 색 표정 짓기가 어렵다는 뜻이다. 사(食)는 밥(飯)이다. 先生은 父兄(아버지나 형뻘의 어른)을 뜻한다. 饌은 음식을 먹고 마시게 한다는 뜻이다. 曾은 嘗(일찍이)과 같다. 대개 孝子로서 깊은 사랑이 있는 자는 반드시 和氣를 갖춘다. 화기를 갖춘 자는 반드시 유순한 얼굴빛이 나타나며, 완곡한 얼굴 모습이 있게 된다. 따라서 어버이를 모실 때에는 오직 얼굴빛을 온화하게 하기가 어려울 따름이니, 服勞奉養(수고로운 일을 대신하고 받들어 공양함)만으로는 족히 효도를 하였다고 할 수 없다. 舊說에는 "부모의 얼굴 색을 보고 이를 따르기가 어렵다" 하였는데, 역시 통한다.

○ 程子(程頤)는 이렇게 말하였다. "孟懿子에게 고한 것(021)은 결국 여러 사람에게 고한 것이다. 孟武伯에게 고한 것(022)은 그 사람됨이 가히 근심스러운 점이 많기 때문이었다. 子游는 능히 奉養은 잘하나 가끔 敬에 실수함이 있고(023), 子夏는 능히 義에 곧으나, 가끔 溫潤之色이 적었다(024). 이에 각각 그 재질의 高下에 따라 그들이 잃은 바를 알려 준 것이니, 그 때문에 말씀이 서로 똑같지 않은 것이다."

## 025(2-9)

# 吾與回言終日

공자가 말하였다.

"내가 안회顔回와 해가 마치도록 이야기를 나누면서도 그는 반대 의견이나 의문을 제기함이 없어 마치 우둔한 자가 아닌가 하였더니, 물러나 그의 사사로운 생활을 성찰함에는 역시 족히 계발함이 있었다. 안회는 우둔한 자가 아니로다."*

子曰:「吾與回言終日, 不違, 如愚. 退而省其私, 亦足以發, 回也不愚.」㊀

〈顔子〉(顔回) 《三才圖會》

【回】 顔回. 魯나라 출신으로 孔子가 가장 아꼈던 弟子이다. 字는 子淵이며, 孔子보다 30세 아래였다. 毛奇齡의 고증에 의하면 그는 B.C. 511~480년을 살아 孔子보다 40세 아래였다 한다.

【不違】 반대 의견을 내지 않음.

【愚】 '어리석다. 우둔하다'의 뜻이다.

【省】 살피다. '자신을 省察하다'의 뜻이다. 음은 '성'이다.

* 《禮記》 學記에 「大學之敎也, 退息必有居學」이라 하여 배우고 나서 스스로 自修하는 학생의 공간이 있었던 것으로 보이며, 그곳에서 顔回가 스스로 성찰하는 모습을 孔子가 보고 평한 것으로 여긴다.(478(19-7)을 볼 것)

## ◉ 諺解

陶山本

子(ᄌᆞ)ㅣ ᄀᆞᆯᄋᆞ샤ᄃᆡ 내 回(회)로 더브러 言(언)홈을 日(실)을 終(죵)홈애 어글웃디 아니홈이 어린ᄃᆞᆺ ᄒᆞ더니 退(퇴)커든 그 私(ᄉᆞ)를 省(셩)혼ᄃᆡ ᄯᅩᄒᆞᆫ 足(죡)히 ᄡᅧ 發(발)ᄒᆞᄂᆞ니 回(회)ㅣ 어리디 아니ᄒᆞ도다

栗谷本 子(ᄌᆞ)ㅣ ᄀᆞᄅᆞ샤ᄃᆡ 내 回(회)로 더브러 日(일)이 終(죵)토록 言(언)ᄒᆞ매 違(위)티 아니호미 愚(우)ᄒᆞᆫ둣 호되 退(퇴)ᄒᆞ야 그 私(ᄉᆞ)를 省(셩)ᄒᆞᆫ딘 ᄯᅩᄒᆞᆫ 足(죡)히 ᄡᅧ 發(발)ᄒᆞ니 回(회)ㅣ 愚(우)티 아니토다

◈ 集註

025-㊀

回, 孔子弟子, 姓顔, 字子淵. 不違者, 意不相背, 有聽受而無問難也. 私, 謂燕居獨處, 非進見請問之時. 發, 謂發明所言之理.

愚聞之師曰:「顔子深潛純粹, 其於聖人體段已具. 其聞夫子之言, 黙識心融, 觸處洞然, 自有條理. 故終日言, 但見其不違如愚人而已. 及退省其私, 則見其日用動靜語黙之間, 皆足以發明夫子之道, 坦然由之而無疑, 然後知其不愚也.」

回는 孔子의 弟子로 姓은 顔이며 字는 子淵이다. 不違란 서로 위배되지 않아 듣는 것만 있고, 질문이나 논란이 없다는 뜻이다. 私는 편안히 居하여 홀로 있어, 나아가 뵙고 질문하는 때가 아닌 경우이다. 發은 말한 바의 이치를 드러내어 밝힘을 뜻한다.

나는 스승(李侗: 1093~1163. 朱熹의 스승, 字는 愿中, 延平先生)에게 이렇게 들었다. "顔回는 深潛純粹하여 聖人의 체모와 단계가 이미 갖추어져 있었다. 그가 夫子의 말을 듣고 묵연히 이해하고 마음에 융화되어, 접촉하는 곳마다 洞然(통연)하여 스스로 조리가 있었다. 따라서 종일 말을 하여도 다만 위배됨이 없음이 마치 어리석은 듯한 모습만 보일 뿐이었다. 그러나 그가 물러나 사사로이 자신을 살필 때면, 그의 일상 움직임과 말하고 침묵하는 중에도 모두 夫子의 道를 드러내어 밝히기에 족하여, 坦然히 이로 말미암아 의심될 것이 없는 모습을 보였으니, 그 뒤에야 孔子는 그가 어리석지 않았음을 알았던 것이다."

## 026(2-10)

# 視其所以

공자가 말하였다.

"그가 무엇을 하는가를 보고, 그가 무엇을 좇는가를 보고, 그가 즐겨 하는 것이 무엇인가를 보아준다면, 그 사람이 어찌 자신을 숨길 수 있겠는가? 그 사람이 어찌 자신을 숨길 수 있겠는가?"

子曰:「視其所以,㊀ 觀其所由,㊁ 察其所安.㊂ 人焉廋哉? 人焉廋哉?」㊃

【所以】 以를 用으로 보아, '어떻게 쓰이는가'로 해석하기도 한다. '그가 그렇게 하는 이유'로 풀이하기도 한다. 그러나 朱子는 '그가 善惡 중에 어느 것을 行하는가'의 뜻으로 풀이하였다.
【所由】 행동의 이유. 朱子는 從(좇다, 따르다, 경유하다)로 보았다.
【所安】 朱子는 所樂(즐겨하는 바, 즐거워하는 바)라고 풀이하였다.
【廋】 '감추다, 隱匿하다'의 뜻. 음은 '수'이다.

## ◉ 諺解

子(ᄌᆞ)ㅣ ᄀᆞᆯᄋᆞ샤ᄃᆡ 그 以(이)ᄒᆞᄂᆞᆫ 바ᄅᆞᆯ 視(시)ᄒᆞ며
그 由(유)ᄒᆞᆫ 바ᄅᆞᆯ 觀(관)ᄒᆞ며
그 安(안)ᄒᆞᄂᆞᆫ 바ᄅᆞᆯ 察(찰)ᄒᆞ면
사ᄅᆞᆷ이 엇디 숨기리오 사ᄅᆞᆷ이 엇디 숨기리오

子(ᄌᆞ)ㅣ ᄀᆞᄅᆞ샤ᄃᆡ 그 以(이)ᄒᆞᄂᆞᆫ 바ᄅᆞᆯ 보며
그 由(유)ᄒᆞᆫ 바ᄅᆞᆯ 보며
그 安(안)ᄒᆞᄂᆞᆫ 바ᄅᆞᆯ 察(찰)ᄒᆞ면
人(인)이 엇디 廋(수)ᄒᆞ리오 人(인)이 엇디 廋(수)ᄒᆞ리오

## ◈ 集註

### 026-㊀

以, 爲也. 爲善者爲君子, 爲惡者爲小人.

以는 爲이다. 善을 행하는 자는 君子가 되고, 惡을 행하는 자는 小人이 된다.

### 026-㊁

觀, 比視爲詳矣. 由, 從也. 事雖爲善, 而意之所從來者有未善焉, 則亦不得爲君子矣. 或曰:「由, 行也. 謂所以行其所爲者也.」

觀은 視에 비하여 더 상세한 것이다. 由는 從이다. 일은 비록 善을 하고자 하나, 그 뜻이 시작되어 온 곳이 未善함이 있다면, 역시 君子가 될 수 없다. 혹은 이렇게 풀이하기도 한다. "由는 行이다. 그 하는 바를 행하는 所以(까닭)를 뜻한다."

## 026-㊂

察, 則又加詳矣. 安, 所樂也. 所由雖善, 而心之所樂者不在於是, 則亦僞耳, 豈能久而不變哉?

察은 다시 더 자세히 살핀다는 뜻이다. 安은 즐거워하는 바를 뜻한다. 이유되는 바가 비록 선하다 하여도 마음속으로 즐거워하는 바가 여기(善)에 있지 않다면, 역시 거짓일 뿐이다. 어찌 능히 오래도록 변하지 않을 수 있겠는가?

## 026-㊃

焉, 於虔反. 廋, 所留反.
○ 焉, 何也. 廋, 匿也. 重言以深明之.
○ 程子曰:「在己者, 能知言窮理, 則能以此察人如聖人也.」

焉은 反切로 '於虔反'(반)이다. 廋는 反切로 '所留反'(수)이다.
○ 焉은 何(어찌, 의문사)이다. 廋는 匿(숨기다)이다. 거듭 말하여 깊이 밝힌 것이다.
○ 程子(程頤)가 말하였다. "자신에게 있는 것을 능히 知言(《孟子》 025)하고 궁리한다면, 이로써 남을 살피는 데에는 마치 聖人과 같을 수 있을 것이다."

## 027(2-11)

# 溫故而知新

공자가 말하였다.

"옛것을 익혀 새로운 것을 미루어 알아낸다면, 가히 스승이 될 수 있다."

子曰:「溫故而知新, 可以爲師矣.」⊖

【溫故】 溫은 '溫習·尋繹(찾아 演繹)함'을 뜻하며, 故는 '이미 배운 것'. 즉 '예로부터 중시되어 온 학습 요소'를 뜻한다. 皇侃은《論語義疏》에서「溫故, 月無忘其所能; 知新, 日知其所亡」이라 하였고, 何晏은《集解》에서「溫, 尋也. 尋繹故者, 又知新者, 可以爲師也」라 하였다.

【知新】 '새로운 것을 미루어 알아내다'의 뜻이다.

"溫故知新"(石可)

◉ 諺解

子(ᄌᆞ)ㅣ ᄀᆞᆯᄋᆞ샤ᄃᆡ 故(고)를 溫(온)ᄒᆞ야 新(신)을 知(디)ᄒᆞ면 可(가)히 ᄡᅥ 師(ᄉᆞ)ㅣ 되염즉 ᄒᆞ니라

子(ᄌᆞ)ㅣ ᄀᆞᄅᆞ샤ᄃᆡ 故(고)ᄅᆞᆯ 溫(온)ᄒᆞ야 新(신)을 알면 可(가)히 ᄡᅥ 師(ᄉᆞ)ㅣ 될 디니라

◈ 集註

027-㊀

溫, 尋繹也. 故者, 舊所聞. 新者, 今所得. 言學能時習舊聞, 而每有新得, 則所學在我, 而其應不窮, 故可以爲人師. 若夫記問之學, 則無得於心, 而所知有限, 故學記譏其「不足以爲人師」, 正與此意, 互相發也.

溫은 찾아내어 演繹하는 것이다. 故란 옛날에 들은 바요, 新이란 지금 얻은 바이다. 배움에는 능히 때때로 옛날에 들은 것을 익히고, 매번 새로운 얻음이 있다면 배운 바가 나에게 있게 되고, 그 대응도 궁함이 없게 되니, 그러한 까닭으로 가히 남의 스승이 될 수 있다고 말한 것이다. 만약 記問之學(기억하고 묻기만 하는 학문)이라면, 마음에 얻은 것이 없어서 그 아는 바의 한계가 있게 된다. 그러므로 《學記》에는 (암기하고 묻기만 하는 學問으로는) "족히 남의 스승이 될 수 없다"(《禮記》 學記의 구절)라 기록하였으니, 바로 이 뜻과 서로 밝힘이 있다.

## 028(2-12)

# 君子不器

공자가 말하였다.
"군자는 한 곳에만 쓰이는 그릇이 아니니라."

子曰:「君子不器.」㊀

【不器】 매우 축약된 표현이다. '한 곳에만 쓰이는 그릇이어서는 안 된다'는 뜻으로 풀이한다. 《禮記》 學記에 「大道不器」라 하였다.

## ◉ 諺解

**陶山本** 子(ᄌᆞ)ㅣ ᄀᆞᆯᄋᆞ샤ᄃᆡ 君子(군ᄌᆞ)ᄂᆞᆫ 器(긔)ㅣ 아니니라

**栗谷本** 子(ᄌᆞ)ㅣ ᄀᆞᄅᆞ샤ᄃᆡ 君子(군ᄌᆞ)ᄂᆞᆫ 器(긔)ㅣ 아니니라

## ◈ 集註

028-㊀

器者, 各適其用, 而不能相通. 成德之士, 體無不具, 故用無不周, 非特爲一才一藝而已.

器란 각각 그 쓰임에 맞는 것이 있어 능히 서로 통할 수가 없다. 그러나 德을 이룬 선비는 體가 갖추어지지 않은 것이 없으므로 쓰임도 두루 하지 못함이 없으니, 단지 한 가지 재주나 한 가지 技藝만이 아니라는 뜻이다.

## 029(2-13)

# 子貢問君子

자공子貢이 군자君子에 대하여 여쭙자 공자가 말하였다.

"먼저 그 말을 실행하고, 그러한 연후에야 말이 그 에 맞게 따르는 자이다."*

子貢問君子.

子曰:「先行其言, 而後從之.」㊀

【行先其言】 그 말한 바를 먼저 실행함. 혹은 행동이 그 말보다 앞섬.

【而後從之】 말이 그 행동의 뒤를 따름.

* 본장의 句讀는 「先行, 其言而後從之」로 하는 경우도 있다.(沈括《夢溪筆談》) 이 경우의 해석은 '먼저 행동하고 그 말은 그 다음에 따르다'로 풀이된다.

"先行其言, 而後從之"(石可)

◉ 諺解

子貢(ᄌᆞ공)이 君子(군ᄌᆞ)를 묻ᄌᆞ온대 子(ᄌᆞ)ㅣ ᄀᆞᆯᄋᆞ샤ᄃᆡ 몬져 그 言(언)을 行(ᄒᆡᆼ)ᄒᆞ고 後(후)에 從(죵)ᄒᆞᄂᆞ니라

子貢(ᄌᆞ공)이 君子(군ᄌᆞ)를 問(문)ᄒᆞᆫ대 子(ᄌᆞ)ㅣ ᄀᆞᄅᆞ샤ᄃᆡ 몬져 그 言(언)을 行(ᄒᆡᆼ)ᄒᆞ고 後(후)에 從(죵)ᄒᆞᄂᆞ니라

◈ 集註

## 029-㊀

周氏曰:「先行其言者, 行之於未言之前; 而後從之者, 言之於旣行之後.」
○ 范氏曰:「子貢之患, 非言之艱而行之艱, 故告之以此.」

周氏(周孚先: 字는 伯忱, 毗陵人)는 이렇게 말하였다. "先行其言이란 행동이 말하기 전에 일어나는 것이요, 而後從之란 말이 이미 행동한 이후에 나타남을 뜻한다."
○ 范氏(范祖禹)는 이렇게 말하였다. "子貢이 근심하는 것은, 말하는 것이 어렵다는 것이 아니라, 실행하는 것이 어렵다는 것이다. 그 때문에 이로써 일러 준 것이다."

# 030(2-14)

## 君子周而不比

공자가 말하였다.

"군자君子는 두루 하되 편당을 짓지 아니하며, 소인小人은 편당을 지을 뿐 두루 하지 못한다."

> 子曰:「君子周而不比, 小人比而不周.」㊀

【周】 두루 調和를 이룸. 忠信하게 함.

【比】 利害에 따라 잠시 偏黨을 지음. 比를 孔安國은 阿黨이라 하였음.

* 孔安國은 「忠信爲周, 阿黨爲比」라 하였고, 邢昺은 「言君子常行忠信, 而不私相阿黨」이라 하였다.

"君子周而不比,
小人比而不周"(石可)

◉ 諺解

子(ᄌᆞ)ㅣ ᄀᆞᆯᄋᆞ샤ᄃᆡ 君子(군ᄌᆞ)ᄂᆞᆫ 周(쥬)ᄒᆞ고 比(비)티 아니ᄒᆞ고 小人(쇼ᅀᅵᆫ)ᄋᆞᆫ 比(비)ᄒᆞ고 周(쥬)티 아니ᄒᆞᄂᆞ니라

子(ᄌᆞ)ㅣ ᄀᆞᄅᆞ샤ᄃᆡ 君子(군ᄌᆞ)ᄂᆞᆫ 周(쥬)코 比(비)티 아니ᄒᆞ고 小人(쇼인)ᄋᆞᆫ 比(비)코 周(쥬)티 아니ᄒᆞ니라

◈ 集註

030-㊀

周, 普徧也. 比, 偏黨也. 皆與人親厚之意, 但周公而比私耳.

○ 君子小人所爲不同, 如陰陽晝夜, 每每相反. 然究其所以分, 則在公私之際, 毫釐之差耳. 故聖人於周比·和同·驕泰之屬, 常對擧而互言之, 欲學者察乎兩閒, 而審其取舍之幾也.

周는 普徧이라는 뜻이다. 比는 偏黨을 뜻한다. 모두가 사람과의 사이에 親厚之意이기는 하나, 다만 周는 公이며 比는 私일 따름이다.

○ 君子와 小人이 구분되는 바는, 마치 陰陽이나 晝夜처럼 그 일마다 상반된다. 그러나 그렇게 구분되는 所以를 窮究해 보면, 公私之際에 털끝만큼의 차이가 있을 뿐이다. 그 때문에 聖人은 周比·和同·驕泰 등을 항상 對擧(대비시켜 거론함)하여 서로 다름을 말함으로써, 배우는 자들이 그 둘 사이를 잘 살펴 取舍(取捨)의 機微를 審定토록 하고자 한 것이다.

## 031(2-15)

# 學而不思則罔

공자가 말하였다.

“배우고 생각하지 않으면 무망誣罔하게 되고, 생각하기만 하고 배우지 않으면 위태롭게 된다.”

子曰:「學而不思則罔, 思而不學則殆.」㊀

【罔】 ‘소득이 없음’. ‘誣妄·誣罔함’(楊伯峻). 혹은 罔을 亡·無와 같이 聲訓으로 풀이하여 ‘얻음이 없다’로 해석하기도 하며(朱子), 罔은 妄의 假借로 ‘忘亂’의 뜻으로 보기도 한다(朱駿聲).

【殆】 위태롭고 불안함.

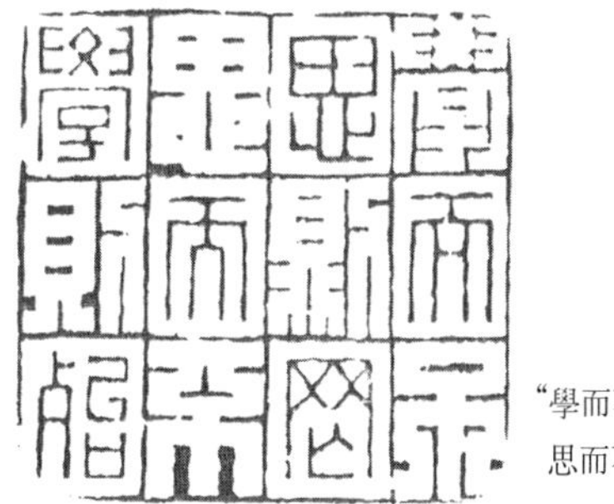

"學而不思則罔,
思而不學則殆"(石可)

**◉ 諺解**

子(ᄌᆞ)ㅣ ᄀᆞᆯᄋᆞ샤ᄃᆡ 學(ᄒᆞᆨ)ᄒᆞ고 思(ᄉᆞ)티 아니ᄒᆞ면 罔(망)ᄒᆞ고 思(ᄉᆞ)ᄒᆞ고 學(ᄒᆞᆨ)디 아니ᄒᆞ면 殆(ᄐᆡ)ᄒᆞᄂᆞ니라

子(ᄌᆞ)ㅣ ᄀᆞᄅᆞ샤ᄃᆡ 學(ᄒᆞᆨ)고 思(ᄉᆞ)티 아니ᄒᆞ면 罔(망)ᄒᆞ고 思(ᄉᆞ)코 學(ᄒᆞᆨ)디 아니ᄒᆞ면 殆(ᄐᆡ)ᄒᆞᄂᆞ니라

**◈ 集註**

031-㊀

不求諸心, 故昏而無得. 不習其事, 故危而不安.
○ 程子曰:「博學·審問·愼思·明辨·篤行五者, 廢其一, 非學也.」

마음에서 이를 구하지 않기 때문에 혼미하여 소득이 없다. 그 일을 익히지 않기 때문에 위험하고 불안한 것이다.
○ 程子(程頤)가 말하였다. "博學·審問·愼思·明辨·篤行(이는 《中庸》 제20장을 볼 것) 이 다섯 가지 가운데에 하나라도 폐기하면 배움이 아니다."

# 032(2-16)

## 攻乎異端

공자가 말하였다.
"이단異端에 매달려 공부하게 되면 손해만 따를 뿐이다."

子曰:「攻乎異端, 斯害也已.」㊀

【攻】 다스리다(治), 專治. '매달려 공부하다'의 뜻.

【異端】 다른 한쪽 끝. 여기서는 '聖人의 道가 아닌 다른 學術 주장' 혹은 '雜學'을 뜻한다. 皇侃은 「異端, 謂雜書也. 言人若不學六籍正典而雜學於諸子百家, 此則爲害之深」이라 하였다.

【已】 종결사로 보지 않고, 實詞(동사)로 보기도 한다. 즉 '그치다, 중지하다'의 뜻. 이 경우 '이는 해가 되는 것이니 그만 두어야 한다'로 풀이된다(楊伯峻).

◉ 諺解

陶山本 子(ᄌᆞ)ㅣ ᄀᆞᆯᄋᆞ샤ᄃᆡ 異端(이단)을 攻(공)ᄒᆞ면 이 害(해)니라

栗谷本 子(ᄌᆞ)ㅣ ᄀᆞᄅᆞ샤ᄃᆡ 異端(이단)을 攻(공)ᄒᆞ면 이 害(해)호미니라

◈ 集註

032-㊀

范氏曰:「攻, 專治也. 故治木石金玉之工曰攻. 異端, 非聖人之道, 而別爲一端, 如楊墨是也. 其率天下至於無父無君, 專治而欲精之, 爲害甚矣!」

○ 程子曰:「佛氏之言, 比之楊墨, 尤爲近理, 所以其害爲尤甚. 學者當如淫聲美色以遠之, 不爾, 則駸駸然入於其中矣.」

范氏(范祖禹)가 말하였다. "攻은 오로지 다스린다는 뜻이다. 따라서 木石金玉을 다스리는 工作을 攻이라 하는 것이다. 異端은 聖人의 道가 아니면서 따로 한 끝을 이룬 것으로, 楊朱·墨翟 같은 경우가 그것이다. 그들은 天下를 이끌어 無父無君(《孟子》 060(6-9))의 사상에 이르도록 하여, 오로지 여기에 몰두하면서 그 이론을 정밀하게 하고자 하였으니, 그 폐해가 심하도다!"

○ 程子(程頤)가 말하였다. "佛教의 말은 楊朱·墨翟에 비하면 이론이 더욱 근사하다. 그래서 그 폐해 또한 더욱 심하다. 배우는 자는 의당 이는 淫聲(다른 이론의 유혹)이나 美色이라 여겨 멀리하여야 한다. 그렇게 하지 않으면, 아주 빠르게 그 속으로 빨려 들어가게 된다."

## 033(2-17)

# 由誨女知之乎

공자가 말하였다.

"유由야! 너에게 앎이란 무엇인가를 깨우쳐주마! 아는 것을 안다고 하고 모르는 것은 모른다고 하는 것, 이것이 곧 앎이니라."

子曰:「由! 誨女知之乎! 知之爲知之, 不知爲不知, 是知也.」㊀

【由】姓은 仲이며 이름은 由, 字는 子路(B.C. 542~480)이다. 卞 땅 사람으로 孔子보다 9세 아래이다.

【知】《荀子》子道篇에 이를 引用하고 「言要則知, 行至則仁」이라 하였다. 한편 맨 끝의 知는 '智(지혜, 슬기로움)'로 보는 견해도 있다.

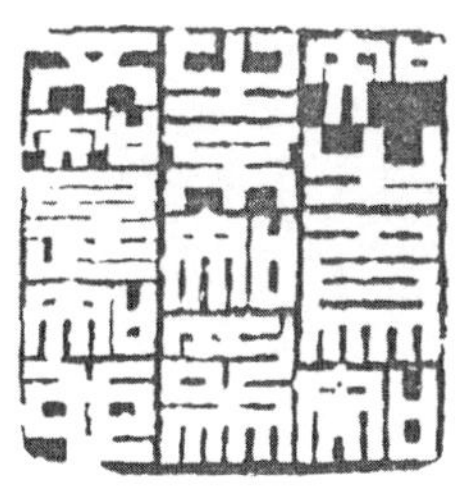

"知之爲知之, 不知爲不知, 是知也"(石可)

## ◉ 諺解

子(ᄌᆞ)ㅣ ᄀᆞᆯᄋᆞ샤ᄃᆡ 由(유)아 너를 알옴을 ᄀᆞᄅᆞ칠 뗜뎌 아는 거슬 아노라 ᄒᆞ고 아디 몯ᄒᆞᄂᆞᆫ 거슬 아디 몯ᄒᆞ노라 홈이 이 알옴이니라

子(ᄌᆞ)ㅣ ᄀᆞᄅᆞ샤ᄃᆡ 由(유)아 너를 知(디)호ᄆᆞᆯ ᄀᆞᄅᆞ칠딘뎌 知(디)란 知(디)라 ᄒᆞ고 不知(블디)란 不知(블디)라 호미 이 知(디)호미니라

## ◈ 集註

### 033-㊀

女, 音汝.

○ 由, 孔子弟子, 姓仲, 字子路. 子路好勇, 蓋有强其所不知以爲知者, 故夫子告之曰: 「我教女以知之之道乎! 但所知者則以爲知, 所不知者則以爲不知.」 如此則雖或不能盡知, 而無自欺之蔽, 亦不害其爲知矣. 況由此而求之, 又有可知之理乎!

女는 음이 汝(여)이다.

○ 由는 孔子의 弟子로 姓은 仲이며, 字는 子路이다. 子路는 용맹을 좋아하여 아마 모르는 바를 억지로라도 안다고 우긴 것이 있었을 것이다. 그 때문에 夫子께서 "내 너에게 知之之道를 가르쳐 주마! 오직 아는 것만 아는 것으로 여기고 모르는 바의 것은 모른다고 여기는 것이다"라고 일러 준 것이다. 이와 같이 하면 혹 모두 다 이해할 수는 없을지라도 스스로 속이는 폐단은 사라질 것이며, 또한 그 아는 것에 대하여서는 해가 되지는 않을 것이다. 하물며 이런 방법으로 앎을 구하고 있고 게다가 何知之理(앎이 무엇인지 아는 이치)까지 있음에랴!

## 034(2-18)

# 子張學干祿

자장子張이 녹祿을 구하는 공부에 대하여 여쭙자, 공자가 말하였다. "많이 듣되 의심날 만한 일은 그대로 비워두며, 그 외의 나머지 것에 대해서는 말을 삼가면 탓함을 받을 일이 적어질 것이다. 또 많이 보되 알 수 없는 것은 그대로 두며 그 밖의 것들에 대해서는 행동을 삼간다면 후회함이 적게 될 것이다. 말에 탓함이 적고 행동에 후회함이 적어진다면 녹은 바로 그 가운데에 있게 되느니라."

子張學干祿.㊀

子曰:「多聞闕疑, 愼言其餘, 則寡尤; 多見闕殆, 愼行其餘, 則寡悔. 言寡尤, 行寡悔, 祿在其中矣.」㊁

【子張】 孔子의 弟子이며, 姓은 顓孫, 이름은 師, 字는 子張(B.C. 503~?)이다. 陳人으로 孔子보다 48세 아래였다.
【干祿】 干은 求와 같다. 雙聲으로 聲訓된다. 祿은 벼슬의 俸祿을 말한다.
【闕疑】 미심쩍은 것은 그대로 비워둠을 뜻한다.
【闕殆】 闕疑와 같다. 아직 편안하지 못한 상태를 殆라 한다.

## ◉ 諺解

陶山本 子張(ᄌᆞ댱)이 祿(록)을 干(간)홈을 學(ᄒᆞᆨ)호려 ᄒᆞᆫ대
子(ᄌᆞ)ㅣ ᄀᆞᆯᄋᆞ샤ᄃᆡ 해 드러 疑(의)를 闕(궐)ᄒᆞ고 그 남으니를 삼가 니르면 허믈이 적으며 해 보와 殆(ᄐᆡ)를 闕(궐)ᄒᆞ고 그 남으니를 삼가 行(ᄒᆡᆼ)ᄒᆞ면 뉘웃브미 젹ᄂᆞ니 言(언)이 허믈이 젹으며 行(ᄒᆡᆼ)이 뉘웃브미 젹으면 祿(록)이 그 가온대 인ᄂᆞ니라

栗谷本 子張(ᄌᆞ댱)이 祿(록)을 干(간)호ᄆᆞᆯ 學(ᄒᆞᆨ)ᄒᆞᆫ대
子(ᄌᆞ)ㅣ ᄀᆞᄅᆞ샤ᄃᆡ 해 聞(문)ᄒᆞ야 疑(의)ᄅᆞᆯ 闕(궐)ᄒᆞ고 그 나ᄆᆞ니ᄅᆞᆯ 삼가 言(언)ᄒᆞ면 尤(우)이 寡(과)ᄒᆞ고 해 見(견)ᄒᆞ야 殆(ᄐᆡ)ᄅᆞᆯ 闕(궐)ᄒᆞ고 그 나ᄆᆞ니ᄅᆞᆯ 삼가 行(ᄒᆡᆼ)ᄒᆞ면 悔(회)ㅣ 寡(과)ᄒᆞᄂᆞ니 言(언)이 尤(우) 寡(과)ᄒᆞ고 行(ᄒᆡᆼ)이 悔(회) 寡(과)ᄒᆞ면 祿(록)이 그 中(듕)의 이시리니라

## ◈ 集註

### 034-㊀

子張, 孔子弟子, 姓顓孫, 名師. 干, 求也. 祿, 仕者之奉也.

子張은 孔子의 弟子로 姓은 顓孫이며, 이름은 師이다. 干은 求한다는 뜻이다. 祿은 벼슬하는 자의 俸祿이다.

034-㊁

行寡之行, 去聲.

○ 呂氏曰: 「疑者, 所未信. 殆者, 所未安.」 程子曰: 「尤, 罪自外至者也. 悔, 理自內出者也.」

愚謂: 「多聞見者, 學之博; 闕疑殆者, 擇之精; 謹言行者, 守之約. 凡言在其中者, 皆不求而自至之辭. 言此以救子張之失而進之也.」

○ 程子曰: 「修天爵則人爵至, 君子行能謹, 得祿之道也. 子張學干祿, 故告之以此, 使定其心, 而不爲利祿動, 若顏閔則無此問矣. 或疑如此, 亦有不得祿者, 孔子蓋曰: 『耕也, 餒在其中.』 惟理可爲者, 爲之而已矣.」

行寡의 行은 去聲(행동, 명사)이다.

○ 呂氏(呂大臨: 1040~1092. 字는 與叔, 程門四大家의 하나)는 이렇게 말하였다. "疑란 아직 믿지 못하는 것이요, 殆란 아직 평안을 얻지 못함을 뜻한다."

程子(程頤)는 이렇게 말하였다. "尤란 죄가 밖으로부터 다가온 것이며, 悔란 깨달은 이치가 자기 안으로부터 나온 것을 뜻한다."

내(朱熹) 생각은 이렇다. "듣고 봄(見)이 많은 것은 學問이 넓은 것이요, 의심과 위태로움을 없애버리는 것은 선택이 정확한 것이며, 言行을 삼가는 것을 지킴이 묶여 강한 것이다. 무릇 在其中이라고 말한 것은 모두가 구하지 않아도 저절로 다가온다는 말이다. 이는 子張의 실수를 고쳐 주고 나아지도록 하기 위한 것이다."

○ 程子(程頤)는 이렇게 말하였다. "하늘의 爵祿을 잘 닦으면 인간의 爵祿이 이르게 된다.(《孟子》 告子下 156(11-16)) 君子는 행동을 능히 삼가는 것이 得祿의 道이다. 子張이 祿을 구하는 것을 배우고자 함에 이로써 고하여 그 마음을 결정, 利祿을 위하여 동요하지 않도록 한 것이다. 顏回나 閔子騫의 경우라면 이러한 질문을 하지 않았을 것이다. 혹자는 이와 같이 하였음에도 역시 녹을 얻지 못한 경우가 있다고 의심을 한다. 孔子는 이에 대하여 대체로 '농사를 지어도 그 속에 굶주림이 있을 수 있다'(衛靈公 410(15-31))라 하였으니, 오직 이치로 보아 가히 할 수 있는 것을 할 따름이다."

## 035(2-19)

# 哀公問曰

애공哀公이 물었다.

"어떻게 하면 백성이 복종합니까?"

공자가 대답하였다.

"곧은 것을 들어, 많은 여러 굽은 자를 버려 두면 백성이 복종하려니와, 굽은 것을 들어 쓰고, 많은 여러 곧을 것을 버려 두면 백성이 복종할 리 없지요."

哀公問曰:「何爲則民服?」

孔子對曰:「擧直錯諸枉, 則民服; 擧枉錯諸直, 則民不服.」㊀

【哀公】 春秋 末期의 魯나라 임금. 姓은 姬, 이름은 蔣이다. 定公의 아들로 재위 27년(B.C. 494~466)이다. 諡號는 哀.

【錯】 置와 같다. 錯의 음은 反切로 「倉故反」(조)이다. 雙聲으로 聲訓 풀이된다. 放置의 뜻이다. 그러나 '갖다대어 대비시키다', 혹은 '安置하다'로 보아 '곧은 이를 擧用하여 굽은 자에게 安置해 놓다'(毛子水)로 풀이하기도 한다. 이 경우 諸(저)는 之語·之乎의 合音字이다.

【諸】 衆으로 본다.(朱子) 그러나 之於·之乎의 合成語로 볼 수도 있다. 이 경우『擧直錯諸枉』은 '곧은 것을 들어 굽은 것에게 갖다대어 대비시키다'의 뜻이 된다. 아래의『擧枉錯諸直』도 같다. 이는 300(12-22)에 구체적으로 풀이되어 있다.

"擧直錯諸枉, 則民服; 擧枉錯諸直, 則民不服"(石可)

## ◉ 諺解

陶山本 哀公(익공)이 묻ᄌᆞ와 ᄀᆞᆯ오ᄃᆡ 엇디ᄒᆞ면 民(민)이 服(복)ᄒᆞᄂᆞ닝잇고 孔子(공ᄌᆞ)ㅣ 對(ᄃᆡ)ᄒᆞ야 ᄀᆞᆯᄋᆞ샤ᄃᆡ 直(딕)을 擧(거)ᄒᆞ고 모ᄃᆞᆫ 枉(왕)을 錯(조)ᄒᆞ면 民(민)이 服(복)ᄒᆞ고 枉(왕)을 擧(거)ᄒᆞ고 모ᄃᆞᆫ 直(딕)을 錯(조)ᄒᆞ면 民(민)이 服(복)디 아니ᄒᆞᄂᆞ닝이다

栗谷本 哀公(익공)이 問(문)ᄒᆞ야 ᄀᆞᄅᆞ샤ᄃᆡ 엇디ᄒᆞ면 民(민)이 服(복)ᄒᆞ리잇고 孔子(공ᄌᆞ)ㅣ 對(ᄃᆡ)ᄒᆞ야 ᄀᆞᄅᆞ샤ᄃᆡ 直(딕)을 擧(거)ᄒᆞ고 모ᄃᆞᆫ 枉(왕)을 錯(조)ᄒᆞ면 民(민)이 服(복)ᄒᆞ고 枉(왕)을 擧(거)ᄒᆞ고 모ᄃᆞᆫ 直(딕)을 錯(조)ᄒᆞ면 民(민)이 服(복)디 아닛ᄂᆞ니이다

## ◈ 集註

### 035-㊀

哀公, 魯君, 名蔣. 凡君問, 皆稱孔子對曰者, 尊君也. 錯, 捨置也. 諸, 衆也. 程子曰: 「擧錯得義, 則人心服.」

○ 謝氏曰: 「好直而惡枉, 天下之至情也. 順之則服, 逆之則去, 必然之理也. 然或無道以照之, 則以直爲枉, 以枉爲直者, 多矣. 是以君子, 大居敬而貴窮理也.」

哀公은 魯나라 임금으로 이름은 蔣이다. 무릇 임금의 물음에 모두가 '孔子對曰'이라 칭한 것은 임금을 높인 것이다. 錯은 버려 두다(捨置)이다(혹은 안치시키다의 뜻으로도 봄). 諸는 衆이다.

程子(程頤)가 말하였다. "곧은 것을 들어 쓰고 굽은 것을 버려 두어 義를 얻으면 사람들이 마음으로 복종하게 된다."

○ 謝氏(謝良佐)가 말하였다. "곧은 것을 좋아하고, 굽은 것을 싫어하는 것은 天下의 지극한 정서이다. 순리대로 하면 복종하고, 거스르게 하면 떠나가는 것은 필연의 이치이다. 그러나 간혹 道가 없이 사물을 비춘다면, 곧은 것을 굽은 것이라 여기고, 굽은 것을 곧은 것이라 여기는 경우가 많다. 이 까닭으로 君子는 居敬을 크게 여기고, 이치를 窮究함을 귀히 여기는 것이다."

## 036(2-20)

# 季康子問

계강자季康子가 물었다.

"백성들로 하여금 공경과 충성으로써 권면勸勉하게 하려면 어찌하면 되겠습니까?"

공자가 말하였다.

"장엄함으로 임하면 공경하게 되고, 효도와 자애로움으로 하게 되면 충성하게 됩니다. 어진 이를 들어 능치 못한 이를 가르치게 되면 권면하게 될 것입니다."

季康子問:「使民敬·忠以勸, 如之何?」

子曰:「臨之以莊, 則敬; 孝慈, 則忠; 擧善而敎不能, 則勸.」㊀

【季康子】 魯나라의 大夫. 姓은 季孫이며, 이름은 肥, 謚號는 康이다. 당시 魯나라의 실력자였다.
【勸】 勸勉. 서로 힘쓰도록 권함. 혹은 '부지런히 힘씀'의 뜻이다.

## ◉ 諺解

陶山本 季康子(계강ᄌᆞ)ㅣ 묻ᄌᆞ오ᄃᆡ 民(민)으로 ᄒᆞ여곰 敬(경)ᄒᆞ며 忠(튱)ᄒᆞ며 ᄡᅥ 勸(권)케 호ᄃᆡ 엇디ᄒᆞ리잇고 子(ᄌᆞ)ㅣ ᄀᆞᆯᄋᆞ샤ᄃᆡ 臨(림)호ᄃᆡ 莊(장)으로ᄡᅥ ᄒᆞ면 敬(경)ᄒᆞ고 孝(효)ᄒᆞ며 慈(ᄌᆞ)ᄒᆞ면 忠(튱)ᄒᆞ고 善(션)을 擧(거)ᄒᆞ고 能(능)티 몯ᄒᆞᄂᆞᆫ 이를 ᄀᆞᄅᆞ치면 勸(권)ᄒᆞᄂᆞ니라

栗谷本 季康子(계강ᄌᆞ)ㅣ 問(문)호ᄃᆡ 民(민)으로 ᄒᆡ여곰 敬(경)코 忠(튱)코 ᄡᅥ 勸(권)케 홀 딘댄 엇디ᄒᆞ리잇고 子(ᄌᆞ)ㅣ ᄀᆞᄅᆞ샤ᄃᆡ 臨(림)호ᄃᆡ 莊(장)으로ᄡᅥ ᄒᆞ면 敬(경)ᄒᆞ고 孝(효)ᄒᆞ며 慈(ᄌᆞ)ᄒᆞ면 忠(튱)ᄒᆞ고 善(션)을 擧(거)ᄒᆞ고 不能(블능)을 教(교)ᄒᆞ면 勸(권)ᄒᆞᄂᆞ니라

## ◈ 集註

### 036-㊀

季康子, 魯大夫季孫氏, 名肥. 莊, 謂容貌端嚴也. 臨民以莊, 則民敬於己. 孝於親·慈於衆, 則民忠於己. 善者擧之, 而不能者教之, 則民有所勸而樂於爲善.
○ 張敬夫曰:「此皆在我所當爲, 非爲欲使民敬忠以勸而爲之也. 然能如是, 則其應蓋有不期然而然者矣.」

季康子는 魯나라의 大夫 季孫氏로 이름은 肥이다. 莊은 용모가 端嚴함을 말한다. 百姓들에게 임하되 端嚴하게 하면 百姓들이 자신에게 공경히 하며 어버이에게 효도하고 뭇 사람에게 慈愛로우면 백성이 자신에게 충성을 다할 것이다. 훌륭한

자를 들어 써서 능력 없는 자를 가르치면, 백성들은 勸勉하는 바가 있으며 善을 행하기를 즐겨하게 될 것이다.

○ 張敬夫(張栻: 1133~1180. 南軒)는 이렇게 말하였다. "이는 모두가 나에게 있어서 마땅히 해야 할 바이지, 백성들로 하여금 공경하고 충성하도록 권면하여 그렇게 하도록 하고자 할 것이 아니다. 그러나 능히 이와 같이 하면 그 호응은 대개 그렇게 되기를 기약하지 않도록 그렇게 됨이 있을 것이다."

## 037(2-21)

# 或謂孔子曰

어떤 이가 공자에게 이렇게 말하였다.

"그대는 어찌하여 정치를 하지 않습니까?"

이에 공자가 말하였다.

"서書에 '효로다! 효하며, 형제간에 우애가 있어 이것을 정치에 베풀도다'라 하였으니, 이 역시 정치를 하는 것이다. 어찌 정치를 한다는 것 자체만을 따지겠는가?"

或謂孔子曰:「子奚不爲政?」㊀

子曰:「書云:『孝乎! 惟孝, 友于兄弟, 施於有政.』

是亦爲政, 奚其爲爲政?」㊁

【書】《書經》. 古代 六經의 하나. 여기에 引用된 구절은 《尙書》의 逸文이다. 《僞古文尙書》에서 이 부분을 周書의 君陳篇에 삽입시켰다. 한편 《尙書》 周書 君陳篇은 周公이 죽어 君陳을 東郊 成周에 보내면서 命한 말로 「君陳! 惟爾令德孝恭, 惟孝友于兄弟, 克施有政. 命汝尹玆東郊, 敬哉!」라 하여 原文에 차이가 있다.

## ◉ 諺解

陶山本 或(혹)이 孔子(공ᄌᆞ)ㅅ긔 닐어 ᄀᆞᆯ오ᄃᆡ 子(ᄌᆞ)는 엇디 政(졍)을 ᄒᆞ디 아니ᄒᆞ시ᄂᆞ닝잇고

子(ᄌᆞ)ㅣ ᄀᆞᆯᄋᆞ샤ᄃᆡ 書(셔)애 孝(효)를 닐런ᄂᆞ뎌 孝(효)ᄒᆞ며 兄弟(형뎨)예 友(우)ᄒᆞ야 政(졍)에 베프다 ᄒᆞ니 이 ᄯᅩᄒᆞᆫ 政(졍)을 홈이니 엇디ᄒᆞ야ᅀᅡ 그 政(졍)을 ᄒᆞ다 ᄒᆞ리오

栗谷本 或(혹)이 孔子(공ᄌᆞ)ㅅ긔 닐러 ᄀᆞᆯ오ᄃᆡ 子(ᄌᆞ)는 엇디 政(졍)을 ᄒᆞ디 아니ᄒᆞ시ᄂᆞ니잇고

子(ᄌᆞ)ㅣ ᄀᆞᄅᆞ샤ᄃᆡ 書(셔)의 孝(효)ᄅᆞᆯ 닐런ᄂᆞ뎌 孝(효)ᄒᆞ며 兄弟(형뎨)의 友(우)ᄒᆞ야 有政(유졍)의 施(시)ᄒᆞ다 ᄒᆞ니 이 ᄯᅩᄒᆞᆫ 政(졍)을 호미니 엇디ᄒᆞ야사 그 政(졍)을 ᄒᆞ다 ᄒᆞ리오

## ◈ 集註

### 037-㊀

定公初年, 孔子不仕, 故或人疑其不爲政也.

定公(B.C. 509~495 재위) 初年에 孔子는 벼슬을 하지 않았다. 그 때문에 여기서의 어떤 이(或)가 그 不爲政(벼슬하지 않음)에 대하여 의아하게 여겼던 것이다.

## 037-㊂

書, 周書君陳篇. 書云孝乎者, 言書之言孝如此也. 善兄弟曰友. 書言:「君陳能孝於親, 友於兄弟, 又能推廣此心, 以爲一家之政.」孔子引之, 言:「如此, 則是亦爲政矣, 何必居位乃爲爲政乎?」蓋孔子之不仕, 有難以語或人者, 故託此以告之, 要之至理亦不外是.

書는《周書》君陳篇을 말한다. '書云孝乎'라고 한 것은《書》에서 孝에 대하여 언급한 말이 이와 같다는 뜻이다. 兄弟간에 잘 아끼는 것을 友라 한다.《書》에 "君陳은 능히 어버이에게 효도하고, 형제간에 우애 있으며, 게다가 능히 이 마음을 널리 미루어 한 집안을 다스림으로 삼았다"라고 하였다. 孔子가 이를 引用하되 "이와 같이 하면 이 역시 爲政이지, 어찌 반드시 職位에 있어야만 爲政이라 할 수 있겠는가?"라고 말한 것이다. 아마 孔子가 벼슬을 하지 않은 것에 대하여 그 或人에게 말로 설명하기 어려운 것이 있었을 것이다. 그 때문에 이 말에 의탁하여 告한 것으로 要之至理(요체의 지극한 이치)는 역시 이것 외의 것은 아니다.

## 038(2-22)

# 人而無信

공자가 말하였다.

"사람으로서 믿음이 없다면 그 가可함이 무엇인지를 알아볼 수 없다. 큰 수레에 끌채가 없고, 작은 수레에 끌채 끝이 없다면 어찌 갈 수가 있겠는가?"

子曰:「人而無信, 不知其可也. 大車無輗, 小車無軏, 其何以行之哉?」⊖

【輗】 輗端의 橫木으로 軛에 붙들어 맨 부분. '끌채'로 풀이한다. 음은 '예'이다.
【軏】 작은 수레에서 끌채 끝의 멍에를 매는 테. 그러나 《說文解字》에 「輗, 大車轅端持衡者. 軏, 車轅持衡者」라 하여 軏은 転이 아닌가 한다. 鄭玄은 「輗, 穿轅端著之; 軏, 因轅端著之. 車待輗軏而行. 猶人之行不可無信也」라 하였다. 음은 '월'이다.

"人而無信, 不知其可也"(石可)

## ◉ 諺解

陶山本 子(ᄌᆞ)ㅣ 글ᄋᆞ샤ᄃᆡ 사ᄅᆞᆷ이오 信(신)이 업스면 그 可(가)홈을 아디 몯게라 大(대)ᄒᆞᆫ 車(거)ㅣ 輗(예)ㅣ 업스며 小(쇼)ᄒᆞᆫ 車(거)ㅣ 軏(월)이 업스면 그 므서스로ᄡᅥ 行(ᄒᆡᆼ)ᄒᆞ리오

栗谷本 子(ᄌᆞ)ㅣ ᄀᆞᄅᆞ샤ᄃᆡ 人(인)이오 信(신)이 업ᄉᆞ면 그 可(가)호ᄆᆞᆯ 아디 몯게라 큰 수릐 輗(예)ㅣ 업ᄉᆞ며 져근 수릐 軏(월)이 업ᄉᆞ면 그 엇디 ᄡᅥ 行(ᄒᆡᆼ)ᄒᆞ리오

## ◈ 集註

### 038-㊀

輗, 五兮反. 軏, 音月.
○ 大車, 謂平地任載之車. 輗, 轅端橫木, 縛軛以駕牛者. 小車, 謂田車・兵車・乘車. 軏, 轅端上曲, 鉤衡以駕馬者. 車無此二者, 則不可以行, 人而無信, 亦猶是也.

輗는 反切로 '五兮反'(예)이며 軏은 음이 월(月)이다.
○ 大車는 평지에서 짐을 실어 나르는 수레이다. 輗는 轅端의 橫木으로 軛을 묶어 소에게 얹는 것이다. 小車는 田車・兵車・乘車이다. 軏은 轅端의 위에 굽은 부분의 고리로써 말에 얹어 평형을 이루는 것이다. 수레에 이 두 가지가 없으면 갈 수가 없듯이 사람에게 믿음이 없으면 역시 이와 같다는 뜻이다.

## 039(2-23)

# 子張問十世可知也

자장子張이 여쭈었다.

"앞으로 십 세대世代 후의 일을 미리 알 수 있습니까?"

공자가 말하였다.

"은殷나라는 하夏나라의 예를 인습하였으니 무엇을 덜고 무엇을 보탰는지 알 수 있다. 마찬가지로 주周나라는 은나라의 예를 인습하였으니 역시 그 덜고 보탬을 가히 알 수 있는 것이다. 혹 이 주나라 세대를 이어나갈 자라면 비록 1백 세대 후라도 가히 알 수 있을 것이다."

子張問:「十世可知也?」㊀

子曰:「殷因於夏禮, 所損益, 可知也; 周因於殷禮, 所損益, 可知也. 其或繼周者, 雖百世, 可知也.」㊁

【十世】 一世는 원래 30年 정도의 기간. 혹은 王者의 易姓受命, 즉 朝代를 뜻하기도 한다.
【禮】 文物制度. 曆法 등을 말한다.
【因】 因襲. 이어받음.
【損益】 덜기도 하고 보태기도 함. 시대의 필요에 맞게 加減함.

## ◉ 諺解

陶山本 子張(ᄌᆞ댱)이 묻ᄌᆞ오ᄃᆡ 十世(십셰)를 可(가)히 알 꺼시닝잇가 子(ᄌᆞ)ㅣ ᄀᆞᆯᄋᆞ샤ᄃᆡ 殷(은)이 夏(하)ㅅ 禮(례)예 因(인)ᄒᆞ니 損(손)ᄒᆞ며 益(익)ᄒᆞᆫ 바ᄅᆞᆯ 可(가)히 알 꺼시며 周(쥬)ㅣ 殷(은)ㅅ 禮(례)예 因(인)ᄒᆞ니 損(손)ᄒᆞ며 益(익)ᄒᆞᆫ 바ᄅᆞᆯ 可(가)히 알 꺼시니 그 或(혹) 周(쥬)를 니을 者(쟈)ㅣ면 비록 百世(빅셰)라도 可(가)히 알 꺼시니라

栗谷本 子張(ᄌᆞ댱)이 問(문)호ᄃᆡ 十世(십셰)ᄅᆞᆯ 可(가)히 알 리잇가 子(ᄌᆞ)ㅣ ᄀᆞᄅᆞ샤ᄃᆡ 殷(은)이 夏(하)ㅅ 禮(례)ᄅᆞᆯ 因(인)ᄒᆞ니 損(손)ᄒᆞ며 益(익)ᄒᆞᆫ 바ᄅᆞᆯ 可(가)히 알 디며 周(쥬)ㅣ 殷(은)ㅅ 禮(례)ᄅᆞᆯ 因(인)ᄒᆞ니 損(손)ᄒᆞ며 益(익)ᄒᆞᆫ 바ᄅᆞᆯ 可(가)히 알 디니 그 或(혹) 周(쥬)ᄅᆞᆯ 니을 者(쟈)ㅣ면 비록 百世(빅셰)라도 可(가)히 알 디니라

## ◈ 集註

### 039-㊀

陸氏曰:「也, 一作乎.」 王者易姓受命, 爲一世. 子張問自此以後, 十世之事, 可前知乎?

陸氏(陸德明: 약 550~630. 唐의 經學家, 音韻學者. 이름은 元郞, 字는 德明)는 이렇게 말하였다. "也는 乎로로도 쓴다." 王者의 姓이 바뀌어 天命을 받는 것을 一世로 한다.

子張이 물은 것은 '지금부터 이후에 十世之事가 어찌 될지 가히 앞서서 미리 알 수 있겠습니까?'라는 뜻이다.

## 039-㊁

馬氏曰:「所因, 謂三綱五常. 所損益, 謂文質三統.」愚按:「三綱, 謂: 君爲臣綱·父爲子綱·夫爲妻綱. 五常, 謂: 仁·義·禮·智·信. 文質, 謂: 夏尙忠·商尙質·周尙文. 三統, 謂: 夏正建寅爲人統·商正建丑爲地統·周正建子爲天統. 三綱五常, 禮之大體, 三代相繼, 蓋因之而不能變. 其所損益, 不過文章制度, 小過不及之間, 而其已然之迹, 今皆可見. 則自今以往, 或有繼周而王者, 雖百世之遠, 所因所革, 亦不過此, 豈但十世而已乎? 聖人所以知來者蓋如此, 非若後世讖緯術數之學也.」 ○ 胡氏曰:「子張之問, 蓋欲知來, 而聖人言其旣往者以明之也. 夫自修身以至於爲天下, 不可一日而無禮. 天敍天秩, 人所共由, 禮之本也. 商不能改乎夏, 周不能改乎商, 所謂天地之常經也. 若乃制度文爲, 或太過則當損, 或不足則當益. 益之損之, 與時宜之, 而所因者不壞, 是古今之通義也. 因往推來, 雖百世之遠, 不過如此而已矣.」

馬氏(馬融: 79~166. 字는 季長, 東漢의 經學家)는 이렇게 말하였다. "因이라고 한 바는 三綱五常을 말한다. 損益이라 한 바는 文質·三統을 말한다."

내 생각은 이렇다. "三綱이란 君爲臣綱·父爲子綱·夫爲妻綱이며, 正常은 仁·義·禮·智·信을 말한다. 그리고 文質이란 夏尙忠(夏나라는 忠를 숭상함)·商尙質(商나라는 質朴함을 숭상함)·周尙文(周나라는 文彩를 숭상함)이며, 三統이란, 夏正建寅爲人統(夏나라는 正月을 寅에 세워 人統을 삼음)·商正建丑爲地統(商나라는 正月을 丑에 세워 地統으로 삼음)·周正建子爲天統(周나라는 正月을 子에 세워 天統으로 삼음)이다. 三綱五常은 禮의 大禮로서 三代가 서로 이어왔으니, 대개 이를 因襲할 뿐 바꿀 수 없기 때문이었다. 그 損益(덜고 보탬)한 바는 文章制度에서 약간 지나치거나 미치지 못한 부분에 불과할 뿐이며, 이미 그렇게 한 흔적을 지금도 모두 볼 수 있다. 그렇다면 지금부터 이후에 혹 周나라를 이어 王이 되는 자가 있어 비록 百世의 먼 시간이라도, 因襲하거나 개혁하는 바가 역시 이런 정도에 불과할 것이다. 그러니 어찌 다만 十世로서 그칠 것인가? 聖人이 앞으로 다가올 것도 대체로 이와 같다고 알게 된 것은, 後世의 讖緯·術數에서 말하는 것과는 같은 것이 아니다."

○ 胡氏(胡寅)는 이렇게 말하였다. "子張의 질문은 대개 다가올 미래를 알고자 한 것이며, 聖人은 이미 지나간 것을 말하여 이를 밝혀 준 것이다. 무릇 修身으로부터 爲天下(천하를 다스림)에 이르기까지 하루라도 禮가 없을 수 없다. 天敍天秩(하늘의 펴 보임과 하늘의 질서)은 사람들이 함께 말미암는 것으로 禮의 本이다. 商나라는 夏나라의 것을 고칠 수 없었고, 周나라는 商나라의 것을 바꿀 수 없었으니, 이것이 소위 말하는 天地의 常經이다. 만약 이에 制度나 文爲(꾸밈)라면 혹 너무 지나치면 덜어 버리고, 혹 너무 부족하면 마땅히 보태야 한다. 보태거나 덜어내는 것은 때에 맞추어 하여야 할 일이나 그 因襲된 것을 파괴할 수 없는 것, 이는 古今의 通義이다. 지난 일을 근거해서 미래를 추측하는 일은 비록 百世의 먼 경우라도 이와 같음을 넘어서지 못할 따름이다."

## 040(2-24)

# 非其鬼而祭之

공자가 말하였다.

"그 마땅히 제사 지내야 할 귀신이 아닌데도 제사를 지낸다면 이는 그 귀신에게 아첨하는 것이요, 의로움을 보고도 행동으로 옮기지 못한다면 이는 용기가 없는 것이다."*

子曰:「非其鬼而祭之, 諂也.㊀ 見義不爲, 無勇也.」㊁

【鬼】汎神論的인 神.

【諂】아부. 예쁘게 보이려 애씀.

* 鄭玄은「人神曰鬼, 非其祖考而祭之者, 是諂求福」이라 하였다.

◉ 諺解

陶山本 子(ᄌᆞ)ㅣ ᄀᆞᆯᄋᆞ샤ᄃᆡ 그 鬼(귀)ㅣ 아닌 거슬 祭(졔)홈이 諂(텸)이오 義(의)를 보고 ᄒᆞ디 아니홈이 勇(용)이 업슴이니라

栗谷本 子(ᄌᆞ)ㅣ ᄀᆞᄅᆞ샤ᄃᆡ 그 鬼(귀)ㅣ 아닌 거ᄉᆞᆯ 祭(졔)호미 諂(텸)이오 義(의)ᄅᆞᆯ 보고 ᄒᆞ디 아니호ᄆᆞᆫ 勇(용)이 업소미니라

◈ 集註

040-㊀

非其鬼, 謂非其所當然之鬼. 諂, 求媚也.

非其鬼는 그 당연한 바의 귀신이 아님을 말한다. 諂은 예쁨 받기를 구한다는 뜻이다.

040-㊁

知而不爲, 是無勇也.

알면서 하지 않는 것, 이것이 無勇이다.

# 논어

〈大禹像〉 山東 嘉祥縣 武梁祠

# 팔일八佾 第三

총26장(041-066)

◈ **集註**

凡二十六章. 通前篇末二章, 皆論禮樂之事.

모두 26장이다. 앞 편(위정편爲政篇) 끝의 두 장章을 포함하여 모두가 예禮와 악樂의 일을 논한 것이다.

## 041(3-1)

# 孔子謂季氏

**공자**가 계씨季氏를 두고 이렇게 말하였다.

"자신의 뜰에서 팔일무八佾舞를 추는 이런 일까지 차마 할 수 있다면 그 무엇인들 차마 하지 못하랴?"

孔子謂季氏,「八佾舞於庭, 是可忍也, 孰不可忍也?」㊀

【季氏】 여기서의 季氏에 대하여,《左傳》昭公 25年과《漢書》劉向傳에는 季平子인 季孫如意라 하였고,《韓詩外傳》에는 季康子로, 馬融은 季桓子로 되어 있다.

【八佾舞】 佾은 8명이 한 줄이 되어 행하는 舞樂. 八佾은 64명을 말하며 天子만이 행할 수 있다. 諸侯는 六佾, 大夫는 四佾이다. 季氏는 大夫이므로 四佾로 하여야 한다.
【忍】 '차마~하다'의 뜻. 혹은 '容忍'의 뜻으로 본다.
【孰】 일반적으로 '무엇, 무슨'이라 풀이한다. 그러나 原義대로 '누구'로 본다면 '이러한 사람을 용인해 준다면 그 누군들 용인해 주지 못하랴?'의 풀이가 된다. (毛子水)

## ◉ 諺解

孔子(공ᄌᆞ)ㅣ 季氏(계시)를 니ᄅᆞ샤ᄃᆡ 八佾(팔일)로 庭(뎡)에 舞(무)ᄒᆞ니 이를 可(가)히 참아 ᄒᆞ곤 므스거슬 可(가)히 참아 몯ᄒᆞ리오

孔子(공ᄌᆞ)ㅣ 季氏(계시)를 니ᄅᆞ샤ᄃᆡ 八佾(팔일)로 庭(뎡)의 舞(무)ᄒᆞ니 이를 可(가)히 忍(인)콘 므서슬 可(가)히 참아 몯ᄒᆞ리오

## ◈ 集註

### 041-㊀

佾, 音逸.

○ 季氏, 魯大夫季孫氏也. 佾, 舞列也. 天子八, 諸侯六, 大夫四, 士二. 每佾人數, 如其佾數. 或曰: 「每佾八人.」 未詳孰是. 季氏以大夫而僭用天子之禮樂, 孔子言其此事, 尙忍爲之, 則何事不可忍爲. 或曰: 「忍, 容忍也.」 蓋深疾之之辭.

○ 范氏曰: 「樂舞之數, 自上而下, 降殺以兩而已, 故兩之間, 不可以毫髮僭差也. 孔子爲政, 先正禮樂, 則季氏之罪, 不容誅矣.」

謝氏曰: 「君子於其所不當爲, 不敢須臾處, 不忍故也. 而季氏忍此矣, 則雖弑父與君, 亦何所憚而不爲乎?」

佾은 音이 逸(일)이다.

○ 季氏는 魯나라 大夫인 季孫氏이다. 佾은 춤의 隊列이다. 天子는 八列, 諸侯는 六列, 大夫는 四列, 士는 二列로, 每 한 佾의 사람 수는 그 佾數와 같다. 혹은 "每 하나의 佾은 8명이다"라 하였는데, 어느 것이 맞는지 상세하지 않다.

季氏는 大夫로서 天子의 禮樂을 僭用하였으므로, 孔子가 "이 일을 오히려 차마 할 수 있다면 무슨 일인들 차마 못하랴?"라고 말한 것이다. 혹 어떤 이는 "忍은 容忍(용납해 참아줌)하는 것이다"라고 하였다. 대개 이를 심히 못마땅히 여긴 말이다.

○ 范氏(范祖禹)는 이렇게 말하였다. "樂舞의 숫자는, 위로부터 아래로 둘씩 줄어 내려올 뿐이다. 따라서 두 계층 사이는 털끝만큼의 僭越하는 차이도 있을 수 없다. 孔子가 政事를 실행하였다면 먼저 禮樂을 바르게 하였을 것이니, 季氏의 죄는 죽음으로도 용서받지 못하였을 것이다."

謝氏는(謝良佐)는 이렇게 말하였다. "君子는 마땅히 하지 말아야 될 일에 대하여 감히 須臾 사이라도 하지 아니하는 것은, 차마 그렇게 하지 못하기 때문이다. 그런데 季氏가 차마 이런 일까지 한다면, 비록 아버지와 임금을 죽이는 일인들 다시 무엇을 꺼려하여 하지 못하겠는가?"

## 042(3-2)

# 三家者以雍徹

세 대부의 집에서 옹雍을 부르며 제사를 철徹하였다. 공자가 이를 두고 이렇게 말했다.

"'제후가 제사를 돕고 있거늘, 천자는 엄숙히 주제主祭하시네'라 하였는데 저 세 대부의 집에서 어찌 이를 취하여 쓸 수 있는가?"

三家者以雍徹.
子曰:「『相維辟公, 天子穆穆』, 奚取於三家之堂?」㊀

【三家】 당시 魯나라의 實權을 쥐고 있던 세 大夫, 즉 孟孫氏(원래 仲孫氏였으나 뒤에 개칭하였다)·叔孫氏·季孫氏를 가리킨다.

【雍】《詩經》 周頌의 篇名. 雝으로도 쓰며 「禘大祖也」라 하였다. 대부의 제사에는 부를 수 없는 노래이다.

【徹】 祭祀가 끝나고 祭品을 거두어들이는 마지막 行事.

【辟公】 諸侯. 이 詩는《詩經》 雍(雝)의 구절이다. '벽공'으로 읽는다.

## ◉ 諺解

三家者(삼가쟈)ㅣ 雍(옹)으로써 徹(텰)ᄒᆞ더니 子(ᄌᆞ)ㅣ ᄀᆞᆯᄋᆞ샤ᄃᆡ 相(샹)ᄒᆞᄂᆞᆫ 이 辟公(벽공)이어ᄂᆞᆯ 天子(텬ᄌᆞ)ㅣ 穆穆(목목)ᄒᆞ욤을 엇디 三家(삼가)ㅅ 堂(당)에 取(취)ᄒᆞᆫ고

三家(삼가)ㅣ 雍(옹)으로써 徹(텰)ᄒᆞ거ᄂᆞᆯ 子(ᄌᆞ)ㅣ ᄀᆞᄅᆞ샤ᄃᆡ 相(샹)ᄒᆞᄂᆞ니ᄂᆞᆫ 辟公(벽공)이어든 天子(텬ᄌᆞ)ㅣ 穆穆(목목)ᄒᆞ시다 호ᄆᆞᆯ 엇디 三家(삼가)의 堂(당)애 取(취)ᄒᆞᄂᆞᆫ고

## ◈ 集註

### 042-㊀

三家, 魯大夫孟孫·叔孫·季孫之家也. 雍, 周頌篇名. 徹, 祭畢而收其俎也. 天子宗廟之祭, 則歌雍以徹. 是時, 三家僭而用之. 相, 助也. 辟公, 諸侯也. 穆穆, 深遠之意, 天子之容也. 此雍詩之辭, 孔子引之, 言三家之堂, 非有此事, 亦何取於此義而歌之乎? 譏其無知妄作, 以取僭竊之罪.

○ 程子曰: 「周公之功, 固大矣. 皆臣子之分所當爲, 魯安得獨用天子禮樂哉? 成王之賜, 伯禽之受, 皆非也. 其因襲之弊, 遂使季氏僭八佾, 三家僭雍徹, 故仲尼譏之.」

三家는 魯나라의 大夫인 孟孫氏·叔孫氏·季孫氏의 세 집안을 말한다. 雍(雝)은 《詩經》 周頌의 篇名이다. 徹은 祭祀를 마치고 그 祭品(俎)를 거두는 일이다. 天子의 宗廟祭祀일 때에만 雍을 노래하며 徹한다. 孔子의 時代에 당시 三家에서 僭越하여 이를 사용하였다. 相은 돕다의 뜻이며, 辟公은 諸侯이다. 穆穆은 深遠하다는 뜻으로 天子의 용모를 표현한 말이다. 이는 雍 詩의 가사로서 孔子가 이를 인용하여 '三家之堂에 이런 일이 있어서는 안 되는데, 역시 어찌 이런 뜻을 취하여 노래를 하는가' 라고 말한 것이다. 그 無知와 妄作이 僭竊之罪를 범하였음을 기롱한 것이다.

○ 程子(程頤)가 말하였다. "周公의 功은 진실로 위대하였으나 모두가 신하와 자식된 직분으로 마땅히 하여야 할 일이었다. 그런데 魯나라만 유독 天子의 禮樂을 사용할 수 있겠는가? 成王이 내려준 것(成王은 武王의 아들이며, 周公의 조카로 天子의 지위로 魯나라가 周室의 음악을 사용할 수 있도록 허락함)이나, 伯禽이 이를 받은 것(伯禽은 周公이 魯에 봉해져 成王을 攝政하게 되자 魯나라에 이르러 직접 다스림. 諸侯의 지위) 모두가 그릇된 것이다(天子의 禮樂을 魯나라에서 행하도록 한 것은 잘못된 관행이라는 것). 그 因襲의 폐단이 드디어 季氏로 하여금 八佾舞를 僭越하며, 三家가 雍徹을 僭越케 한 것이다. 그 때문에 仲尼가 譏弄한 것이다."

## 043(3-3)

# 人而不仁

**공자**가 말하였다.

"사람이 어질지 못하다면 예禮가 그에게 무슨 소용이 있겠으며, 사람이 어질지 못하다면 악樂이 그에게 무슨 소용이 있겠는가?"

子曰:「人而不仁, 如禮何? 人而不仁, 如樂何?」⊖

【樂】古代의 중요한 紀綱인 樂. 漢代에 이르러 이 樂은 文字化되지 않았다는 이유로 六經에서 제외된다. 즉 五經(易·詩·書·禮·春秋)으로 編目이 이루어진다.

## ◉ 諺解

子(ᄌᆞ)ㅣ ᄀᆞᆯᄋᆞ샤ᄃᆡ 사ᄅᆞᆷ이오 仁(ᅀᅵᆫ)티 아니ᄒᆞ면 禮(례)예 엇디 ᄒᆞ며 사ᄅᆞᆷ이오 仁(ᅀᅵᆫ)티 아니ᄒᆞ면 樂(악)애 엇디ᄒᆞ료

子(ᄌᆞ)ㅣ ᄀᆞᄅᆞ샤ᄃᆡ 人(인)이오 仁(인)티 아니면 禮(례)예 엇디 며 人(인)이오 仁(인)티 아니면 樂(악)애 엇디리오

## ◈ 集註

### 043-㊀

游氏曰:「人而不仁, 則人心亡矣, 其如禮樂何哉?」言雖欲用之, 而禮樂不爲之用也.
○ 程子曰:「仁者, 天下之正理. 失正理, 則無序而不和.」
李氏曰:「禮樂, 待人而後行, 苟非其人, 則雖玉帛交錯, 鐘鼓鏗鏘, 亦將如之何哉?」
然記者序此於八佾雍徹之後, 疑其爲僭禮樂者發也.

游氏(游酢)가 말하였다. "사람으로서 어질지 못하다면 사람으로서의 마음이 사라진 것이니, 그 禮樂 같은 것이 무엇이겠는가? 비록 이를 쓰고자 하나 禮樂은 이를 위하여 아무 쓰임이 될 수 없다는 것을 말한 것이다."

○ 程子(程頤)가 말하였다. "仁이란 天下의 正理이다. 正理를 잃으면 질서가 없어 화합을 이루지 못한다."

李氏(李郁)는 이렇게 말하였다. "禮樂은 사람이 있은 연후에 행해지는 것이다. 진실로 그 해당된 사람이 아니라면 비록 玉帛이 交錯되고 鐘鼓가 소리내어 울린들 역시 장차 어떻게 쓰이겠는가?"

그러나 본 章을 기록한 자가 이를 八佾과 雍徹의 다음 순서로 삼은 것은 禮樂을 僭越한 자들을 위해 드러내어 밝혀 주려고 한 것이 아닌가 한다.

## 044(3-4)

# 林放問禮之本

임방林放이 예의 근본을 여쭙자 공자가 말하였다.

"훌륭하도다, 그 질문이여! 예란 사치스럽게 하기보다는 차라리 검소해야 할 것이며, 상喪은 익숙하게 순서대로 치르기보다는 차라리 슬픔을 지극히 함이 나을 것이다."

林放問禮之本.㊀

子曰:「大哉問!㊁ 禮, 與其奢也, 寧儉; 喪, 與其易也, 寧戚.」㊂

【林放】 魯나라 사람으로 名字는 자세히 알 수 없다.
【與其~寧】 '~함보다는 차라리 ~함이 낫다'의 呼應을 이루는 構文.
【易】 治로 풀이한다. '익숙하게 순서대로 治喪을 함'(疊韻 聲訓)의 뜻. 음은 '이'이다.

## ◉ 諺解

林放(림방)이 禮(례)의 本(본)을 묻즈온대
子(즈)ㅣ 골으샤듸 크다 무롬이여
禮(례)ㅣ 그 奢(샤)홈으로 더브러론 출하리 儉(검)홀 띠오 喪(상)이 그 易(이)홈으로 더브러론 출하리 戚(쳑)홀 띠니라

林放(림방)이 禮(례)의 本(본)을 問(문)흔대
子(즈)ㅣ ㄱㄹ샤듸 크다 問(문)호미여
禮(례)ㅣ 다뭇 그 奢(샤)호므론 출히 儉(검)홀 디오 喪(상)이 다뭇 그 易(이)호므론 출히 戚(쳑)홀 디니라

## ◈ 集註

### 044-㊀

林放, 魯人. 見世之爲禮者, 專事繁文, 而疑其本之不在是也, 故以爲問.

林放은 魯나라 사람이다. 세상에 禮를 행하는 자들이 오로지 번거로운 꾸밈에만 힘쓰는 것을 보고, 그 근본이 여기에 있지 않을 것이라 의심하여, 그 까닭으로 질문거리로 삼은 것이다.

### 044-㊁

孔子以時方逐末, 而放, 獨有志於本, 故大其問. 蓋得其本, 則禮之全體無不在其中矣.

孔子는 당시 풍조가 바야흐로 末을 좇기만 하는데, 林放만이 홀로 本에 뜻을 두고 있음에, 그 질문을 크다고 한 것이다. 대개 本을 얻게 되면 禮의 전체가 그 가운데에 있지 않은 것이 없다.

## 044-㊂

易, 去聲.

○ 易, 治也 孟子曰:「易其田疇.」在喪禮, 則節文習熟, 而無哀痛慘怛之實者也. 戚, 則一於哀, 而文不足耳. 禮貴得中, 奢易則過於文, 儉戚則不及而質, 二者皆未合禮. 然凡物之理, 必先有質而後有文, 則質乃禮之本也.

○ 范氏曰:「夫祭, 與其敬不足而禮有餘也, 不若禮不足而敬有餘也; 喪, 與其哀不足而禮有餘也, 不若禮不足而哀有餘也. 禮失之奢, 喪失之易, 皆不能反本, 而隨其末故也. 禮奢而備, 不若儉而不備之愈也; 喪易而文, 不若戚而不文之愈也. 儉者, 物之質; 戚者, 心之誠. 故爲禮之本.」

楊氏曰:「禮始諸飮食, 故汙尊而抔飮, 爲之簠·簋·籩·豆·罍·爵之飾, 所以文之也, 則其本儉而已; 喪不可以徑情而直行, 爲之衰麻哭踊之數, 所以節之也, 則其本戚而已. 周衰, 世方以文滅質, 而林放獨能問禮之本, 故夫子大之, 而告之以此.」

易은 去聲, '이'(다스리다)이다.

○ 易은 治이다(다스리다, 치르다, 처리하다). 《孟子》에 "그 밭두둑을 다스린다"(《孟子》 盡心章)라 하였다. 喪禮에 있어서 節文에만 익숙하게 되면 애통과 慘怛에 진실함이 없게 되고, 戚(슬픔)에는 한결같이 애통해하기만 하면 그 꾸밈(節次와 儀式)이 부족하게 된다. 禮는 中道를 지킴을 귀히 여긴다. 奢易(사치하여 치름)하면 文에 치우치게 되고, 검소하면서 슬픔으로만 하게 되면 본질에 미치지 못하게 된다. 이 두 가지는 모두 禮에 맞지 않는다. 그러나 萬物의 이치가 반드시 事(제사의 일)의 그 본질이 있은 뒤에 節次가 있는 것이라면, 본질은 이에 禮의 근본이 되는 것이다.

○ 范氏(范祖禹)가 이렇게 말하였다. "무릇 祭란 차라리 恭敬은 부족하되 禮는 남아도는 것이, 禮는 부족하되 공경은 남아도는 것만 같지 못하다. 喪事에는 차라리 애통함은 부족하되 禮가 남아돌기보다는, 禮는 부족하되 애통함이 남아

도는 편이 낫다. 禮에 있어서 사치에 빠지고 喪에서 易에 빠진다면, 모두 그 근본으로 되돌아올 수가 없으며 그 末을 따르게 된다. 禮가 사치하면서 완비된 것은, 검소하면서 완비되지 않은 것보다 나을 것이 없다. 喪은 易(치름)하면서 절차만 따지는 것은, 슬퍼하면서 절차를 갖추지 못한 것보다 나을 것이 없다. 儉은 물건의 본질이요, 戚은 마음의 정성이다. 그 때문에 禮의 本이 되는 것이다."

楊氏(楊時)는 이렇게 말하였다. "禮는 그 시작이 飮食에서 비롯된다. 그 때문에 웅덩이를 그릇으로 삼고, 손으로 물을 떠서 마셨다. 이를 위해 簠·簋·籩·豆·罍·爵 등의 그릇을 만들면서 여기에 장식을 꾸며 넣었으나 이러한 꾸밈(節次와 儀式)의 이유는 검소함을 근본으로 삼을 뿐이었다.(《禮記》 禮運篇 참조) 喪은 감정을 지름길 삼아 곧바로 행할 수 없는 것이다. 이를 위하여 衰麻(최마)와 哭踊의 節數가 만들어졌다. 이렇게 조절하였음은 슬픔을 근본으로 삼았다는 것일 뿐이다. 周나라가 쇠미해지자. 세상 사람들은 꾸밈으로써 본질을 없애버렸다. 그런데 林放만은 유독 능히 禮의 근본을 물을 줄 알았다. 그 때문에 孔子가 이를 훌륭하다 여겨 이로써 그에게 고한 것이다."

## 045(3-5)

# 夷狄之有君

공자가 말하였다.

"오랑캐에게 임금이 있는 것이 중국에 임금이 없는 것과 같지는 않으리라."*

子曰:「夷狄之有君, 不如諸夏之亡也.」㊀

【夷狄】 원래 古代에는 東夷·西戎·南蠻·北狄이라 하여, 四方 異民族을 구분하였으며, 中國(中原, 諸夏)밖의 異民族들을 낮추어 불렀다. 여기서는 문명이 낮은 異民族을 통칭하는 말로 쓰였다.

【諸夏】 中國, 中原. 文明地域을 일컫는 말. 中國人 스스로 華夏民族이라 하여, 여러 夏民族이 사는 곳이라는 뜻이다. 구체적으로 中國 전체라기보다는 '中國의 여러 諸侯國 중에서'라는 뜻으로 봄이 마땅하다. 《諺解》에는 '져하'로 읽었다.

【不如】 '~만 같지 못하다'로 하여 비교 문장에서 '~가 낫다'로 해석한다. 그러나 본 章의 내용은 의미로 보아 '~가 낫지 않다'는 뜻으로 보는 것이 옳을 듯하다.

【亡】 無(없다)와 같다. 음은 '무'이다.

* 本章은 역대 이래로 論難이 많았다. 흔히 "오랑캐에게 임금이 있다 하여도 中國에 임금이 없는 것만 못하다"라고 해석하여 왔다. 그러나 孔子 자신이 "九夷에 살고 싶다"(218), "뗏목을 타고 바다 건너가서 살겠다"(098)라고 한 것으로 보아, 異民族에 대한 貶毁가 이렇게 단정적이지는 않았다. 이에 宋代부터 程頤·尹焞·朱熹 등은 "中國에 임금이 있으나 이토록 僭亂하니, 없는 것과 같다. 오히려 훌륭한 임금이 있어 질서가 있는 이민족이 낫다"라고 보기 시작하였으며, 淸代 학자들도 대체로 이를 인정하고 있다. 한편 孔子는 당시 蠻夷 지역으로 보던 楚·吳 지역에도 간 적이 있어, 楊遇夫는《論語疏證》에서, 君은 현명한 君主를 뜻하며 구체적으로 楚 莊王과 吳 闔廬를 지칭한다고 하였다. 따라서 "오랑캐 나라이지만 현명한 君主가 있으면 中國에 임금도 없는 것처럼 혼란하지 않을 것이다"로 보는 것이 타당하다. 그러나 韓愈는 孔子가 夷狄을 미워한 것이라 고집하기도 하였다.

## ◉ 諺解

子(ᄌᆞ)ㅣ ᄀᆞᆯᄋᆞ샤ᄃᆡ 夷狄(이뎍)의 君(군)이 이심이 諸夏(져하)의 업ᄉᆞ니 ᄀᆞᆮ디 아니ᄒᆞ니라

子(ᄌᆞ)ㅣ ᄀᆞᄅᆞ샤ᄃᆡ 夷狄(이뎍)의 님금 이쇼미 諸夏(져하)의 업기ᄀᆞᆮ디 아니니라

## ◈ 集註

045-㊀

吳氏曰:「亡, 古無字, 通用.」程子曰:「夷狄, 且有君長, 不如諸夏之僭亂, 反無上下之分也.」

○ 尹氏曰: 「孔子傷時之亂而歎之也. 無(亡), 非實無(亡)也, 雖有之, 不能盡其道爾.」

吳氏(吳棫)가 말하였다. "무(亡)는 옛 無字로서 통용된다."

程子(程頤)가 말하였다. "夷狄이지만 장차 君長까지 있으면 諸夏가 僭亂하여 도리어 上下의 구분도 없는 것과는 같지는 않을 것이다."(原文章의 체계로만 보아 "夷狄에 君長까지 있다 해도 諸夏의 僭亂함만 못하며, 도리어 上下의 구분까지도 없을 것이다"로 보는 견해도 있다.)

○ 尹氏(尹焞)는 이렇게 말하였다. "孔子가 당시의 混亂에 傷心하여 이를 한탄한 것이다. 無(亡)는 실제로 없다는 것이 아니라, 비록 있다하여도 능히 그 도리를 다하지 못하고 있을 따름이라는 뜻이다."

# 046(3-6)

# 季氏旅於泰山

계씨季氏가 태산泰山에서 여제旅祭를 지내자 공자가 염유冉有에게 이렇게 물었다.

"네가 그것을 말릴 수 없겠느냐?"

이에 염유가 대답하였다.

"저도 어쩔 수 없습니다."

그러자 공자가 이렇게 말하였다.

"아! 일찍이 태산이 임방林放만도 못하다 여기느냐?"*

季氏旅於泰山.

子謂冉有曰:「女弗能救與?」

對曰:「不能.」

子曰:「嗚呼! 曾謂泰山不如林放乎?」㊀

【旅】 祭祀 이름. 名山大川에 지내는 祭祀. 天子와 諸侯만이 旅祭를 지낼 수 있다. 季氏는 大夫이므로 泰山에 祭祀를 올릴 수 없다.

【冉有】 冉求. 有와 求는 疊韻. 字는 子有. 孔子보다 29세 아래였다고 한다.(B.C. 522~?) 당시 季氏 집에 벼슬하고 있었다.

【林放】 044(3-4) 참조. 본장은 '泰山의 神이 天子도 諸侯도 아닌 季氏의 祭祀를 歆饗한다면 禮에 관해 물었던 林放만도 못하다'는 뜻이다.

* 馬融은 「旅, 祭名也. 禮, 諸侯祭山川在其封內者; 今陪臣祭泰山, 非禮也」라 하였다.

## ◉ 諺解

季氏(계시) ㅣ 泰山(태산)애 旅(려)ᄒᆞ더니 子(ᄌᆞ) ㅣ 冉有(셤유) ᄃᆞ려 닐어 ᄀᆞᆯᄋᆞ샤ᄃᆡ 네 能(능)히 救(구)티 몯ᄒᆞ리로소냐 對(ᄃᆡ)ᄒᆞ야 ᄀᆞᆯ오ᄃᆡ 能(능)티 몯ᄒᆞ리로송이다 子(ᄌᆞ) ㅣ ᄀᆞᆯᄋᆞ샤ᄃᆡ 嗚呼(오호) ㅣ 라 일즉 泰山(태산)이 林放(림방)만 ᄀᆞᆮ디 몯ᄒᆞ다 니ᄅᆞ랴

季氏(계시) ㅣ 泰山(태산)의 旅(려)ᄒᆞ거늘 子(ᄌᆞ) ㅣ 冉有(염유) ᄃᆞ려 닐러 ᄀᆞᄅᆞ샤ᄃᆡ 네 能(능)히 救(구)티 몯ᄒᆞ리러냐 對(ᄃᆡ)ᄒᆞ야 ᄀᆞᆯ오ᄃᆡ 能(능)티 몯호이다 子(ᄌᆞ) ㅣ ᄀᆞᄅᆞ샤ᄃᆡ 嗚呼(오호) ㅣ 라 일즉 泰山(태산)이 林放(림방)만 ᄀᆞᆺ디 몯ᄒᆞ다 ᄒᆞᄂᆞ냐

## ◈ 集註

### 046-㊀

女, 音汝. 與, 平聲.

○ 旅, 祭名. 泰山, 山名, 在魯地. 禮, 諸侯祭封內山川, 季氏祭之, 僭也. 冉有, 孔子弟子, 名求, 時爲季氏宰. 救, 謂救其陷於僭竊之罪. 嗚呼, 歎辭. 言神不享非禮, 欲季氏知其無益而自止, 又進林放以厲冉有也.

○ 范氏曰:「冉有從季氏, 夫子豈不知其不可告也? 然而聖人不輕絶人. 盡己之心, 安知冉有之不能救·季氏之不可諫也? 旣不能正, 則美林放以明泰山之不可誣, 是亦敎誨之道也.」

女는 音이 汝(여)이다. 與는 平聲이다.

○ 旅는 祭祀 이름이다. 泰山은 山 이름으로 魯나라 땅에 있다. 禮에, 諸侯는 자신의 封地 내에 있는 山川에 祭祀를 지낼 수 있게 되어 있으니, 季氏가 泰山에 祭를 지낸 것은 僭越한 행위이다. 冉有는 孔子의 弟子로 이름은 求이며, 당시 季氏 집안의 家宰였다. 救는 그가 僭竊之罪에 빠지는 것을 구해준다는 말이다. 嗚呼는 감탄사이다. 神이 禮가 아닌 것에는 歆饗하지 않을 것이니, 季氏가 그 無益함을 알고 스스로 그만두게 하며, 또한 林放의 사건을 내세워 冉有를 자극시키고자 한 말이다.

○ 范氏(范祖禹)가 이렇게 말하였다. "冉有가 季氏집에 從事하고 있으니, 그가 가히 고할 수 없음을 夫子께서 어찌 모를 리 있겠는가? 그러나 聖人은 경홀히 사람을 끊지 않은 것이다. 한편 자신의 마음을 다해 보면 어찌 冉有는 능히 구제하지 못하고 季氏는 가히 諫言할 상대가 되지 못함을 알았겠는가? 그러나 이미 바로잡을 수 없게 되자 林放을 칭찬하는 것으로써 泰山의 神은 가히 속일 수 없음을 밝힌 것이다. 역시 敎梅의 道이다."

047(3-7)

# 君子無所爭

공자가 말하였다.

"군자에게는 다투는 바가 없다. 꼭 그러할 경우라면 사례射禮에서나 그럴까! 사례는 읍양하고 올라가고 내려와서는 음飮을 한다. 그런 예의 다툼이야말로 군자의 일이다."

子曰:「君子無所爭. 必也射乎! 揖讓而升, 下而飮. 其爭也君子.」㊀

【射】《儀禮》鄕射禮와 大射禮에 기록된 射禮. 古代 활쏘기를 통하여 交遊하며 禮를 실행하는 儀式. 大射·賓射·燕射·鄕射 等이 있다.《儀禮》에 자세히 실려 있다.

【飮】과녁을 맞춘 정도에 따라 진 자가 罰酒를 마시는 것.

## ◉ 諺解

子(ᄌᆞ)ㅣ ᄀᆞᆯᄋᆞ샤ᄃᆡ 君子(군ᄌᆞ)ㅣ ᄃᆞ토ᄂᆞᆫ 배 업스나 반ᄃᆞ시 射(샤)ᄂᆞᆫ뎌 揖讓(읍샹)ᄒᆞ야 올라 ᄂᆞ려와 머키ᄂᆞ니 그 ᄃᆞ토미 君子(군ᄌᆞ)ㅣ니라

子(ᄌᆞ)ㅣ ᄀᆞᄅᆞ샤ᄃᆡ 君子(군ᄌᆞ)ㅣ 爭(ᄌᆡᆼ)ᄒᆞᆯ 배 업스나 반ᄃᆞ시 射(샤)ᄂᆞᆫ뎌 揖讓(읍양)코 升(승)ᄒᆞ야 下(하)호매 飮(음)ᄒᆞᄂᆞ니 그 爭(ᄌᆡᆼ)호미 君子(군ᄌᆞ)ㅣ니라

## ◈ 集註

### 047-㊀

飮, 去聲.

○ 揖讓而升者, 大射之禮, 耦進三揖而後升堂也. 下而飮, 謂射畢揖降, 以俟衆耦皆降, 勝者乃揖, 不勝者升, 取觶立飮也. 言君子恭遜, 不與人爭. 惟於射而後有爭. 然其爭也, 雍容揖遜, 乃如此, 則其爭也君子, 而非若小人之爭矣.

飮은 去聲(동사)이다.

○ 揖讓而升이란 大射의 禮로서 짝을 지어 나가, 세 번 揖하고 堂에 오르는 것이다. 下而飮이란 射擊을 끝내고 揖하며 내려와 여러 짝(두 사람씩)이 모두 내려오기를 기다려 이긴 자는 揖하고 진자는 올라가 잔을 들고 서서 罰酒를 마심을 말한다. 君子는 공손하여 남과 다툼이 없되 오직 射禮 이후에만 그러한 경쟁이 있지만, 그러나 그 다툼에도 雍容(疊韻語)함과 揖함, 겸손함이 이와 같으니, 그러한 경쟁에서라면 君子다운 것으로서 小人의 다툼과 같지 않음을 설명한 것이다.

## 048(3-8)

# 子夏問曰巧笑倩兮

자하子夏가 여쭈었다.

"'아름다운 웃음의 예쁜 뺨, 아름다운 눈매에 예쁜 눈동자, 하얀 바탕에 고운 채색이로다'라고 한 것은 무엇을 두고 한 말입니까?"

공자가 이렇게 설명했다.

"그림을 그릴 때에는 먼저 흰 바탕을 만든 후에 그리는 것이지."

자하가 다시 여쭈었다.

"예가 나중이라는 뜻입니까?"

공자가 이렇게 말했다.

"나를 흥기시켜 주는 자는 바로 상商(子夏)이로구나! 비로소 가히 더불어 시詩를 말할 만 하도다."

子夏問曰:「『巧笑倩兮, 美目盼兮, 素以爲絢兮.』何謂也?」㊀

子曰:「繪事後素.」㊁

曰:「禮後乎?」

子曰:「起予者商也! 始可與言詩已矣.」㊂

【倩】 웃을 때의 예쁜 뺨. 음은 '천'이다.

【盼】 예쁜 눈. 黑色이 分明히 드러나는 눈동자. 이상의 두 구절을《詩經》衛風 碩人篇의 문장이며, 그 다음 한 구절은 逸詩이다. 王先謙은《三家詩義集疏》에서 魯詩의 구절이라 하였다. 음은 '반'이다. 본음은 '변'이다.

【繪事後素】 그림을 그리는 일은 바탕을 희게 만든 후의 일이라는 뜻. '먼저 粉으로 희게 한 후 五彩를 더하다'의 뜻. 비유하여 사람도 바탕이 먼저 갖추어진 후에 文飾을 가하여야 한다는 뜻.

【禮後】 '禮가 뒤가 되다'는 뜻. 忠과 信을 바탕(質)으로 보고, 禮는 꾸밈. 형식(文)으로 본 것이다.

【商】 子夏의 이름. 卜商.

## ◉ 諺解

子夏(ᄌᆞ하)ㅣ 묻ᄌᆞ와 ᄀᆞᆯ오ᄃᆡ 巧(교)ᄒᆞᆫ 笑(쇼)ㅣ 倩(쳔)ᄒᆞ며 美(미)ᄒᆞᆫ 目(목)이 盼(변)홈이여 素(소)로ᄡᅥ 絢(현)을 ᄒᆞ다 ᄒᆞ니 엇디 닐옴이닝잇고

子(ᄌᆞ)ㅣ ᄀᆞᆯᄋᆞ샤ᄃᆡ 繪(회)ᄒᆞᄂᆞᆫ 일이 素(소)애 後(후)ㅣ니라

ᄀᆞᆯ오ᄃᆡ 禮(례)ㅣ 後(후)ㅣᆫ뎌 子(ᄌᆞ)ㅣ ᄀᆞᆯᄋᆞ샤ᄃᆡ 나ᄅᆞᆯ 起(긔)ᄒᆞᄂᆞᆫ 者(쟈)ᄂᆞᆫ 商(샹)이로다 비르소 可(가)히 더브러 詩(시)를 닐엄즉 ᄒᆞ도다

子夏(ᄌᆞ하)ㅣ 問(문)ᄒᆞ야 ᄀᆞᆯ오ᄃᆡ 巧(교)ᄒᆞᆫ 笑(쇼)ㅣ 倩(쳔)ᄒᆞ며 美(미)ᄒᆞᆫ 目(목)이 盼(변)호미여 素(소)로ᄡᅥ 絢(현)ᄒᆞ다 ᄒᆞ니 엇디 니로미니잇고

子(ᄌᆞ)ㅣ ᄀᆞᄅᆞ샤ᄃᆡ 繪(회)ᄒᆞᄂᆞᆫ 일이 素(소)애 後(후)ᄒᆞᄂᆞ니라

ᄀᆞᆯ오ᄃᆡ 禮(례)ㅣ 後(후)ㅣ잇가 子(ᄌᆞ)ㅣ ᄀᆞᄅᆞ샤ᄃᆡ 나를 起(긔)ᄒᆞᄂᆞᆫ 者(쟈)ᄂᆞᆫ 商(샹)이라 비로소 可(가)히 더브러 詩(시)를 니ᄅᆞ리로다

## ◈ 集註

### 048-㊀

倩, 七練反. 盼, 普莧反. 絢, 呼縣反.

○ 此逸詩也. 倩, 好口輔也. 盼, 目黑白分也. 素, 粉地, 畫之質也. 絢, 采色, 畫之飾也. 言人有此倩盼之美質, 而又加以華采之飾, 如有素地而加采色也. 子夏疑其反謂以素爲飾, 故問之.

倩은 反切로 '七練反'(천)이다. 盼은 反切로 '普莧反'(반. 反切대로는 변)이다. 絢은 反切로 '呼縣反'(현)이다.

○ 이는 逸詩(《詩經》에 올라 있지 않은 詩)이다. 倩은 口輔(아랫뺨·입가 혹은 보조개라고도 함)가 예쁜 모습이며, 盼은 눈동자의 黑白이 분명한 모습이다. 素는 粉地(희게 칠한 바탕)이니 그림의 바탕이다. 絢은 彩色으로서의 그림의 飾(彩色하여 그리는 것)이다. 사람이 이와 같은 倩盼의 아름다운 자질이 있어도 또한 華采의 修飾을 보태야 함은, 마치 흰 바탕에 채색을 더하는 것과 같음을 말한 것이다. 子夏는 그 말이 '以素爲飾'(흰 것으로써 꾸미다)으로 거꾸로 여겨 그 때문에 질문한 것이다.

### 048-㊁

繪, 胡對反.

○ 繪事, 繪畫之事也. 後素, 後於素也. 考工記曰:「繪畫之事後素功.」謂先以粉地爲質, 而後施五采, 猶人有美質, 然後可加文飾.

繪는 反切로 '胡對反'(회)이다.

○ 繪事는 그림을 그리는 일이다. 後素는 素(하얗게 바탕을 이룸)한 다음이라는 뜻이다. 《考工記》(《周禮》의 冬官이 없어지자 이에 後人이 補寫한 부분)에는 이렇게 말하였다. "그림 그리는 일은 먼저 바탕을 만든 다음에 한다."(《周禮》 考工記 畫績篇에 '凡畫績之事, 後素功'이라 함) 먼저 바탕에 분칠을 하여 그 바탕(質)을 만든 뒤, 다섯 가지 彩色을 실시하는 것은, 마치 사람에게 아름다운 바탕이 있은 然後에야 文飾을 더할 수 있음과 같음을 말한 것이다.

## 048-㊂

禮, 必以忠信爲質, 猶繪事必以粉素爲先. 起, 猶發也. 起予, 言能起發我之志意.

謝氏曰:「子貢, 因論學而知詩; 子夏, 因論詩而知學, 故皆可與言詩.」

○ 楊氏曰:「『甘受和, 白受采, 忠信之人, 可以學禮. 苟無其質, 禮不虛行.』此『繪事後素』之說也. 孔子曰:『繪事後素』, 而子夏曰:『禮後乎?』可謂能繼其志矣. 非得之言意之表者能之乎? 商賜可與言詩者, 以此. 若夫玩心於章句之末, 則其爲詩也固而已矣. 所謂起予, 則亦相長之義也.」

禮에 반드시 忠信으로서 바탕을 삼는 것은, 그림에서 반드시 흰색을 칠하는 일을 우선으로 삼는 것과 같다. 起는 發과 같다. 起予란 능히 나의 뜻을 起發시킨다라고 말한 것이다.

謝氏(謝良佐)는 이렇게 말하였다. "子貢은 배움을 논하여 詩를 알고(015), 子夏는 詩를 논하여 배움을 알았다(048). 그 때문에 모두가 더불어 詩를 말할 수 있었다."

○ 楊氏(楊時)는 이렇게 말하였다. "'단 맛은 和를 수용하며, 흰색은 彩色을 수용한다. 忠信한 사람은 가히 禮를 배울 수 있다. 진실로 그 바탕이 없으면 禮란, 거짓으로는 행할 수가 없는 것이다.'(《禮記》 禮器篇) 이것이 바로 '繪事後素'의 설명이다. 孔子가 '繪事後素'라고 하자, 子夏가 '禮後乎?'라고 물었으니, 능히 그 뜻을 계승하였다고 말할 수 있다. 言意之表(뜻의 밖을 말한 것)를 터득하지 못한 자라면 어찌 이러한 물음이 가능하겠는가?」 商(卜商, 子夏)과 賜(端木賜, 子貢)가 가히 더불어 詩를 말할 수 있다는 것은 이 때문이다. 만약 章句의 末에만 마음이 즐거웠다면, 그 詩를 알아차림도 固陋하였을 것이다. 소위 起予라 한 것은 역시 서로 키워 줌의 뜻(相長之義)이다."

## 049(3-9)

# 夏禮吾能言之

공자가 말하였다.

"하夏나라의 예는 내 능히 말로써 설명할 수 있으나, 기杞나라의 것은 족히 증거를 댈 수가 없다. 마찬가지로 은殷나라의 예는 내 능히 말로써 설명할 수 있으나, 송宋나라는 족히 증명해 볼 수가 없다. 이는 문헌文獻이 부족하기 때문이다. 족하기만 하다면 내 능히 증명해낼 수 있으리라."

子曰:「夏禮, 吾能言之, 杞不足徵也; 殷禮, 吾能言之, 宋不足徵也. 文獻不足故也. 足, 則吾能徵之矣.」㊀

【夏】 禹임금이 세운 古代 王朝. 孔子가 이상 세계로 본 夏·殷(湯)·周(文王·武王·周公)의 三代 중의 하나. 桀王 때 망하였다.
【杞】 나라 이름. 夏禹의 後裔이다. 지금의 河南省 杞縣 일대로 周 武王이 세워 주었으며, 弱小國이 되었다.
【徵】 證과 같으며 '증명해 냄'의 뜻이다.
【殷】 商나라. 湯임금이 세웠으며, 紂王 때 망하였다.
【宋】 殷의 後裔. 지금의 河南省 商丘縣 일대. 周 武王이 殷을 滅한 후 微子를 봉하여 宋의 祭祀를 잇도록 하였다. 戰國時代 三晉에게 멸망당하였다.
【文獻】 원래 역사적 기록과 당시의 賢者를 일컫는 말이다. 文은 文籍 기록이며 獻은 훌륭한 이들의 행적을 통한 증거를 뜻한다.

## ◉ 諺解

陶山本 子(ᄌᆞ)ㅣ ᄀᆞᆯᄋᆞ샤ᄃᆡ 夏(하)ㅅ 禮(례)를 내 能(능)히 니르나 杞(긔)예 足(죡)히 徵(딩)티 몯ᄒᆞ며 殷(은)ㅅ 禮(례)를 내 能(능)히 니르나 宋(송)에 足(죡)히 徵(딩)티 몯홈은 文(문)과 獻(헌)이 足(죡)디 몯ᄒᆞᆫ 故(고)ㅣ니 足(죡)ᄒᆞ면 내 能(능)히 徵(딩)호리라

栗谷本 子(ᄌᆞ)ㅣ ᄀᆞᄅᆞ샤ᄃᆡ 夏(하)ㅅ 禮(례)ᄅᆞᆯ 내 能(능)히 니ᄅᆞ나 杞(긔)ᄅᆞᆯ 足(죡)히 徵(딩)티 몯ᄒᆞ며 殷(은)ㅅ 禮(례)ᄅᆞᆯ 내 能(능)히 니ᄅᆞ나 宋(송)을 足(죡)히 徵(딩)티 몯호ᄆᆞᆫ 文獻(문헌)이 足(죡)디 몯ᄒᆞᆫ 故(고)ㅣ니 足(죡)ᄒᆞ면 내 能(능)히 徵(딩)호리라

## ◈ 集註

### 049-㊀

杞, 夏之後. 宋, 殷之後. 徵, 證也. 文, 典籍也. 獻, 賢也. 言:「二代之禮, 我能言之, 而二國, 不足取以爲證, 以其文獻不足故也. 文獻若足, 則我能取之, 以證吾言矣.」

杞는 夏의 後裔이며(《史記》 陳杞世家), 宋나라는 殷의 後裔이다.(《史記》 宋微子世家) 徵은 證과 같다. 文은 典籍을 뜻하며, 獻은 賢의 뜻이다. "二代(夏·殷)의 禮는 내가 능히 말할 수 있지만, 二國(杞·宋)은 증거로 취할 만한 것이 부족하니, 이는 그 文獻(문서 기록과 인물 증거)이 부족하기 때문이며, 만약 文獻이 足하다면 내 능히 이를 취하여 내 말을 증명할 수 있겠다"라고 말한 것이다.

## 050(3-10)

# 禘自旣灌而往者

공자가 말하였다.

"체禘라는 제사는, 처음 관주灌酒를 한 이후부터는 내 더 이상 보고 싶지 않다."*

子曰:「禘自旣灌而往者, 吾不欲觀之矣.」⊖

【禘】古代의 祭祀 이름. 가장 성대하였던 祭祀로 魯나라 始祖인 周公 旦을 기리어 5년에 한번씩 거행하던 大祭였다. 음은 '체'이다.

【灌】祭祀 때의 儀式 중 하나로 원래 童男童女를 神으로 분장시켜 그를 尸라 하였으며, 검은 기장으로 만든 울창(鬱鬯)이라는 술을 땅에 뿌리는 일이었다. 혹은 尸童에게 술을 따라 鬱鬯酒의 냄새를 맡도록 하는 의식이라고 한다(楊伯峻). 이를 灌, 혹은 祼(관)이라 한다. 灌은 祼의 가차이다.

* 첫 번째 제사였던 옛날 이후는 모두 그릇된 것이라는 견해를 밝힌 것이다.

## ◉ 諺解

子(ᄌᆞ)ㅣ ᄀᆞᆯᄋᆞ샤ᄃᆡ 禘(톄)ㅣ 임의 灌(관)홈으로브터 往(왕)ᄒᆞᆫ 者(쟈)ᄂᆞᆫ 내 보고져 아니ᄒᆞ노라

子(ᄌᆞ)ㅣ ᄀᆞᄅᆞ샤ᄃᆡ 禘(톄)ㅣ 이믜 灌(관)홈브터 往(왕)호ᄆᆞ론 내 보고져 ᄒᆞ디 아닛노라

## ◈ 集註

### 050-㊀

禘, 大計反.

○ 趙伯循曰:「禘, 王者之大祭也. 王者旣立始祖之廟, 又推始祖所自出之帝, 祀之於始祖之廟, 而以始祖配之也. 成王以周公有大勳勞, 賜魯重祭. 故得禘於周公之廟, 以文王 爲所出之帝, 而周公配之, 然非禮矣.」

灌者, 方祭之始, 用鬱鬯之酒灌地, 以降神也. 魯之君臣, 當此之時, 誠意未散, 猶有可觀, 自此以後, 則浸以懈怠而無足觀矣. 蓋魯祭非禮, 孔子本不欲觀, 至此而失禮之中又失禮焉. 故發此歎也.

○ 謝氏曰:「夫子嘗曰:『我欲觀夏道, 是故之杞, 而不足證也; 我欲觀殷道, 是故之宋, 而不足證也.』又曰:『我觀周道, 幽厲傷之, 吾舍魯何適矣? 魯之郊禘非禮也, 周公其衰矣!』考之杞宋已如彼, 考之當今又如此, 孔子所以深歎也.」

禘는 反切로 '大計反'(체, 大는 太, 따라서 '톄'가 口蓋音化하여 '체'가 된 것임)이다.

○ 趙伯循(趙匡)이 말하였다. "禘는 王者의 큰 祭祀이다. 王 된 자가 이미 始祖의 廟堂을 세우고, 다시 그 始祖가 어느 帝로부터 시작되었는지를 推及하여, 이를 시조의 廟堂에서 제사지내되 시조로서 그에 配享시키는 것이다. 成王은 周公이 큰 功勳을 세운 자라 하여 魯나라로 하여금 重厚한 祭祀를 지내도록 내려주었다.(《禮記》 明堂位 및 祭統의 기록 참조) 그 때문에 周公의 廟堂에서 禘를 지내면서 文王을 所出之帝(근원이 시작된 始祖 때의 帝)로 여겨 周公을 配享하였다. 그러나 이는 禮가 아니다."

灌이란 바야흐로 제사를 시작할 때, 鬱鬯이라는 술을 땅에 부어 神이 降臨토록 하는 것이다. 魯나라 君臣은 처음 시작할 그 당시에는 誠意가 흩어지지 않아 오히려 볼 만하였으나, 그로부터 이후에는 점점 게을러져 족히 볼 만한 것이 없게 되었다. 아마 魯나라 제사는 禮가 아니어서, 孔子가 본래부터 보려 들지 않았으며, 이 때에 이르러 禮를 잃은 가운데 또다시 禮를 잃었을 것이리라. 그 때문에 이를 들추어 탄식한 것이다.

○ 謝氏(謝良佐)는 이렇게 말하였다. "夫子는 일찍이 '나는 夏나라의 道를 보고자 하여, 그 까닭으로 그 後裔인 杞를 근거하려 하였지만 족히 증거가 될 만한 것이 없다. 나는 殷나라의 道를 보고자 하여 이에 그 後裔인 宋을 근거하려 하였지만 증거가 될 만한 것이 부족하였다'(앞장 049)라고 하였다. 그리고 또 '나는 周나라의 道를 보려 하였지만 幽王과 厲王이 이를 망쳐 놓았으니, 내 魯나라를 버리고 어디로 갈거나? 魯나라의 郊禘는 禮가 아니로다. 周公의 道가 쇠하였도다!'(《禮記》 禮運篇)라고 하였다. 杞와 宋은 상고해도 그와 같으며, 當今(孔子 당시의 魯나라)을 상고해도 또한 이와 같았다. 그래서 孔子가 이를 깊이 탄식한 것이다."

## 051(3-11)

# 或問禘之說

어떤 이가 체禘라는 제사의 뜻을 여쭙자 공자가 이렇게 설명하였다.

"나도 잘 모른다. 그 뜻을 아는 자는 천하의 도리에 대해서도 마치 눈앞에 펼쳐 보이듯이 여기에 제시할 수 있을 것이다."

그러면서 자신의 손바닥을 가리켰다.

或問禘之說.

子曰:「不知也; 知其說者之於天下也, 其如示諸斯乎!」

指其掌.㊀

【禘】 앞장 참조

【示】 置와 같다.(疊韻 聲訓) '陳說하다'의 뜻. 그러나 '보다, 보여주다'의 原意대로 풀이하여도 무방하다.

【指其掌】 '손바닥을 지적하여 보이듯 명확하다'(瞭如指掌)의 뜻이다.

## ◉ 諺解

陶山本 或(혹)이 禘(톄)의 說(셜)을 묻ᄌᆞ온대 子(ᄌᆞ) ㅣ ᄀᆞᆯᄋᆞ샤ᄃᆡ 아디 몯ᄒᆞ노라 그 說(셜)을 아ᄂᆞᆫ 者(쟈) ㅣ 天下(텬하)애 그 이롤 봄 ᄀᆞᄐᆞᆫ뎌 ᄒᆞ시고 그 掌(쟝)을 ᄀᆞᄅᆞ치시다

栗谷本 或(혹)이 禘(톄)의 說(셜)을 問(문)ᄒᆞᆫ대 子(ᄌᆞ) ㅣ ᄀᆞᄅᆞ샤ᄃᆡ 아디 몯ᄒᆞ리로다 그 說(셜)을 아ᄂᆞᆫ 者(쟈) ㅣ 天下(텬하)애 그 이 보기 ᄀᆞᄐᆞᆫ뎌 ᄒᆞ시며 그 掌(쟝)을 指(지)ᄒᆞ시다

## ◈ 集註

### 051-㊀

先王報本追遠之意, 莫深於禘. 非仁孝誠敬之至, 不足以與此, 非或人之所及也. 而不王不禘之法, 又魯之所當諱者, 故以不知答之. 示, 與視同. 指其掌, 弟子記夫子言此而自指其掌, 言其明且易也. 蓋知禘之說, 則理無不明, 誠無不格, 而治天下不難矣. 聖人於此, 豈眞有所不知也哉?

先王의 報本追遠(근본에 보답하고 먼 祖上을 追念함)하는 뜻에 禘보다 깊은 것이 없다. 仁孝와 誠敬이 지극하지 않으면 여기에 참여할 수 없으며, 或人(본장의 質問者)은 이런 문제를 언급할 바가 아니다. 그리고 王이 아니면 禘를 지낼 수 없는 法이며, 또한 魯나라로서 마땅히 꺼려야 할 일이다. 그 때문에 모른다고 대답한 것이다. 示는 視와 같다. 指其掌은 夫子가 이 말을 하면서 스스로 그 손바닥을 가리켰음을 弟子가 기록한 것으로, 그 分明함과 쉬움을 말한 것이다. 대개 禘의 내용을 안다면 그 이치가 분명하지 않음이 없고, 격식이 분명하지 않음이 없고, 誠意가 格에 맞지 않음이 없어서 天下를 다스림이 어렵지 않음을 뜻한 것이리라. 聖人(孔子)이 여기에서 어찌 정말로 모르는 바가 있어서 그랬겠는가?

## 052(3-12)

# 祭如在祭神如神在

공자는 제사에 임해서는 그 선조가 계신 듯이 하고, 신에게 제사지낼 때도 그 신이 있는 듯이 하였다. 그리고 이렇게 말하였다.

"내가 참여하지 아니한 제사는 마치 제사 지내지 않은 것과 같다."*

祭如在, 祭神如神在.㊀

子曰:「吾不與祭, 如不祭.」㊁

【在】 그 先祖가 親在하는 듯이 여기는 것.

【與祭】 與를 '參與하다'로 보는 견해와 '동의하다'로 보는 두 가지가 있다.

* 본장은 近年에 발견된 唐寫本 鄭玄 注에 의하면 「祭如在, 時人所存賢聖之言也; 祭神如神在, 恐時人不曉『如在』之意, 故爲解之」라 하여 당시 사람들이 『祭如在』에 대하여 알지 못하자 孔子가 이는 『祭神如神在』라 풀이한 것으로 보았다. 그렇게 되면 그 다음의 『子曰』 이하는 따로 한 章이 되어야 한다.(毛子水)

## ◉ 諺解

陶山本 祭(졔)ᄒᆞ샤ᄃᆡ 인ᄂᆞᆫ ᄃᆞ시 ᄒᆞ시며 神(신)을 祭(졔)ᄒᆞ샤ᄃᆡ 神(신)이 인ᄂᆞᆫ ᄃᆞ시 ᄒᆞ더시다
子(ᄌᆞ)ㅣ ᄀᆞᆯᄋᆞ샤ᄃᆡ 내 祭(졔)예 與(여)티 몯ᄒᆞ면 祭(졔) 아니홈 ᄀᆞᄐᆞ니라

栗谷本 祭(졔)ᄒᆞ실 제 在(ᄌᆡ)ᄒᆞ신돗 ᄒᆞ시며 神(신)을 祭(졔)ᄒᆞ실 제 神(신)이 在(ᄌᆡ)ᄒᆞᆫ돗 ᄒᆞ더시다
子(ᄌᆞ)ㅣ ᄀᆞᄅᆞ샤ᄃᆡ 내 祭(졔)예 참예티 몯ᄒᆞ면 祭(졔) 아니홈 ᄀᆞᄐᆞ니라

## ◈ 集註

### 052-㊀

程子曰: 「祭, 祭先祖也. 祭神, 祭外神也. 祭先, 主於孝; 祭神, 主於敬.」
愚謂: 「此, 門人記孔子祭祀之誠意.」

程子(程頤)가 말하였다. "祭는 先祖를 제사지냄을 말한다. 祭神은 外神을 제사지냄을 뜻한다. 先祖를 제사지냄에는 孝가 主가 되며, 外神에게 제사지냄에는 敬이 主가 된다."

내(朱熹) 생각으로는 이렇다. "이는 門人이 孔子가 제사지낼 때의 誠意를 기록한 것이다."

## 052-㊂

與, 去聲.

○ 又記孔子之言以明之. 言己當祭之時, 或有故不得與, 而使他人攝之, 則不得致其如在之誠. 故雖已祭, 而此心缺然, 如未嘗祭也.

○ 范氏曰:「君子之祭, 七日戒, 三日齊, 必見所祭者, 誠之至也. 是故, 郊則天神格, 廟則人鬼享, 皆由己以致之也. 有其誠則有其神, 無其誠則無其神, 可不謹乎? 『吾不與祭, 如不祭.』誠爲實, 禮爲虛也.」

與는 去聲(許與하다, 혹은 參與하다)이다.

○ 또다시 孔子의 말을 기록하여 증명한 것이다. 스스로 마땅히 제사를 지내야 할 때에, 혹 일이 있어 참여하지 못하고 다른 사람으로 하여금 이를 대신 執典토록 하면, 조상이 계신 듯이 誠意를 이룰 수 없다. 그 때문에 비록 이미 제사를 지냈더라도 마음이 缺然하여 아직 제사를 지내지 않은 것과 같음을 말한 것이다.

○ 范氏(范祖禹)는 이렇게 말하였다. "君子의 제사에는 7일 동안 戒하고 3일 동안 齊(齋)하며, 제사 지내는 대상을 틀림없이 보게 되는 것은 정성이 지극하기 때문이다.(《禮記》 坊記篇) 이러한 까닭으로 郊祭라면 天神이 이르고, 廟祭라면 사람의 鬼魂이 歆饗하게 되나니, 모두가 자기 자신으로 말미암아 이를 이루는 것이다. 그 誠意가 있으면 그 神이 있고, 誠意가 없으면 그 神도 없으니, 가히 삼가지 않을 수 있겠는가? '吾不與祭, 如不祭'는 정성이 實이며 禮는 虛(形式)라는 뜻이다."

## 053(3-13)

# 王孫賈問曰

왕손가王孫賈가 여쭈었다.

"오신奧神에게 잘 보이려고 애쓰기보다는 차라리 조신竈神에게 예쁨을 받는 편이 낫다라 하였는데 이는 무슨 뜻입니까?"

공자는 이렇게 설명하였다.

"그렇지 않소. 하늘에 죄를 얻으면 빌 데조차 없소."*

王孫賈問曰:「與其媚於奧, 寧媚於竈, 何謂也?」㊀

子曰:「不然; 獲罪於天, 無所禱也.」㊁

【王孫賈】 衛나라의 大夫이며 靈公의 臣下이다.

【奧神】 집안의 서남쪽 구석을 奧라 한다. 이곳을 섬겨 집안의 평안을 기원하였다. 《太平御覽》 529에 鄭玄 注를 인용하여 「宗廟及五祀之神, 皆祭於奧; 室西南隅之奧也. 夫竈, 老婦之祭」라 하였다.

【竈神】 아궁이, 부뚜막. 부엌을 뜻한다. 中國은 古代부터 12월에 부뚜막 신에게 祭祀를 지내며 먹을 것을 풍족히 내려 달라는 기원을 하는 풍속이 있었다. 《搜神記》 088(4-18)을 보라. 그러나 《禮記》에는 孟夏(음력 4월)에 지낸다라 하였다.

* 本章은 비유로 말한 것이며, 구체적인 사실은 알 수 없다. 그러나 두 가지 추측이 있다. 奧는 衛나라 靈公의 寵姬인 南子를, 竈는 王孫賈 자신을 비유하여, 王孫賈가 孔子에게 "그대가 南子에게 아첨을 하느니 나를 가까이 하는 것이 어떤가?"라고 묻자, 孔子가 "내가 만약 옳지 못한 일을 한다면 누구를 가까이한들 모두가 罪가 될 것이다"라고 말한 것으로 보는 것이다. 다른 하나는, 王孫賈가 자신의 상황을 孔子에게 상의한 것으로, 奧는 衛나라 靈公이며 竈는 南子와 彌子瑕로서 지위는 낮지만 권력을 가진 자로 보아 "저는 衛나라 임금을 섬기느니 차라리 南子나 彌子瑕 같은 실세를 섬기는 것이 낫다고 여기는데 어떻습니까?" 라고 묻자, 孔子가 "그들과 어울리는 罪를 얻으면 하늘도 容恕하지 않는다"는 不可論을 피력한 것이라 보는 견해이다.

## ◉ 諺解

**陶山本** 王孫賈(왕손가) ㅣ 묻ᄌᆞ와 ᄀᆞᆯ오ᄃᆡ 그 奧(오)애 媚(미)홈으로 더브러론 출하리 竈(조)애 媚(미)홀 ᄯᅵ라 ᄒᆞ니 엇디 닐오미닝잇고 子(ᄌᆞ) ㅣ ᄀᆞᆯᄋᆞ샤ᄃᆡ 그러티 아니ᄒᆞ다 罪(죄)를 하ᄂᆞᆯᄭᅴ 어드면 禱(도)홀 ᄲᅢ 업스니라

**栗谷本** 王孫賈(왕손가) ㅣ 問(문)ᄒᆞ야 ᄀᆞᆯ오ᄃᆡ 다ᄆᆞᆺ 그 奧(오)애 媚(미)호ᄆᆞ런 출히 竈(조)애 媚(미)홀 거시라 ᄒᆞ니 엇디 닐오미니잇고 子(ᄌᆞ) ㅣ ᄀᆞᄅᆞ샤ᄃᆡ 그러티 아니ᄒᆞ니 天(텬)의 罪(죄)를 獲(획)ᄒᆞ면 禱(도)홀 배 업스니라

## ◈ 集註

### 053-㊀

王孫賈, 衛大夫. 媚, 親順也. 室西南隅爲奧. 竈者, 五祀之一, 夏所祭也. 凡祭五祀, 皆先設主而祭於其所, 然後迎尸而祭於奧, 略如祭宗廟之儀. 如祀竈, 則設主於竈陘, 祭畢, 而更設饌於奧, 以迎尸也. 故時俗之語: 「因以奧有常尊, 而非祭之主; 竈雖卑賤, 而當時用事.」 喩自結於君, 不如阿附權臣也. 賈, 衛之權臣, 故以此諷孔子.

王孫賈는 衛나라의 大夫이다. 媚는 친밀히 순응함이다. 室의 서남쪽 귀퉁이를 奧라 한다. 竈란 다섯 가지 제사 중의 하나로 여름에 지내는 제사이다. 무릇 다섯 가지 제사(《禮記》 月令篇에 의하면 五祀는 戶(孟春)·竈(孟夏)·中霤(中央)·門(孟秋)·行(孟冬)이다)를 지냄에는 모두가 먼저 神主를 설치하고, 그 해당 장소에서 제사를 지낸다. 그 연후에 尸童을 맞아와서 奧에 제사를 지내며 대략 宗廟 제사의 의식과 같다. 이를테면 竈에 제사를 지낼 때는 아궁이에 神主를 설치하고 제사가 끝나면 그 饌을 奧에 다시 진설하여 神主를 맞아오는 것이다. 따라서 당시의 俗語에 "奧로써는 존귀함을 삼기는 하나, 그곳은 祭祀의 主人은 아니며, 竈는 비록 낮고 천하지만 당시에 소용이 닿는 일을 벌이는 곳이다"라고 한 것이다. 스스로 임금에게 결탁함이 權臣에게 아부함만 같지 못함을 비유한 것이다. 王孫賈는 衛나라의 權臣이다. 따라서 이로써 孔子를 諷刺한 것이다.

### 053-㊁

天, 卽理也. 其尊無對, 非奧竈之可比也. 逆理, 則獲罪於天矣. 豈媚於奧竈所能禱而免乎? 言但當順理, 非特不當媚竈, 亦不可媚於奧也.

○ 謝氏曰: 「聖人之言, 遜而不迫. 使王孫賈而知此意, 不爲無益; 使其不知, 亦非所以取禍.」

天은 곧 理이다. 그 존귀함은 상대할 자가 없어, 奧나 竈도 가히 비할 바가 아니다. 이치를 거스르게 되면 하늘로부터 罪를 얻는다. 어찌 奧·竈 있는 곳에 예쁨을 받아 기도한다고 능히 면할 수 있겠는가? 다만 마땅히 이치에 순응해야 하며, 특히 竈에게 아첨함이 부당할 뿐만 아니라 역시 奧에게도 예쁨 받기도 不可하다는 것을 말한 것이다.

○ 謝氏(謝良佐)는 이렇게 말하였다. "聖人의 말씀은 겸손하여 迫切하지 않다. 王孫賈가 이 뜻을 알아들어 무익한 일은 하지 않도록 한 것이며, 설사 알아듣지 못하였다 하여도 역시 禍를 취하는 것은 아니기 때문이다."

## 054(3-14)

# 周監於二代

공자가 말하였다.

"주周나라의 문물제도는 이대(二代; 夏·殷)를 본받아 그 문채가 욱욱郁郁히 빛나도다! 나는 주나라를 따르리라."

子曰:「周監於二代, 郁郁乎文哉! 吾從周.」㊀

【二代】 夏와 商(殷)

【監】 '대조, 비교하다'의 뜻이다.(毛子水)

【郁郁】 '빛나는 모양, 찬란함'의 뜻이다.

【文】 文彩, 혹은 文物制度로 풀이하기도 한다.

◉ 諺解

子(ᄌᆞ)ㅣ ᄀᆞᆯᄋᆞ샤ᄃᆡ 周(쥬)ㅣ 二代(ᄉᆡᄃᆡ)예 監(감)ᄒᆞ니 郁郁(욱욱)히 文(문)ᄒᆞᆫ 디라 내 周(쥬)를 조초리라

子(ᄌᆞ)ㅣ ᄀᆞᄅᆞ샤ᄃᆡ 周(쥬)ㅣ 二代(이ᄃᆡ)예 監(감)ᄒᆞ니 郁郁(욱욱)ᄒᆞᆫ 文(문)인 디라 내 周(쥬)ᄅᆞᆯ 從(죵)ᄒᆞ리라

◈ 集註

054-㊀

郁, 於六反.

○ 監, 視也. 二代, 夏商也. 言其視二代之禮而損益之. 郁郁, 文盛貌.

○ 尹氏曰:「三代之禮, 至周大備, 夫子美其文而從之.」

郁은 反切로 '於六反'(육, 욱)이다.

○ 監은 視이다. 二代는 夏와 商을 뜻한다. 그 二代의 禮를 보아 덜고 보태었음을 말한 것이다. 郁郁은 문채가 풍성한 모습이다.

○ 尹氏(尹焞)는 이렇게 말하였다. "三代의 禮는 周나라에 이르러 크게 갖추어졌다. 夫子가 그 文物을 아름답게 여겨 이를 따르겠다 라고 말한 것이다."

## 055(3-15)

# 子入大廟每事問

공자가 태묘大廟에 들어가 일마다 물어 하였다. 어떤 이가 이를 보고 이렇게 비꼬았다.

"누가 추鄹나라 사람의 아들孔子을 보고 예를 아는 이라 하였담? 태묘에 들어와 일마다 물어서 하는데."

공자가 이 소리를 듣고 이렇게 말하였다.

"이것이 바로 예라는 것이오."*

子入大廟, 每事問.
或曰:「孰謂鄹人之子知禮乎? 入大廟, 每事問.」
子聞之, 曰:「是禮也.」㊀

【大廟】開國君王의 祠堂을 太廟라 한다. 여기서는 魯나라의 始祖인 周公 旦을 모신 魯나라 祠堂. 大는 太와 같다. 大廟는 '태묘'로 읽는다.《公羊傳》文公 13年에 「周公稱大廟, 魯公稱世室, 群公稱宮」이라 하였다.

【鄹人】鄹는 郰와 같다. 地名으로 孔子의 出生地이다.《史記》孔子世家에 「孔子生魯昌平鄉郰邑」이라 하였다. 孔子의 父親인 叔梁紇이 鄹의 大夫를 지냈으므로 이렇게 지칭한 것이다.

*『子入太廟, 每事問』은 鄕黨篇 249(10-14)에는 하나의 章으로 독립되어 있다.

## ◉ 諺解

陶山本 子(ᄌᆞ)ㅣ 大廟(태묘)애 드르샤 每事(ᄆᆡᄉᆞ)를 무르신대 或(혹)이 ᄀᆞᆯ오ᄃᆡ 뉘 닐오ᄃᆡ 鄹人(추ᄉᆡᆫ)의 子(ᄌᆞ)를 禮(례)를 안다 ᄒᆞ더뇨 大廟(태묘)애 드러 每事(ᄆᆡᄉᆞ)를 묻고녀 子(ᄌᆞ)ㅣ 드ᄅᆞ시고 ᄀᆞᆯᄋᆞ샤ᄃᆡ 이 禮(례)ㅣ니라

栗谷本 子(ᄌᆞ)ㅣ 大廟(태묘)의 드르샤 每事(ᄆᆡᄉᆞ)를 問(문)ᄒᆞ신대 或(혹)이 ᄀᆞᆯ오ᄃᆡ 뉘 鄹人(추인)의 子(ᄌᆞ)를 닐오ᄃᆡ 禮(례) 안다 ᄒᆞᄂᆞ뇨 大廟(태묘)의 드러 每事(ᄆᆡᄉᆞ)를 뭇고녀 子(ᄌᆞ)ㅣ 듯고 ᄀᆞᄅᆞ샤ᄃᆡ 이 禮(례)ㅣ니라

## ◈ 集註

### 055-㊀

大, 音泰. 鄹, 側留反.

○ 大廟, 魯周公廟. 此蓋孔子始仕之時, 入而助祭也. 鄹, 魯邑名. 孔子父叔梁紇, 嘗爲其邑大夫. 孔子自少以知禮聞, 故或人因此而譏之. 孔子言『是禮』者, 敬謹之至, 乃所以爲禮也.

○ 尹氏曰:「禮者, 敬而已矣. 雖知, 亦問, 謹之至也, 其爲敬莫大於此. 謂之不知禮者, 豈足以知孔子哉?」

大는 音이 泰(태)이다. 鄹는 反切로 '側留反'(추)이다.

○ 大廟는 魯나라 始祖인 周公의 廟堂이다. 이는 대개 孔子가 처음 벼슬하기 시작한 때에 들어가 祭를 도운 일일 것이다. 鄹는 魯나라의 邑 이름이다. 孔子의 아버지인 叔梁紇이 일찍이 그 邑의 大夫였다. 孔子는 어려서부터 禮를 안다고 소문이 났으므로 그 때문에 어떤 이가 이를 근거로 譏弄한 것이다. 孔子가 '是禮'(이것이 禮이다)라고 한 것은, 공경하고 삼가는 지극함을 이에 禮로써 삼는다는 뜻이다.

○ 尹氏(尹焞)는 이렇게 말하였다. "禮란 恭敬일 따름이다. 비록 안다고 하여도 역시 묻는 것은 삼감의 지극함이다. 그 敬의 실행은 이보다 큼이 없다. 禮를 모른다고 말한 사람이 어찌 족히 孔子를 알겠는가?"

## 056(3-16)

# 射不主皮

**공자**가 말하였다.

"활쏘기에서 과녁을 뚫느냐 하는 것에 주를 두지 않았으니 이는 그 힘이 각각 똑같지 않다고 여겼기 때문이다. 이것이 옛날의 사도射道였다."

子曰:「射不主皮, 爲力不同科, 古之道也.」㊀

【射】 射禮. 047(3-7) 참조

【主皮】 皮는 과녁을 그린 가죽. 가장 한 가운데를 正鵠이라 한다. 《儀禮》 鄕射禮에 「禮射不主皮」라 하였으며, 注에 「不主皮者, 貴其容體比於禮; 其節比於樂; 不待中爲雋也」라 하였다.

【爲】去聲으로 읽는다. '~때문에'의 뜻
【同科】同等함. 馬融은「爲力, 力役之事. 亦有上中下, 設三科焉, 故曰不同科」라 하였다.

◉ 諺解

陶山本 子(ᄌᆞ)ㅣ ᄀᆞᆯᄋᆞ샤ᄃᆡ 射(샤)홈애 皮(피)를 主(쥬)티 아니홈은 힘이 科(과)ㅣ 同(동)티 아님을 爲(위)ᄒᆞ애니 녯 道(도)ㅣ니라

栗谷本 子(ᄌᆞ)ㅣ ᄀᆞᄅᆞ샤ᄃᆡ 射(샤)ㅣ 皮(피)ᄅᆞᆯ 主(쥬)티 아니호ᄆᆞᆫ 힘이 科(과)ㅣ 同(동)티 아니호ᄆᆞᆯ 爲(위)호미니 녯 道(도)ㅣ니라

◈ 集註

056-㊀

爲, 去聲.

○ 射不主皮, 鄕射禮文. 爲力不同科, 孔子解禮之意如此也. 皮, 革也. 布侯而棲革於其中, 以爲的, 所謂鵠也. 科, 等也. 古者射以觀德, 但主於中, 而不主於貫革, 蓋以人之力有强弱不同等也. 記曰:「武王克商, 散軍郊射, 而貫革之射息.」正謂此也. 周衰, 禮廢, 列國兵爭, 復尙貫革, 故孔子歎之.

○ 楊氏曰:「中可以學而能; 力不可以强而至. 聖人言古之道, 所以正今之失.」

爲는 去聲이다.

○ 射不主皮는 鄕射禮(《儀禮》의 篇名)의 文章이다. 爲力不同科는 孔子가 禮의 뜻을 풀어보면 이와 같다고 말한 것이다. 皮는 革이다. 헝겊으로 侯(과녁)을 만들어 그 가운데에 붙여 표적으로 삼은 것으로, 소위 말하는 鵠이다.(《禮記》 考工記 梓人篇) 科는 等(같다)의 뜻이다. 옛날에는 활쏘기로써 그의 德을 보되,(《禮記》 射義篇) 다만 맞히는가에 主를 두었으며, 가죽을 뚫는가에 主를 둔 것은 아니다. 대개 사람의

힘에는 强弱이 있어서 똑같지 않다고 여겼기 때문이었다. 《禮記》에 '武王이 商(殷)을 이기고 나서 軍隊를 해산하고 郊射禮를 행하여 과녁을 뚫는 활쏘기가 없어지게 하였다'(《禮記》 樂記)라 하였으니, 바로 이를 말한 것이다. 周나라가 쇠하자 禮가 폐하여 列國이 전쟁으로 다투며 다시 과녁을 뚫는 것이 숭상되자 孔子가 이를 탄식한 것이다.

○ 楊氏(楊時)가 이렇게 말하였다. "맞히는 것은 가히 배워서 능히 할 수 있는 일이지만, 힘이란 억지로 한다고 되는 것이 아니다. 聖人이 옛날의 道理를 말하여 지금의 잘못을 바로 잡으려 한 것이다."

## 057(3-17)

# 子貢欲去告朔之餼羊

자공子貢이 매월 초하루를 알리는 제사에 바치는 양을 더이상 쓰지 않고자 하였다. 이를 두고 공자가 이렇게 말하였다.

"사(賜; 자공)야! 너는 그 양을 아까워하지만 나는 그 예를 더 아낀단다."*

子貢欲去告朔之餼羊.㊀

子曰:「賜也! 爾愛其羊, 我愛其禮.」㊁

【告朔】 곡삭. 古代의 制度로 매년 秋冬 交替期에 周나라 天子가 歷書를 諸侯國에게 주면, 이를 諸侯國에서는 祖廟에 保管하고 매월 초하루마다 祖上神에게 달이 바뀜을 告한다.(《左傳》 文公 16年 疏 참조) 告은 入聲 '곡'으로 읽는다.

【餼羊】 羊을 잡아 告朔의 禮物로 바침. 餼는 음이 '희'이다.

【賜】 子貢의 이름.

* 魯나라 君主가 친히 廟堂에 가서 告朔하지 않으면서 羊만 잡아 바치는 형식에 대하여 子貢이 반대하자, 孔子는 존속시키기를 원했다는 내용이다.

## ◉ 諺解

子貢(ᄌᆞ공)이 朔(삭)을 告(곡)ᄒᆞᄂᆞᆫ 餼羊(희양)을 去(거)코져 ᄒᆞᆫ대 子(ᄌᆞ)ㅣ ᄀᆞᆯᄋᆞ샤ᄃᆡ 賜(ᄉᆞ)아 너ᄂᆞᆫ 그 羊(양)을 愛(ᄋᆡ)ᄒᆞᄂᆞᆫ다 나ᄂᆞᆫ 그 禮(례)를 愛(ᄋᆡ)ᄒᆞ노라

栗谷本

子貢(ᄌᆞ공)이 朔告(삭곡)ᄒᆞᄂᆞᆫ 餼羊(희양)을 去(거)코져 ᄒᆞ거ᄂᆞᆯ 子(ᄌᆞ)ㅣ ᄀᆞᄅᆞ샤ᄃᆡ 賜(ᄉᆞ)아 너ᄂᆞᆫ 그 羊(양)을 앗기ᄂᆞᆫ다 나ᄂᆞᆫ 그 禮(례)ᄅᆞᆯ 앗기노라

## ◈ 集註

### 057-㊀

去, 起呂反. 告, 古篤反. 餼, 許氣反.
○ 告朔之禮: 古者天子常以季冬, 頒來歲十二月之朔于諸侯, 諸侯受而藏之祖廟. 月朔, 則以特羊告廟, 請而行之. 餼, 生牲也. 魯自文公始不視朔, 而有司猶供此羊, 故子貢欲去之.

去는 反切로 '起呂反'(거)이며, 告은 '告篤反'(곡)이다. 그리고 餼는 '許氣反'(희)이다.
○ 告朔之禮는 옛날 天子가 항상 季冬(섣달)에, 오는 해의 열두 달 초하루가 각각 언제인지 諸侯에게 반포해 주며(《禮記》 春官 宗伯에 '大史, 頒告朔于邦國'이라 함), 諸侯는 이를 받아 祖上의 廟堂에 보관한다. 그리고 每月 초하루 날이면 羊을 잡아 그 廟堂에 알려 이를 시행할 것을 청하는 행사이다(《左傳》 文公 16年 참조). 餼는 살아 있는 犧牲을 말한다. 魯나라는 文公(재위 B.C. 626~609) 때부터 이 告朔을 보지 않고 有司가 이 羊을 바치는 것으로 대신하기 시작하였다. 그 때문에 子貢이 이를 없애려 한 것이다.

## 057-㊁

愛, 猶惜也. 子貢蓋惜其無實而妄費, 然禮雖廢, 羊存, 猶得以識之而可復焉. 若倂去其羊, 則此禮遂亡矣, 孔子所以惜之.

○ 楊氏曰:「告朔, 諸侯所以稟命於君親, 禮之大者. 魯不視朔矣, 然羊存則告朔之名未泯, 而其實因可擧. 此夫子所以惜之也.」

愛는 惜(아까워하다)과 같다. 子貢은 아마 실질도 없으면서 헛되이 낭비하는 것이 아까웠을 것이다. 그러나 禮가 비록 폐한다 하여도 羊을 바치는 일이 존속되면 오히려 이를 기억하여 다시 회복할 수 있게 된다. 만약 그 羊을 바치는 일마저 함께 없애버린다면, 이러한 禮는 끝내 사라지고 말 것이다. 孔子가 그 때문에 애석하게 여긴 것이다.

○ 楊氏(楊時)는 이렇게 말하였다. "告朔은 諸侯가 君親에게 命을 稟議하는 것으로 禮 중에 큰 것이다. 魯나라가 告朔은 직접 보지 않았으나 羊을 바치는 일은 존속하였으니, 告朔의 명분은 아직 泯滅되지 않을 것이다. 그 사실을 인하여 가히 거행할 수는 있다. 이것이 夫子가 없애기를 아까워한 바이다."

## 058(3-18)

# 事君盡禮

공자가 말하였다.

"임금을 섬김에 예를 다하였더니, 사람들은 이를 두고 아첨하는 것이라 여기는구나."

子曰:「事君盡禮, 人以爲諂也.」⊖

【以爲】'~라 여김'의 뜻.

【諂】아첨, 아부함.

## ◉ 諺解

子(ᄌᆞ)ㅣ ᄀᆞᆯᄋᆞ샤ᄃᆡ 君(군)을 셤굠애 禮(례)를 다 홈을 사ᄅᆞᆷ이 ᄡᅧ 諂(텸)ᄒᆞᆫ다 ᄒᆞᄂᆞ다

子(ᄌᆞ)ㅣ ᄀᆞᄅᆞ샤ᄃᆡ 君(군)을 事(ᄉᆞ)호매 禮(례)ᄅᆞᆯ 盡(진)호ᄆᆞᆯ 人(인)이 ᄡᅧ 諂(텸)이라 ᄒᆞᄂᆞ다

## ◈ 集註

058-㊀

黃氏曰:「孔子於事君之禮, 非有所加也, 如是而後盡爾. 時人不能, 反以爲諂. 故孔子言之, 以明禮之當然也.」

○ 程子曰:「聖人『事君盡禮, 當時以爲諂.』若他人言之. 必曰:『我事君盡禮, 小人以爲諂』, 而孔子之言止於如此. 聖人道大德宏, 此亦可見.」

黃氏(黃祖舜; 字는 繼道)는 이렇게 말하였다. "孔子는 事君之禮에 대하여 더 보탠 것이 없으며, 이와 같이 한 뒤라면 극진한 것이라 여겼다. 그런데 당시 사람들은 이와 같이 하지 못하면서 도리어 阿諂이라 여겼다. 그러므로 孔子가 이를 말하여 禮에서 당연함을 밝힌 것이다."

○ 程子(程頤)는 이렇게 말하였다. "聖人의 '事君之禮를 當時에는 아첨이라 여겼다'라 하였는데, 만약 이런 것을 孔子 아닌 다른 사람이 표현하였다면 틀림없이 '내가 임금을 섬기되 禮를 다하였더니, 小人들이 아첨이라 여기는구나' 라고 하였을 것이다. 그러나 孔子의 말은 이 정도에서 그쳤으니, 聖人의 道大德宏 함이 여기서도 가히 나타난다."(小人이라 표현하지 않고 人이라고 말한 점을 높이 본 것임.)

## 059(3-19)

# 定公問君使臣臣事君

정공定公이 물었다.

"임금이 신하를 부리고, 신하가 임금을 섬기는 데에는 서로 어떻게 해야 합니까?"

공자가 이렇게 대답하였다.

"임금이 신하를 부리되 예로써 하고, 신하는 임금을 섬기되 충으로써 해야하지요."

定公問:「君使臣, 臣事君, 如之何?」
孔子對曰:「君使臣以禮, 臣事君以忠.」㊀

【定公】 魯나라 임금. 姬宋. 昭公의 아우이며 哀公의 아버지. 諡號는 定. 재위 15년(B.C. 509~495).

## ◉ 諺解

陶山本 定公(뎡공)이 묻ᄌᆞ오ᄃᆡ 君(군)이 臣(신)을 브리며 臣(신)이 君(군)을 셤교ᄃᆡ 엇디 ᄒᆞ링잇고 孔子(공ᄌᆞ) ㅣ 對(ᄃᆡ)ᄒᆞ야 ᄀᆞᆯᄋᆞ샤ᄃᆡ 君(군)이 臣(신)을 브료ᄃᆡ 禮(례)로써 ᄒᆞ며 臣(신)이 君(군)을 셤교ᄃᆡ 忠(듕)으로써 ᄒᆞᆯ 띠닝이다

栗谷本 定公(뎡공)이 問(문)ᄒᆞ샤ᄃᆡ 君(군)이 臣(신)을 使(ᄉᆞ)ᄒᆞ며 臣(신)이 君(군)을 事(ᄉᆞ)호ᄃᆡ 엇디ᄒᆞ리잇고 孔子(공ᄌᆞ) ㅣ 對(ᄃᆡ)ᄒᆞ야 ᄀᆞᄅᆞ샤ᄃᆡ 君(군)이 臣(신)을 使(ᄉᆞ)호ᄃᆡ 禮(례)로써 ᄒᆞ고 臣(신)이 君(군)을 事(ᄉᆞ)호ᄃᆡ 忠(듕)으로써 ᄒᆞᆯ 디니이다

## ◈ 集註

059-㊀

定公, 魯君, 名宋. 二者皆理之當然, 各欲自盡而已.
○ 呂氏曰:「使臣不患其不忠, 患禮之不至; 事君不患其無禮, 患忠之不足.」
尹氏曰:「君臣, 以義合者也. 故君使臣以禮, 則臣事君以忠.」

定公은 魯나라 임금으로 이름은 宋이다. 두 가지는 모두가 이치의 당연함이니, 각각 스스로 다할 따름이다.
○ 呂氏(呂大臨)는 이렇게 말하였다. "臣下를 부림에는 그가 忠誠하지 못함을 걱정하지 말고, 임금 자신의 禮가 지극하지 못함을 걱정하여야 하며, 임금을 섬기되 그가 無禮함을 근심하지 말고, 자신의 충심이 부족한 것을 근심하여야 한다."
尹氏(尹焞)는 이렇게 말하였다. "임금과 臣下는 義로 합한 것이다. 그러므로 임금이 臣下를 부리되 禮로써 하면, 臣下도 임금을 섬김에 忠으로써 하게 된다."

## 060(3-20)

# 關雎樂而不淫

공자가 말하였다.

"관저關雎 장은 즐겁되 정正을 잃지 않으며, 슬프되 화和를 해치지 않는구나."*

子曰:「關雎, 樂而不淫, 哀而不傷.」㊀

【關雎】《詩經》國風 周南의 첫 편. 『關關雎鳩, 在河之洲. 窈窕淑女, 君子好逑』라 하였다.

【淫】'즐거움이 지나쳐 그 正道를 잃다'의 뜻.

【傷】'슬픔이 지나쳐 그 和靜함을 잃다'의 뜻.

* 〈詩序〉에 「關雎樂得淑女以配君子; 憂在進賢, 不淫其色. 哀窈窕, 思賢才, 而無傷善之心焉」이라 하였다.

## ◉ 諺解

陶山本 子(ᄌᆞ)ㅣ ᄀᆞᆯᄋᆞ샤ᄃᆡ 關雎(관져)ᄂᆞᆫ 樂(락)호ᄃᆡ 淫(음)티 아니ᄒᆞ고 哀(ᄋᆡ)호ᄃᆡ 傷(샹)티 아니ᄒᆞ니라

栗谷本 子(ᄌᆞ)ㅣ ᄀᆞᄅᆞ샤ᄃᆡ 關雎(관져)ᄂᆞᆫ 樂(락)고 淫(음)티 아니ᄒᆞ며 哀(ᄋᆡ)코 傷(샹)티 아니ᄒᆞ니라

## ◈ 集註

### 060-㊀

樂, 音洛.

○ 關雎, 周南國風詩之首篇也. 淫者, 樂之過而失其正者也. 傷者, 哀之過而害於和者也. 關雎之詩, 言后妃之德, 宜配君子. 求之未得, 則不能無寤寐反側之憂; 求而得之, 則宜其有琴瑟鐘鼓之樂. 蓋其憂雖深而不害於和, 其樂雖盛而不失其正, 故夫子稱之如此. 欲學者玩其辭, 審其音, 而有以識其性情之正也.

樂은 音이 洛(락)이다.

○ 關雎는《詩經》周南 國風 詩의 첫 편이다. 淫이란 즐거움이 지나쳐 그 正을 잃는 것이다. 傷이란 슬픔이 과하여 和에 害가 되는 것을 말한다. 關雎의 詩는 后妃의 德이 의당 君子의 配匹이 될 수 있으나, 구하여도 얻지 못한다면 능히 寤寐反側하는 근심이 없을 수 없고, 구하여 얻는다면 마땅히 琴瑟鐘鼓의 즐거움이 있을 것임을 노래한 것이다. 대체로 그 근심이 비록 깊으나 그 和에 傷害됨이 없고, 그 즐거움이 비록 盛하나 그 正을 잃지 않음을 말한다. 그 때문에 夫子가 이와 같이 稱하여 배우는 자들로 하여금 그 가사를 玩賞하고 그 音樂을 깊이 헤아려 性情의 바름을 알게 함이 있도록 하고자 한 것이다.

"樂而不淫, 傷而不哀傷"(石可)

## 061(3-21)

# 哀公問社於宰我

애공哀公이 재아宰我에게 사社에 대하여 묻자 재아가 이렇게 대답하였다.

"하후씨夏后氏는 소나무松를 심었고, 은殷나라 사람들은 잣나무柏를 심었으며, 주周나라 사람들은 밤나무栗를 심었지요. 밤나무를 심은 것은 말로 표현하자만 백성들로 하여금 전율戰栗을 느끼도록 한 것입니다."

공자가 이를 듣고 이렇게 말하였다.

"이루어진 일은 말하지 않으며, 이미 결정이 난 일은 간하지 않으며, 지나간 일은 허물로 삼지 않겠다."*

哀公問社於宰我.

宰我對曰:「夏后氏以松, 殷人以柏, 周人以栗, 曰, 使民戰栗.」㊀

子聞之, 曰:「成事不說, 遂事不諫, 旣往不咎.」㊁

【哀公】(前出)
【宰我】孔子의 弟子. 이름은 予이며 字는 子我이다.
【社】土地神. 土地神 祠堂에 神木을 세우며 이를 神主로 삼았다. 鄭玄 注에는 主로 되어 있으며(《魯論》 劉寶楠의 疏), 여기서는 어떤 나무를 심어 상징성을 갖는가 하는 문제를 설명한 것이다.
【夏后氏】夏나라. 수도를 安邑으로 하여 그 토질이 松에 알맞았다.
【柏】殷은 首都를 亳으로 하여 柏(音이 같음)을 심었다.
【栗】여기서는 栗이 慄과 같은 重義性을 설명한 것.
* 孔子의 말은 '宰我의 말이 틀렸으나 이를 탓하지는 않겠다'는 뜻이다. 包氏注에 「孔子非宰我, 故歷言此三者, 欲使愼其後」라 하였다.

## ◉ 諺解

**陶山本** 哀公(ᄋᆡ공)이 社(샤)를 宰我(ᄌᆡ아)의게 무ᄅᆞ신대 宰我(ᄌᆡ아)ㅣ 對(ᄃᆡ)ᄒᆞ야 ᄀᆞᆯ오ᄃᆡ 夏后氏(하후시)ᄂᆞᆫ 松(숑)으로ᄡᅥ ᄒᆞ고 殷人(은신)ᄋᆞᆫ 栢(ᄇᆡᆨ)으로ᄡᅥ ᄒᆞ고 周人(쥬신)ᄋᆞᆫ 栗(률)로ᄡᅥ ᄒᆞ니 ᄀᆞᆯ온 民(민)으로 ᄒᆞ여곰 戰栗(젼률)케 ᄒᆞᆷ이닝이다

子(ᄌᆞ)ㅣ 드ᄅᆞ시고 ᄀᆞᆯᄋᆞ샤ᄃᆡ 成(셩)ᄒᆞᆫ 일이라 說(셜)티 몯ᄒᆞ며 遂(슈)ᄒᆞᆫ 일이라 諫(간)티 몯ᄒᆞ며 임의 디난 디라 咎(구)티 몯ᄒᆞ리로다

**栗谷本** 哀公(ᄋᆡ공)이 宰我(ᄌᆡ아)ᄃᆞ려 社(샤)ᄅᆞᆯ 問(문)ᄒᆞ신대 宰我(ᄌᆡ아)ㅣ 對(ᄃᆡ)ᄒᆞ야 ᄀᆞᆯ오ᄃᆡ 夏后氏(하후시)ᄂᆞᆫ 松(숑)으로ᄡᅥ ᄒᆞ고 殷人(은인)ᄋᆞᆫ 栢(ᄇᆡᆨ)으로ᄡᅥ ᄒᆞ고 周人(쥬인)ᄋᆞᆫ 栗(률)로ᄡᅥ ᄒᆞ니 ᄀᆞᆯ온 民(민)으로 ᄒᆡ여곰 戰栗(젼률)케 호미니이다

子(ᄌᆞ)ㅣ 듣고 ᄀᆞᄅᆞ샤ᄃᆡ 成事(셩ᄉᆞ)ᄂᆞᆫ 說(셜)티 몯ᄒᆞ며 遂事(슈ᄉᆞ)ᄂᆞᆫ 諫(간)티 몯ᄒᆞᄂᆞ니 이믜 往(왕)ᄒᆞᆫ 디라 咎(구)티 몯ᄒᆞ리로다

## ◈ 集註

### 061-㊀

宰我, 孔子弟子, 名予. 三代之社不同者, 古者立社, 各樹其土之所宜木以爲主也. 戰栗, 恐懼貌. 宰我又言周所以用栗之意如此. 豈以古者戮人於社, 故附會其說與?

宰我는 孔子의 弟子로 이름은 予이다. 三代의 社가 다른 것이란, 古代에 社를 세울 때 각각 그 땅에 맞는 나무를 심어 神主로 삼았다는 것이다. 戰栗(戰慄)은 두려워하는 모습이다. 宰我는 다시 周나라가 栗을 사용한 까닭이 이와 같음을 말한 것이다. 어찌 옛날 社에서 사람을 죽였다는 것으로써 고의로 그 說에 부회한 것이리오?(《書經》 夏書 甘誓 참조)

### 061-㊁

遂事, 謂事雖未成, 而勢不能已者. 孔子以宰我所對, 非立社之本意, 又啓時君殺伐之心, 而其言已出, 不可復救, 故歷言此以深責之, 欲使謹其後也.

○ 尹氏曰:「古者, 各以所宜木名其社, 非取義於木也. 宰我不知而妄對, 故夫子責之.」

遂事란 그 일이 아직 이루어지지는 않았으나 形勢로 보아 능히 그만둘 수 없는 경우를 말한다. 孔子는 宰我의 대답이 立社의 本意도 잘못 말한 것이었고, 게다가 당시 임금들의 殺伐한 심리상태를 열어, 이를 말로 이미 내뱉고 말았다고 여겨, 그 까닭으로 이 말씀을 차례로 하여 깊이 질책하고 다음부터는 삼가도록 하려 한 것이다.

○ 尹氏(尹焞)는 이렇게 말하였다. "옛날에 각각 그 마땅한 바의 나무로써 그 社의 이름을 붙인 것일 뿐, 그 나무에서 의미를 취한 것은 아니다. 宰我는 알지 못하면서 제멋대로 대답한 것이다. 그 때문에 夫子가 질책한 것이다."

## 062(3-22)

# 管仲之器小哉

공자가 말하였다.

"관중管仲은 그릇됨이 작구나!"

어떤 이가 이렇게 여쭈었다.

"관중은 검소하였습니까?"

그러자 공자가 이렇게 말하였다.

"관씨는 삼귀三歸를 가지고 있었으며, 관사官事도 겸직이 없도록 하였으니 어찌 검약했다고 하리오?"

"그렇다면 관중은 예를 알았습니까?"

공자가 다시 말하였다.

"나라의 임금이라야 새문塞門을 세울 수 있거늘, 관씨도 역시 새문을 세웠고, 나라의 임금이라야 다른 임금과 호교好交에 반점反坫을 두는 법이거늘, 관씨 역시 반점을 만들었으니, 그러한 관씨가 예를 안다고 하면 그 누구를 예를 모르는 자라고 하리오?"*

子曰:「管仲之器小哉!」㊀

或曰:「管仲儉乎?」

曰:「管氏有三歸, 官事不攝, 焉得儉?」㊁

「然則管仲知禮乎?」

曰:「邦君樹塞門, 管氏亦樹塞門. 邦君爲兩君之好, 有反坫, 管氏亦有反坫. 管氏而知禮, 孰不知禮?」㊂

〈管仲〉(管夷吾)《三才圖會》

【管仲】 春秋 初期 人物. 이름은 夷吾. 齊桓公을 도와 霸業을 이루었다.《史記》齊太公世家 및 管晏列傳 참조. 지금의 《管子》 책은 후인의 위탁이라 한다.

【三歸】 역대 이래로 다섯 가지 견해가 있다. 첫째, 國君만이 세 여자를 취할 수 있는데, 管中도 세 女子를 取하였다는 說.(包咸) 둘째, 가정을 세 곳에 두었다는 說.(兪樾《群經平義》) 셋째, 地名이라는 설. 즉 管仲의 采邑.(梁玉繩《瞥記》) 넷째, 錢幣를 저장하는 倉庫라는 說.(武億《群經義證》) 다섯째, 樓臺라는 說.(劉向《說苑》) 등이다.

【攝】 兼職을 뜻한다. '많은 관직을 만들어 지출이 늘어나게 하다'는 뜻.

【塞門】 內外를 구분하는 문. 혹은 병풍으로 문을 가리는 것으로 보기도 한다. 塞는 음이 '새'이다.

【好交】 서로 交遊함. 會談을 가짐.

【反坫】 흙으로 築臺를 쌓아 器物을 늘어놓고, 禮를 갖추는 것이라 한다.(全祖望《經史問答》) 朱子는 연회 때 기둥 사이에 높이 만들어 두어 술잔을 되돌려놓는 곳이라 하였다. 坫은 음이 '점'이다.

* 이에 대한 이야기는《說苑》善說篇(336(11-4))에 자세히 실려 있다.

## ◉ 諺解

陶山本

子(ᄌᆞ)ㅣ ᄀᆞᆯᄋᆞ샤ᄃᆡ 管仲(관듕)의 그르시 小(쇼)ᄒᆞ다

或(혹)이 ᄀᆞᆯ오ᄃᆡ 管仲(관듕)은 儉(검)ᄒᆞ닝잇가 ᄀᆞᆯᄋᆞ샤ᄃᆡ 管氏(관시)ㅣ 三歸(삼귀)를 두며 官事(관ᄉᆞ)를 攝(셥)디 아니ᄒᆞ니 엇디 시러곰 儉(검)ᄒᆞ리오 그러면 管仲(관듕)은 禮(례)를 아닝잇가 ᄀᆞᆯᄋᆞ샤ᄃᆡ 邦君(방군)이ᅀᅡ 樹(슈)로 門(문)을 塞(ᄉᆡᆨ)ᄒᆞ거ᄂᆞᆯ 管氏(관시) ᄯᅩᄒᆞᆫ 樹(슈)로 門(문)을 塞(ᄉᆡᆨ)ᄒᆞ며 邦君(방군)이ᅀᅡ 兩君(량군)의 好(호)를 홈애 反(반)ᄒᆞᄂᆞᆫ 坫(뎜)을 두거ᄂᆞᆯ 管氏(관시) ᄯᅩᄒᆞᆫ 反(반)ᄒᆞᄂᆞᆫ 坫(뎜)을 두니 管氏(관시)오 禮(례)를 알면 뉘 禮(례)를 아디 몯ᄒᆞ리오

栗谷本

子(ᄌᆞ)ㅣ ᄀᆞᄅᆞ샤ᄃᆡ 管仲(관듕)의 그르시 져근뎌

或(혹)이 ᄀᆞᆯ오ᄃᆡ 管仲(관듕)은 儉(검)ᄒᆞ더니잇가 ᄀᆞᄅᆞ샤ᄃᆡ 管氏(관시)ㅣ 三歸(삼귀)ᄅᆞᆯ 두며 官事(관ᄉᆞ)ᄅᆞᆯ 攝(셥)디 아니ᄒᆞ니 엇디 시러곰 儉(검)ᄒᆞ리오 그러면 管仲(관듕)은 禮(례)ᄅᆞᆯ 아더니잇가 ᄀᆞᄅᆞ샤ᄃᆡ 邦君(방군)이아 樹(슈)로 門(문)을 塞(ᄉᆡᆨ)ᄒᆞ거ᄂᆞᆯ 管氏(관시)ㅣ ᄯᅩᄒᆞᆫ 樹(슈)로 門(문)을 塞(ᄉᆡᆨ)ᄒᆞ며 邦君(방군)이아 兩君(양군)의 好(호)ᄅᆞᆯ ᄒᆞᆯ 제 反坫(반뎜)을 둣거ᄂᆞᆯ 管氏(관시)ㅣ ᄯᅩᄒᆞᆫ 反坫(반뎜)을 두니 管氏(관시)ㅣ 禮(례)ᄅᆞᆯ 알면 뉘 禮(례)ᄅᆞᆯ 아디 못ᄒᆞ리오

## ◈ 集註

### 062-㊀

管仲, 齊大夫, 名夷吾, 相桓公霸諸侯. 器小, 言其不知聖賢大學之道, 故局量褊淺·規模卑狹, 不能正身修德以致主於王道.

管仲은 齊나라의 大夫로 이름은 夷吾이며, 桓公을 도와 諸侯를 제패하였다. 器小는 聖賢의 大學之道를 몰랐고, 그 때문에 局量이 褊淺하고 規模가 卑狹하여 능히 正身修德으로 임금을 王道에 이르게 하지 못하였음을 말한 것이다.

### 062-㊁

焉, 於虔反.

○ 或人蓋疑器小之爲儉. 三歸, 臺名. 事見說苑. 攝, 兼也. 家臣不能具官, 一人常兼數事. 管仲不然, 皆言其侈.

焉은 反切로 '於虔反'(언)이다.

○ 或人은 아마 그릇이 작다는 것을 검소한 것으로 의심한 것일 것이다. 三歸는 樓臺의 이름이다. 이 일은《說苑》(善說篇 336(11-4))을 보라. 攝은 兼의 뜻이다. 家臣이 官職을 갖출 수 없어 한 사람이 항상 여러 가지 사무를 兼職함을 말한다. 管仲은 그렇게 하지 않았으니,(누구나 官職을 갖도록 낭비함) 모두가 그 사치(낭비)를 지적한 말이다.

## 062-㊂

好, 去聲. 坫, 丁念反.

○ 或人又疑不儉爲知禮. 屛謂之樹. 塞, 猶蔽也. 設屛於門, 以蔽內外也. 好, 謂好會. 坫, 在兩楹之間, 獻酬飮畢, 則反爵於其上. 此皆諸侯之禮, 而管仲僭之, 不知禮也.

○ 愚謂:「孔子譏管仲之器小, 其旨深矣. 或人不知而疑其儉, 故斥其奢以明其非儉. 或又疑其知禮, 故又斥其僭, 以明其不知禮. 蓋雖不復明言小器之所以然, 而其所以小者, 於此亦可見矣. 故程子曰:『奢而犯禮, 其器之小可知. 蓋器大, 則自知禮而無此失矣.』此言當深味也.」

蘇氏曰:「自修身正家以及於國, 則其本深, 其及者遠, 是謂大器. 揚雄所謂『大器猶規矩準繩, 先自治而後治人者』是也. 管仲三歸反坫, 桓公內嬖六人, 而霸天下, 其本固已淺矣. 管仲死, 桓公薨, 天下不復宗齊.」

楊氏曰:「夫子大管仲之功而小其器. 蓋非王佐之才, 雖能合諸侯·正天下, 其器不足稱也. 道學不明, 而王霸之畧混爲一途. 故聞管仲之器小, 則疑其爲儉, 以不儉告之, 則又疑其知禮. 蓋世方以詭遇爲功, 而不知爲之範, 則不悟其小宜矣.」

好는 去聲(交好의 뜻)이며, 坫은 反切로 '丁念反'(점)이다.

○ 或人은 다시 검소하지 않은 것이 禮를 아는 것일 줄 의심한 것이다. 막는 것(屛)을 樹라 한다. 塞는 蔽와 같다. 門에 막이를 설치하여 안팎을 가리는 것이다. 好는 好會를 말한다. 坫은 두 기둥 사이에 있는 것으로 서로 주고받는 술 마시기를 마치면 술잔을 그 위에 되돌려 올려놓는 곳이다. 이는 모두가 諸侯의 禮인데 管仲이 이런 禮를 僭越하였으므로 禮를 모른다고 한 것이다.

○ 내 생각은 이렇다. "孔子가 管仲의 그릇이 작다고 한 것은 그 뜻이 깊다. 或人이 이를 모르고 그가 검소하였던 것인가를 의심하므로 그 사치를 指斥하여 그가 검소하지 않음을 밝혔다. 或人이 다시 그가 禮를 아는가를 의심하자 그 까닭으로 다시 그의 僭越을 指斥하여 그가 禮를 모르는 자임을 밝힌 것이다. 대개 비록 그릇이 작다고 말한 까닭을 다시 밝히지는 않았으나 그 작다고 한 所以는 여기서 역시 드러난다. 그 때문에 程子(程頤)가 '사치하면서 禮를 범하였으니, 그 그릇이 작음을 가히 알 수 있다. 대체로 그 그릇이 컸다면 스스로 禮도 알고 이런 失禮도 없었을 것이다'라 하였으니, 이 말은 상당히 깊은 맛이 있다."

蘇氏(蘇軾, 東坡)는 이렇게 말하였다. "스스로 修身正家하여 나라에까지 미친다면 그 근본이 깊고 그 영향도 원대할 것이니, 이를 큰그릇이라 한다. 揚雄이 말한 所謂 '大器는 오히려 規矩나 準繩과 같다. 먼저 스스로 다스린 이후에 남을 다스린다'(《揚子》 先知篇)는 것이 이것이다. 管仲은 三歸와 反坫이 있었고, 桓公은 內嬖가 여섯이나 있었으면서 天下를 제패하였으니, 그 근본은 진실로 얕았던 것이다. 管仲이 죽고 桓公이 薨去하자 天子가 齊나라를 다시는 宗主로 삼지 않았다."(《左傳》 僖公 17年)

楊氏(楊時)는 이렇게 말하였다. "夫子가 管仲의 功은 크다고 하면서 그릇은 작다고 한 것은, 아마 王佐之才(王道政治를 보좌할 재능)가 아니면 비록 諸侯를 糾合 하고 天下를 바로잡았다 하여도 그 그릇은 족히 칭찬할 만한 것이 못 된다는 뜻이다. 道의 學이 분명하지 않은 채 王道와 霸道의 忽略함만을 뒤섞어 같은 길처럼 삼았던 것이다. 그 까닭으로 管仲의 그릇이 작다는 말을 듣고는 그 검소함을 두고 의아히 여기고, 검소하지 못함을 들어 일러주자 이번에는 그가 禮를 아느냐고 의아히 여긴 것이다. 대개 세상은 바야흐로 詭遇를 功으로 여기며 규범대로 해야 함을 모르기 때문이니(이상은《孟子》 滕文公下의 '吾爲之範我馳驅, 終日不獲一, 爲之詭遇, 一朝而獲十'을 引用한 말), 그 작다는 뜻을 깨닫지 못함이 당연한 것이다."

## 063(3-23)

# 子語魯大師樂

공자가 노魯나라 태사大師에게 음악에 대하여 이렇게 말하였다.
"음악에 대하여는 가히 알아야 할 것이 있습니다. 처음 시작에는 잘 화합하여야 하고, 풀어놓았을 때는 순화純和하고, 깨끗하며, 잘 이어져야 합니다. 이렇게 하여 한 번 끝나는 것입니다."*

子語魯大師樂, 曰:「樂其可知也: 始作, 翕如也; 從之, 純如也, 皦如也, 繹如也, 以成.」⊖

【大師】 大는 '태'로 읽으며, '太'와 같다. 太師는 樂官의 우두머리로 대개 장님이 맡았다.

【翕】和와 같다. 雙聲 聲訓이다.
【純】純正함.
【皦】皦潔함. 깨끗함.
* 宋翔鳳의《論語發微》에는「始作, 是金奏. 從同縱; 謂縱緩之也. 入門而金作; 其象翕然變動. 緩之而後升歌; 重人聲, 其聲純一, 故曰純如. 繼以笙入; 笙者有聲無辭, 然其聲淸別, 故曰皦如. 繼以間歌; 謂人聲笙奏間代而作, 相尋續而不斷絶, 故曰繹如. 有此四節而後合樂, 則樂以成」이라 하였다.

## ◉ 諺解

陶山本 子(ᄌᆞ)ㅣ 魯(로) 大師(태ᄉᆞ)ᄃᆞ려 樂(악)을 닐어 ᄀᆞᄅᆞ샤ᄃᆡ 樂(악)은 그 可(가)히 알 띠니 비르소 作(작)홈애 翕(흡)ᄃᆞᆺ ᄒᆞ야 從(쭁)홈애 純(슌)ᄐᆞᆺ ᄒᆞ며 皦(교)ᄐᆞᆺ ᄒᆞ며 繹(역)ᄃᆞᆺ ᄒᆞ야 ᄡᅧ 成(셩)ᄒᆞᄂᆞ니라

栗谷本 子(ᄌᆞ)ㅣ 魯(로) 大師(태ᄉᆞ)ᄃᆞ려 樂(악)을 닐러 ᄀᆞᄅᆞ샤ᄃᆡ 樂(악)은 그 可(가)히 알 디니 처음 作(작)ᄒᆞᆯ 제 翕(흡)ᄒᆞ야 從(쭁)호매 純(슌)ᄒᆞ며 皦(교)ᄒᆞ며 繹(역)ᄒᆞ야 ᄡᅧ 成(셩)ᄒᆞᄂᆞ니라

## ◈ 集註

### 063-㊀

語, 去聲. 大, 音泰. 從, 音縱.
○ 語, 告也. 大師, 樂官名. 時音樂廢缺, 故孔子教之. 翕, 合也. 從, 放也. 純, 和也. 皦, 明也. 繹, 相續不絶也. 成, 樂之一終也.
○ 謝氏曰:「五音六律不具, 不足以音樂.『翕如』, 言其合也. 五音合矣, 淸濁高下, 如五味之相濟而後和, 故曰『純如』. 合而和矣, 欲其無相奪倫, 故曰『皦如』, 然豈宮自宮而商自商乎? 不相反而相連, 如貫珠可也, 故曰『繹如也, 以成』.」

語는 去聲이다. 大는 音이 泰이며, 從은 音이 縱이다.

○ 語는 告(일러주다)이다. 大師(太師)는 樂官의 명칭이다. 당시 樂官이 廢缺하여 이 때문에 孔子가 가르쳐 준 것이다. 翕는 合과 같다. 從은 放(풀어놓다)이다. 純은 和이다. 皦는 明이다. 繹은 서로 이어져 끊임이 없다는 뜻이다. 成은 音樂이 한 번 끝남이다.

○ 謝氏(謝良佐)는 이렇게 말하였다. "五音六律이 구비되지 않으면 音樂으로서 부족하다. 翕如는 그것이 合함을 말한다. 五音이 합하면 淸濁과 高下가 마치 五味가 서로 잘 어울린 이후에 調和를 이룸과 같다. 그 때문에 '純如'라 한 것이다. 合하고 調和를 이루어 서로 그 倫常을 빼앗음이 없도록 하고자 하여 그 때문에 '皦如'라 한 것이다. 그러니 어찌 宮音은 스스로 궁음만 되고 商音은 스스로 상음이 될 수 있겠는가? 서로 반대되지 않고, 서로 이어짐이 마치 구슬을 꿴 것과 같아야 한다. 그 때문에 '繹如也, 以成'이라 한 것이다."

## 064(3-24)

# 儀封人請見

의儀 땅의 봉인封人이 뵙기를 청하며 이렇게 말하였다.

"군자가 이곳에 오면 그 누구라도 내 만나 뵙지 아니한 사람이 없습니다."

공자의 심부름하는 자가 공자를 뵙도록 해 주었다. 그 사람이 공자를 뵙고 나와서 이렇게 말하는 것이었다.

"그대들은 어찌하여 관직을 잃음을 걱정하십니까? 천하에 도가 없어진지 오래되었습니다. 하늘이 장차 선생님(夫子, 孔子)을 목탁木鐸으로 삼으실 것입니다."

儀封人請見, 曰:「君子之至於斯也, 吾未嘗不得見也.」
從者見之. 出曰:「二三子何患於喪乎? 天下之無道也久矣, 天將以夫子爲木鐸.」㊀

【儀】地名, 지금의 開封이라는 說이 있으나 정확하지 않다.
【封人】원래는 官名. 邊方을 수비하는 임무를 맡았다.(方觀旭《論語偶記》)
【見】'보이다, 뵙다. 나타내어 보이다'의 뜻. '아랫사람이 윗사람에게 자신을 보이다'의 뜻으로 쓰인다. '현'으로 읽는다.
【喪】잃다. 失과 雙聲 聲訓이다.
【木鐸】원래 구리로 만들며 그 안의 추를 나무로 만든 것. 古代에는 어떤 일을 선포할 때 사실을 알리거나 사람을 모으는 데 사용하였다. 여기서는 '법도를 제작하여 천하를 다스림'을 뜻한다. 鄭玄 注에 「木鐸, 施政敎時所振者. 言天將命夫子使制作法度, 以號令於天下也」라 하였다.

## ◉ 諺解

陶山本 儀(의)ㅅ 封人(봉인)이 뵈ᄋᆞ옴을 請(청)ᄒᆞ야 ᄀᆞᆯ오ᄃᆡ 君子(군ᄌᆞ)ㅣ 이에 니르롬애 일즉 시러곰 見(견)티 몯ᄒᆞ디 아니ᄒᆞ얀노라 從者(죵쟈)ㅣ 見(현)ᄒᆞ이온대 나와 ᄀᆞᆯ오ᄃᆡ 二三子(ᅀᅵ삼ᄌᆞ)ᄂᆞᆫ 엇디 喪(상)홈애 患(환)ᄒᆞ리오 天下(텬하)의 道(도)ㅣ 업슴이 오란 디라 하ᄂᆞᆯ히 쟝ᄎᆞᆺ 夫子(부ᄌᆞ)로ᄡᅥ 木鐸(목탁)을 삼으시리라

栗谷本 儀(의) 封人(봉인)이 뵈ᄋᆞ와지라 請(청)ᄒᆞ야 ᄀᆞᆯ오ᄃᆡ 君子(군ᄌᆞ)ㅣ 이에 至(지)호매 내 일즉 어더보디 아니티 아녓노라 ᄒᆞ야ᄂᆞᆯ 從者(죵쟈)ㅣ 뵈옵게 ᄒᆞᆫ대 나와 ᄀᆞᆯ오ᄃᆡ 二三子(이삼ᄌᆞ)ᄂᆞᆫ 엇디 喪(상)의 患(환)ᄒᆞ리오 天下(텬하)의 道(도) 업선디 오란 디라 天(텬)이 쟝ᄎᆞᆺ 夫子(부ᄌᆞ)로ᄡᅥ 木鐸(목탁)을 삼으시리라

## ◈ 集註

064-㊀

請見·見之之見, 賢遍反. 從·喪, 皆去聲.

○ 儀, 衛邑. 封人, 掌封疆之官, 蓋賢而隱於下位者也. 君子, 謂當時賢者. 「至此皆得見之」, 自言其平日不見絶於賢者, 而求以自通也. 見之, 謂通使得見. 喪, 謂失位去國, 禮曰「喪欲速貧」是也. 木鐸, 金口木舌, 施政敎時所振, 以警衆者也. 言亂極當治, 天必將使夫子得位設敎, 不久失位也. 封人一見夫子而遽以是稱之, 其得於觀感之間者深矣.

或曰: 「木鐸所以徇于道路, 言天使夫子失位, 周流四方以行其敎, 如木鐸之徇于道路也.」

請見의 見과 見之의 見은 反切로 '賢遍反'(현)이다. 從(종자)와 喪(잃다)은 모두가 去聲이다.

○ 儀는 衛나라의 邑이다. 封人은 봉해진 疆域을 管掌하는 관직이다. 아마 어질면서 낮은 벼슬자리에 숨어 지내는 자인 듯하다. 君子는 당시의 어진 이를 일컫는다. "이곳에 이르면 모두 만나 볼 수 있었다"는 것은, 자신은 평소 賢者로부터 面談을 거절당한 경우가 없으며, 스스로 通交를 요구함을 말 한 것이다. 見之는 통하여 만나 뵐 수 있도록 함을 말한다. 喪은 職位를 잃고 나라를 떠남을 말한다. 《禮記》에 말한 "職位를 잃으면 속히 가난해지고자 해야 한다"(檀弓上의 구절)는 것이 이것이다. 木鐸은 쇠붙이로 입구를 만들고 나무로 혀(속의 방울)를 만든 것으로, 政敎를 베풀 때에 이를 흔들어 군중을 경계하는 것이다. 어지러움이 極에 달하면 마땅히 다스림이 필요한 것이며, 하늘이 틀림없이 장차 夫子로 하여금 직위를 주고 敎化의 기회를 마련하여 오래도록 자리를 잃은 채로 두지는 않을 것임을 말한 것이다. 封人이 한번 夫子를 뵙자마자 급히 이로써 칭찬한 것은, 보고 느낀 중에서 얻은 것이 깊었기 때문이다.

혹은 이렇게 말하는 경우도 있다. "木鐸은 도로를 따라 徇行하는 것으로써 하늘이 夫子로 하여금 직위를 잃고 四方을 두루 유랑하며 가르침을 행하도록 하니, 마치 木鐸이 道路를 따라 순행함과 같음을 말한 것이다."

## 065(3-25)

# 子謂韶

공자가 소韶라는 음악에 대하여 이렇게 말하였다.
"지극히 아름답고 게다가 또한 지극히 선하도다."
그리고 무武라는 음악에 대하여는 이렇게 평하였다.
"지극히 아름답기는 하나 지극한 선은 아니로다."*

子謂韶, 「盡美矣, 又盡善也.」
謂武, 「盡美矣, 未盡善也.」㊀

【韶】 舜임금 때 만들어진 音樂. '소'로 읽는다.
【武】 周 武王 때의 音樂.
* 舜 임금의 天子之位는 公天下, 즉 禪讓으로 이어진 것이므로 盡善하였고, 武王은 그 지위가 商紂를 討伐하였으며 家天下, 즉 世襲과 封建으로 이어져 이를 未盡善으로 표현한 것이다.

## ◉ 諺解

子(ᄌᆞ)ㅣ 韶(쇼)를 니ᄅᆞ샤ᄃᆡ 극진히 美(미)ᄒᆞ고 또 극진히 善(션)타 ᄒᆞ시고 武(무)를 니ᄅᆞ샤ᄃᆡ 극진히 美(미)ᄒᆞ고 극진히 善(션)티 몯ᄒᆞ다 ᄒᆞ시다

子(ᄌᆞ)ㅣ 韶(쇼)를 니ᄅᆞ샤ᄃᆡ 美(미)를 盡(진)ᄒᆞ며 또 善(션)을 盡(진)타 ᄒᆞ시고 武(무)를 니ᄅᆞ샤ᄃᆡ 美(미)를 盡(진)ᄒᆞ고 善(션)을 盡(진)티 몯ᄒᆞ다 ᄒᆞ시다

## ◈ 集註

### 065-㊀

韶, 舜樂. 武, 武王樂. 美者, 聲容之盛. 善者, 美之實也. 舜紹堯致治, 武王伐紂救民, 其功一也, 故其樂皆盡美. 然舜之德, 性之也, 又以揖遜而有天下; 武王之德, 反之也, 又而征誅而得天下, 故其實有不同者.

○ 程子曰: 「成湯放桀, 惟有慙德, 武王亦然, 故未盡善. 堯·舜·湯·武, 其揆一也. 征伐非其所欲, 所遇之時然爾.」

韶는 舜임금 때의 음악이며, 武는 周 武王 때의 음악이다. 美라는 것은 소리와 모습이 풍성함이며, 善이란 美의 實이다. 舜은 堯를 이어 다스림을 이루었고, 武王은 紂를 벌하여 百姓을 구원하였으니, 그 功은 하나 같다. 따라서 그 음악은 모두 지극히 아름다운 것이다. 그러나 舜의 德은 本性이 그렇게 한 것이며, 게다가 揖讓과 謙遜으로써 天下를 얻었으나, 武王의 德은 이런 본성으로 되돌아가기 위한 것이었으며, 게다가 征伐과 誅殺로 天下를 얻었다. 그러한 까닭으로 그 實은 같지 않은 것이다.

○ 程子(程頤)는 이렇게 말하였다. "成湯이 桀을 放逐하되, 오직 德에 부끄러움을 느꼈으며, 武王도 역시 같았다. 그러므로 盡善은 아닌 것이다. 堯·舜·湯·武는 그 법은 한 가지이다. 征伐은 그들이 하고자 하였던 것이 아니다. 그렇게 할 수밖에 없는 때를 만났기 때문에 그렇게 된 것이다."

## 066(3-26)

# 居上不寬

공자가 말하였다.

"윗자리에 있으면서 관용을 베풀 줄 모르고, 예를 행하면서도 공경함을 싣지 못하며, 상喪에 임하여 슬퍼할 줄 모른다면, 내 이런 사람을 무엇으로서 보아줄 수 있겠는가?"*

子曰:「居上不寬, 爲禮不敬, 臨喪不哀, 吾何以觀之哉?」㊀

【爲禮】 禮를 실행함.

【臨喪】 他人의 喪禮에 참여하는 경우를 뜻한다.

【觀】 살펴보다. '기준을 삼아 관찰하여 잘잘못을 평가하다'의 뜻.

* 鄭玄의 注에 「居上不寬, 則下無所容; 禮主於敬·喪主於哀也」라 하였다.

## ◉ 諺解

陶山本 子(ᄌᆞ)ㅣ ᄀᆞᆯᄋᆞ샤ᄃᆡ 上(샹)애 居(거)ᄒᆞ야 寬(관)티 아니ᄒᆞ며 禮(례)를 호ᄃᆡ 敬(경)티 아니ᄒᆞ며 喪(샹)애 臨(림)ᄒᆞ야 哀(ᄋᆡ)티 아니ᄒᆞ면 내 므스거스로ᄡᅥ 보리오

栗谷本 子(ᄌᆞ)ㅣ ᄀᆞᄅᆞ샤ᄃᆡ 上(샹)의 居(거)ᄒᆞ야 寬(관)티 아니ᄒᆞ며 禮(례)를 호ᄃᆡ 敬(경)티 아니ᄒᆞ며 喪(상)을 臨(림)ᄒᆞ야 哀(ᄋᆡ)티 아니ᄒᆞ면 내 므서스로ᄡᅥ 보리오

## ◈ 集註

066-㊀

居上主於愛人, 故以寬爲本. 爲禮以敬爲本, 臨喪以哀爲本. 旣無其本, 則以何者而觀其所行之得失哉?

윗자리에 있으면 남을 사랑하는 데에 主를 두어야 한다. 그러므로 寬容이 本이 되는 것이다. 禮를 실행함에는 敬이 本이 되며, 喪에 臨해서는 哀가 本이 되어야 한다. 이미 그 本이 없다면 그 행하는 바의 得失을 무엇으로써 살펴볼 수 있겠는가?

# 논어

〈孔子出行圖〉 조선시대 판화

# 이인里仁 第四

총 26장(067-092)

◈ **集註**

凡二十六章.

모두 26장이다.

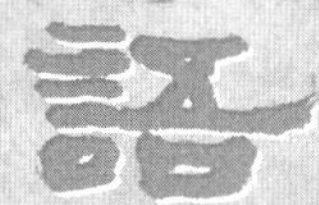

## 067(4-1)

# 里仁爲美

공자가 말하였다.

"마을에서는 인仁을 아름다운 것으로 여기는 법이다. 택하되 인에 처하지 않는다면 어찌 슬기롭다 하겠는가?"

子曰: 「里仁爲美. 擇不處仁, 焉得知?」㊀

【里仁】 鄭玄은 「里者, 民之所居也. 居於仁者之里, 是爲善也」라 하여 '어진 이가 사는 마을'로 보았고, 朱熹는 '마을의 仁厚한 風俗'이라 보았다. 그 외에 里를 動詞로 보아 '仁에 居住하다'로 풀이하기도 한다.(楊伯峻)

【知】 智와 같다. '지혜롭다'의 뜻.

## ◉ 諺解

子(ᄌᆞ)ㅣ ᄀᆞᆯᄋᆞ샤ᄃᆡ ᄆᆞ올히 仁(ᅀᅵᆫ)홈이 아름다오니 ᄀᆞᆯᄒᆡ오ᄃᆡ 仁(ᅀᅵᆫ)에 處(쳐)티 아니ᄒᆞ면 엇디 시러곰 知(디)타 ᄒᆞ리오

子(ᄌᆞ)ㅣ ᄀᆞᄅᆞ샤ᄃᆡ 里(리)ㅣ 仁(인)호미 美(미)ᄒᆞ니 擇(ᄐᆡᆨ)호ᄃᆡ 仁(인)에 處(쳐)티 아니면 엇디 시러곰 知(디)ᄒᆞ리오

## ◈ 集註

### 067-㊀

處, 上聲. 焉, 於虔反. 知, 去聲.
○ 里有仁厚之俗爲美. 擇里而不居於是焉, 則失其是非之本心, 而不得爲知矣.

처는 去聲(처하다)이다. 焉은 反切로 '於虔反'(언)이다. 知는 去聲(지혜롭다)이다.
○ 마을에는 仁厚한 風俗이 있음을 아름답게 여긴다. 마을을 택하되 여기에 거하지 않으면, 그 是非의 본심을 잃게 되어 지혜로움을 얻을 수 없다.

# 068(4-2)

# 不仁者不可以久處約

**공자**가 말하였다.

“어질지 못한 자는 곤궁한데에 오래 처하지 못하며, 즐거움에도 오래 처하지 못한다. 어진 자는 그 어짊을 편안하다 여기며, 슬기로운 자는 그 어짊을 이롭다 여긴다.”*

子曰:「不仁者不可以久處約, 不可以長處樂. 仁者安仁, 知者利仁.」㊀

【約】 貧約, 窮困의 뜻.
【利仁】 仁을 이롭다 여겨 실행함. 혹은 仁을 탐냄.
* 《禮記》 表記에 「仁者安仁; 知者利仁; 畏罪者强仁」이라 하였고, 《大戴禮記》 曾子立事에는 「仁者樂道; 智者利道」라 하였다.

## ◉ 諺解

陶山本 子(ᄌᆞ)ㅣ ᄀᆞᆯᄋᆞ샤ᄃᆡ 仁(신)티 아니ᄒᆞᆫ 者(쟈)ᄂᆞᆫ 可(가)히 ᄡᅧ 오래 約(약)에 處(쳐)티 몯ᄒᆞ며 可(가)히 ᄡᅧ 기리 樂(락)에 處(쳐)티 몯ᄒᆞᄂᆞ니 仁(신)ᄒᆞᆫ 者(쟈)ᄂᆞᆫ 仁(신)을 安(안)ᄒᆞ고 知(디)ᄒᆞᆫ 者(쟈)ᄂᆞᆫ 仁(신)에 利(리)히 너기ᄂᆞ니라

栗谷本 子(ᄌᆞ)ㅣ ᄀᆞᄅᆞ샤ᄃᆡ 仁(인)티 몯ᄒᆞᆫ 者(쟈)ᄂᆞᆫ 可(가)히 ᄡᅧ 오래 約(약)의 處(쳐)티 몯ᄒᆞ며 可(가)히 ᄡᅧ 기리 樂(락)의 處(쳐)티 몯ᄒᆞ리니 仁(인)ᄒᆞᆫ 者(쟈)ᄂᆞᆫ 仁(인)의 安(안)ᄒᆞ고 知(디)ᄒᆞᆫ 者(쟈)ᄂᆞᆫ 仁(인)의 利(리)ᄒᆞᄂᆞ니라

## ◈ 集註

### 068-㊀

樂, 音洛. 知, 去聲.

○ 約, 窮困也. 利, 猶貪也, 蓋深知篤好而必欲得之也. 不仁之人, 失其本心, 久約必濫, 久樂必淫. 惟仁者則安其仁而無適不然; 知者則利於仁而不易所守, 蓋雖深淺之不同, 然皆非外物所能奪矣.

○ 謝氏曰: 「仁者心無內外遠近精粗之間, 非有所存而自不亡, 非有所理而自不亂, 如目視而耳聽, 手持而足行也. 知者謂之有所見則可, 謂之有所得則未可. 有所存斯不亡, 有所理斯不亂, 未能無意也. 安仁則一, 利仁則二. 安仁者非顏閔以上, 去聖人爲不遠, 不知此味也. 諸子雖有卓越之才, 謂之見道不惑則可, 然未免於利之也.」

樂은 音이 洛이다. 知는 去聲이다.

○ 約은 窮困함을 말하며, 利는 貪하다의 뜻과 같다. 대개 깊이 알고 독실히 좋아하여 반드시 얻고자 함이다. 어질지 못한 사람은, 그 본심을 잃어 오래도록 빈궁하면 반드시 넘치고, 오래도록 즐거움이 계속되면 반드시 淫하게 된다. 오직 어진 자만이 그 어짊을 편하게 여겨 가는 곳마다 그렇지 않은 경우가 없고, 지혜로운 자만이 어짊에 이로움이 있다고 여겨 고수하는 바를 바꾸지 않는다. 대개 비록 深淺의 차이는 다를지언정 모두가 外物이 능히 빼앗을 수 있는 바가 아니다.

○ 謝氏(謝良佐)는 이렇게 말하였다. "仁者의 마음에는 外內·遠近·精粗의 간격이 없어서 마음속에 보존시키려 애쓰지 않아도 스스로 없어지는 경우가 없으며, 다스리는 바가 있지 않더라도 스스로 혼란에 빠지지 않는다. 마치 눈으로는 보고 귀로는 듣는 듯하며, 손으로는 잡고 발로 행하듯이 한다. 知者는 눈으로 직접 보게 되면 可하다 하다가 소득이 있다고 하는데 대해서는 未可라 한다. 그리고 존재하는 바가 있을 때 이는 없어진 것이 아니며 다스림이 있을 때 이는 혼란이 없다 여기니 아직 능히 無意한 상태일 수는 없다. 仁에 안주하는 것이 첫째요, 利에 안주하는 것이 두 번째가 된다. 仁에 안주한 자로서 顔回와 閔子騫 이상으로, 聖人으로부터 멀지 않다고 여기는 자가 아니라면 이 맛을 알지 못할 것이다. 그러나 다른 여러 弟子들은 비록 탁월한 재주가 있어 그들이 道를 보고서 의혹을 품지 않았다고 말할 수는 있으나, 그러나 아직 이를 이롭다 여긴 면으로서는 벗어나지(넘어섬. 그런 경지에 이름) 못하였던 것이다."

## 069(4-3)

# 唯仁者能好人

공자가 말하였다.

"오로지 어진 자만이 능히 남을 좋아할 수 있고, 능히 남을 미워할 수 있는 것이니라."

子曰:「唯仁者能好人, 能惡人.」㊀

【惡人】 남의 不善함을 미워함. 惡은 음이 '오'이다.

“惟仁者能好人, 能惡人”(石可)

## ◉ 諺解

子(ᄌᆞ)ㅣ ᄀᆞᆯᄋᆞ샤ᄃᆡ 오직 仁(신)ᄒᆞᆫ 者(쟈)ㅣ사 能(능)히 사ᄅᆞᆷ을 好(호)ᄒᆞ며 能(능)히 사ᄅᆞᆷ을 惡(오)ᄒᆞᄂᆞ니라

子(ᄌᆞ)ㅣ ᄀᆞᄅᆞ샤ᄃᆡ 오직 仁(인)ᄒᆞᆫ 者(쟈)ㅣ아 能(능)히 人(인)을 好(호)ᄒᆞ며 能(능)히 人(인)을 惡(오)ᄒᆞᄂᆞ니라

## ◈ 集註

069-㊀

好·惡, 皆去聲.

○ 唯之爲言獨也. 蓋無私心, 然後好惡當於理, 程子所謂「得其公正」是也.

○ 游氏曰:「好善而惡惡, 天下之同情, 然人每失其正者, 心有所繫而不能自克也. 惟仁者無私心, 所以能好惡也.」

好·惡은 모두 去聲이다.

○ 唯는 말로 하면 獨과 같다. 대개 私心이 없어진 연후에야 好惡이 이치에 합당하게 되나니, 程子(程頤)가 말한 바 “그 公正함을 얻는다”가 이것이다.

○ 游氏(游酢)는 이렇게 말하였다. “善을 좋아하고 惡을 미워하는 것은 天下의 같은 정서이다. 그러나 사람이 매번 그 바른 것을 잃게 되는 것은, 마음에 얽매인 바가 있어 능히 극복하지 못하기 때문이다. 오직 어진 자만이 사심이 없어 능히 좋아함과 미워함이 있을 수 있는 것이다.”

## 070(4-4)

# 苟志於仁矣

**공자**가 말하였다.
"진실로 어짊에 뜻을 두게 되면 악함이란 있을 수가 없느니라."

子曰:「苟志於仁矣, 無惡也.」⊖

【苟】副詞로 진실로의 뜻. 固·誠 등과 같다.

## ◉ 諺解

陶山本 子(ᄌᆞ)ㅣ ᄀᆞᆯᄋᆞ샤ᄃᆡ 진실로 仁(ᅀᅵᆫ)에 志(지)ᄒᆞ면 惡(악)이 업ᄂᆞ니라

栗谷本 子(ᄌᆞ)ㅣ ᄀᆞᄅᆞ샤ᄃᆡ 진실로 仁(인)의 志(지)ᄒᆞ면 惡(악)이 업스리라

## ◈ 集註

070-㊀

惡, 如字.

○ 苟, 誠也. 志者, 心之所之也. 其心誠在於仁, 則必無爲惡之事矣.

○ 楊氏曰:「苟志於仁, 未必無過擧也, 然而爲惡則無矣.」

惡은 글자 그대로 음이 '악'이다.

○ 苟는 誠(진실로, 부사)이다. 志란 마음이 가는 바이다. 그 마음이 진실로 仁에 있다면 惡을 짓는 일이 결코 없을 것이다.

○ 楊氏(楊時)는 이렇게 말하였다. "진실로 仁에 뜻을 두었다고 해서 반드시 잘못된 거동이 없는 것은 아니지만, 그러나 惡을 짓는 일은 없게 된다."

## 071(4-5)

# 富與貴是人之所欲也

공자가 말하였다.

"부유함과 귀함이란 사람이면 누구나 바라는 바의 것이다. 그러나 그것이 도道로써 얻은 것이 아니면 그에 처해서는 아니 된다. 가난과 천함이란 사람이면 누구나 싫어하는 바이다. 그러나 바른 도로써 물리침을 얻지 못할 것이라면 버릴 수가 없는 것이다. 군자가 인仁을 버리면 어떻게 이름을 이룰 수 있겠는가? 군자는 밥 먹음을 마치는 사이라도 인에 위배됨이 없어야 하며, 조차造次라도 이렇게 하고, 전패顚沛의 경우라도 이와 같이 해야 하는 것이니라."

子曰:「富與貴, 是人之所欲也; 不以其道得之, 不處也. 貧與賤, 是人之所惡也; 不以其道得之, 不去也.㊀ 君子去仁, 惡乎成名?㊁ 君子無終食之間違仁, 造次必於是, 顚沛必於是.」㊂

【貧與賤】 이 구절 다음의 『不以其道得之』는 의미상으로 '바른 道로써 물리치지 못함'으로 보아야 한다. 王充은《論衡》問孔篇에서 「貧賤何故富言『得之』? 顧當言: 貧與賤, 是人之所惡也; 不以其道去之, 則去也」라 하였다.

【終食之間】 밥 먹기를 시작하여 마치는 시간. '짧은 시간'을 뜻한다.

【造次】 雙聲連綿語. 文字의 의미보다 音韻結合으로 묶이어 쓰이는 어휘를 뜻하며, 초차는 聲이 'ㅊ-ㅊ'의 같은 齒音 계통으로 연결된 音韻語이다. 뜻은 만들다(造)와 차례(次)의 결합이 아니다. 여기서는 아주 급한 순간. 그 때문에 'ㅊ-ㅊ'의 '초차'로 읽어야 한다.(造는 反切로 七到反)

【顚沛】 역시 連綿語. 단 音韻 결합은 아니다. 顚仆沛地의 상황. 다른 것을 생각할 겨를이 없을 정도의 다급한 상황을 뜻한다.

"富與貴, 是人之所欲也; 不以其道得之, 不處也. 貧與賤, 是人之所惡也; 不以其道得之, 不去也"(石可)

## ◉ 諺解

陶山本 子(ᄌᆞ)ㅣ ᄀᆞᄅᆞ샤ᄃᆡ 富(부)홈과 다ᄆᆞᆺ 貴(귀)홈이 이 사ᄅᆞᆷ의 ᄒᆞ고져 ᄒᆞᄂᆞᆫ 배나 그 道(도)로ᄡᅥ 아니ᄒᆞ야 어더든 處(쳐)티 아니ᄒᆞ며 貧(빈)홈과 다ᄆᆞᆺ 賤(쳔)홈이 이 사ᄅᆞᆷ의 惡(오)ᄒᆞᄂᆞᆫ 배나 그 道(도)로ᄡᅥ 아니ᄒᆞ야 어더도 去(거)티 아니 홀 ᄯᅵ니라

君子(군ᄌᆞ)ㅣ 仁(ᅀᅵᆫ)을 去(거)ᄒᆞ면 어듸 일홈을 일오리오

君子(군ᄌᆞ)ㅣ 食(식) 終(ᄌᆞᆼ)홀 ᄉᆞ이를 仁(ᅀᅵᆫ)에 違(위)홈이 업ᄂᆞ니 造次(조ᄎᆞ)애 반ᄃᆞ시 이예 ᄒᆞ며 顚沛(뎐패)예 반ᄃᆞ시 이예 ᄒᆞᄂᆞ니라

栗谷本 子(ᄌᆞ)ㅣ ᄀᆞᄅᆞ샤ᄃᆡ 富(부)와 다ᄆᆞᆺ 貴(귀)ㅣ 이 人(인)의 欲(욕)ᄒᆞᄂᆞᆫ 배나 그 道(도)로ᄡᅥ 得(득)디 아녀거든 處(쳐)티 말며 貧(빈)과 다ᄆᆞᆺ 賤(쳔)이 이 人(인)의 惡(오)ᄒᆞᄂᆞᆫ 배나 그 道(도)로ᄡᅥ 得(득)디 아닐디라도 去(거)티 마롤 디니라

君子(군ᄌᆞ)ㅣ 仁(인)의 ᄯᅥ나면 엇디 名(명)을 成(셩)ᄒᆞ리오

君子(군ᄌᆞ)ᄂᆞᆫ 食(식)을 終(ᄌᆞᆼ)홀 즈음도 仁(인)의 違(위)호미 업슬디니 造次(조ᄎᆞ)애 반ᄃᆞ시 이에 ᄒᆞ며 顚沛(뎐패)예 반ᄃᆞ시 이에 홀 디니라

## ◈ 集註

### 071-㊀

惡, 去聲.

○ 不以其道得之, 謂不當得而得之. 然於富貴則不處, 於貧賤則不去, 君子之審富貴而安貧賤也如此.

惡는 去聲(오: 미워하다)이다.

○ 不以其道得之란 마땅히 얻어서는 안 될 것을 얻는다는 말이다. 그러나 富貴에도 처하지 않고 貧賤에 있어서도 버리지 않는다는 것은, 君子로서 부귀에 대해서는 살펴보고 빈천에 대해서는 安分함이 이와 같음을 말한 것이다.

## 071-㊁

惡, 平聲.

○ 言:「君子所以爲君子, 以其仁也. 若貪富貴而厭貧賤, 則是自離其仁, 而無君子之實矣, 何所成其名乎?」

惡은 平聲(오: 의문사)이다.

○ "君子가 君子 될 수 있는 바는, 그것이 仁으로써 하기 때문이다. 만약 富貴를 탐하고 貧賤에 염증을 낸다면, 이는 스스로 그 仁을 떠난 것으로써 君子의 실질이 없는 것이니, 어찌 그 이름을 이룰 수 있겠는가?"라는 말이다.

## 071-㊂

造, 七到反. 沛, 音貝.

○ 終食者, 一飯之頃. 造次, 急遽苟且之時. 顚沛, 傾覆流離之際. 蓋君子之不去乎仁如此, 不但富貴·貧賤·取舍之間而已也.

○ 言君子爲仁, 自富貴·貧賤·取舍之間, 以至於終食·造次·顚沛之頃, 無時無處而不用其力也. 然取舍之分明, 然後存養之功密; 存養之功密, 則其取舍之分益明矣.

造는 反切로 '七到反'(초)이다. 沛는 音이 貝(패)이다.

○ 終食이란 밥 한 번 먹는 즈음(시간)을 말한다. 造次(쌍성어)는 급히 苟且(임시로 급히 처리해야 할 순간)의 시간을 말한다. 顚沛는 엎어지고 흩어지는 경우를 말한다. 대개 君子가 仁으로부터 떨어지지 못함이 이와 같아 단지 富貴·貧賤·取舍의 순간만 두고 한 말이 아니다.

○ 君子가 仁을 행함에 富貴·貧賤·取舍의 경우로부터 終食·造次·顚沛의 지경에 이르기까지 어느 때나, 어느 곳에서나 그 힘을 쏟지 않을 수 없음을 말한 것이다. 그러나 取舍가 분명한 연후에야 存養의 功이 치밀해지고, 存養의 功이 치밀해지면 그 取舍의 구분이 더욱 분명해질 것이다.

# 072(4-6)

## 我未見好仁者

공자가 말하였다.

"나는 아직 어짊을 좋아하는 자와 어질지 못함을 미워하는 자를 보지 못하였도다. 어짊을 좋아하는 자는 더이상 추켜 줄 것이 없거니와 어질지 못함을 미워하는 자는 그가 어짊을 행함으로서 그 어질지 못함을 자신에게 보태지 않는 정도는 된다. 하루라도 능히 그 힘을 어짊에다가 쓰는 자가 있는가? 나는 힘이 없어 못한다는 사람은 아직 보지 못하였다. 아마 있기는 있을 것이로되 내가 아직 보지 못하였을 것이로다."

子曰:「我未見好仁者·惡不仁者. 好仁者, 無以尙之; 惡不仁者, 其爲仁矣, 不使不仁者加乎其身.㊀ 有能一日用其力於仁矣乎? 我未見力不足者.㊁ 蓋有之矣, 我未之見也.」㊂

【無以尙之】 尙은 '넘어서다, 超過'의 뜻.
【蓋】 '아마도, 大槪'의 뜻. 副詞.

## ◉ 諺解

陶山本 子(ᄌᆞ)ㅣ 골ᄋᆞ샤ᄃᆡ 내 仁(ᅀᅵᆫ)을 好(호)ᄒᆞᄂᆞᆫ 者(쟈)와 不仁(블ᅀᅵᆫ)을 惡(오)ᄒᆞᄂᆞᆫ 者(쟈)를 보디 몯게라 仁(ᅀᅵᆫ)을 好(호)ᄒᆞᄂᆞᆫ 者(쟈)ᄂᆞᆫ ᄡᅧ 더을 꺼시 업고 不仁(블ᅀᅵᆫ)을 惡(오)ᄒᆞᄂᆞᆫ 者(쟈)ᄂᆞᆫ 그 仁(ᅀᅵᆫ)을 ᄒᆞ욤이 不仁(블ᅀᅵᆫ)으로 ᄒᆞ여곰 그 몸애 加(가)티 아니ᄒᆞᄂᆞ니라

能(능)히 一日(일ᅀᅵᆯ)에 그 힘을 仁(ᅀᅵᆫ)에 ᄡᅳ리 인ᄂᆞ냐 내 힘이 足(죡)디 몯ᄒᆞᆫ 者(쟈)를 보디 몯게라

잇거늘 내 보디 몯ᄒᆞ엿도다

栗谷本 子(ᄌᆞ)ㅣ ᄀᆞᄅᆞ샤ᄃᆡ 내 仁(인)을 好(호)ᄒᆞᄂᆞᆫ 者(쟈)와 不仁(블인)을 惡(오)ᄒᆞᄂᆞᆫ 者(쟈)를 보디 몯게라 仁(인)을 好(호)ᄒᆞᄂᆞᆫ 者(쟈)ᄂᆞᆫ ᄡᅧ 더ᄒᆞᆯ 거시 업고 不仁(블인)을 惡(오)ᄒᆞᄂᆞᆫ 者(쟈)ᄂᆞᆫ 그 仁(인)을 호미 仁(인)티 아닌 거ᄉᆞ로 ᄒᆡ여곰 그 모ᄆᆡ 加(가)케 아닛ᄂᆞ니라

能(능)히 一日(일일)에 그 힘을 仁(인)에 ᄡᅳ리 잇ᄂᆞ냐 내 힘 足(죡)디 몯ᄒᆞᆫ 者(쟈)를 보디 몯게라

잇거늘 내 보디 몯ᄒᆞ얏ᄂᆞ냐

## ◈ 集註

### 072-㊀

好·惡, 皆去聲.

○ 夫子自言: 『未見好仁者·惡不仁者』. 「蓋好仁者眞知仁之可好, 故天下之物無以加之. 惡不仁者眞知不仁之可惡, 故其所以爲仁者, 必能絶去不仁之事, 而不使少有及於其身.」 此皆成德之事, 故難得而見之也.

好·惡은 모두가 去聲이다.

○ 夫子가 스스로 '未見好仁者·惡不仁者'라고 한 것은, "대개 好仁者는 진실로 仁을 가히 좋아할 만함을 안다. 그 때문에 天下의 萬物이 이에 더할 것이 없고, 惡不仁者는 진실로 不仁을 가히 미워할 만함을 안다. 그 때문에 그 爲仁者가 될 수 있는 所以는 반드시 不仁之事를 끊어버려 조금이라도 그 자신에게 미침이 없도록 해야 한다는 것이리라"라고 말한 것이다. 이는 모두가 덕을 성취하는 일이다. 따라서 얻어 보기가 어려운 것이다.

## 072-㊁

言好仁惡不仁者, 雖不可見, 然或有人果能一旦奮然用力於仁, 則我又未見其力有不足者. 蓋爲仁在己, 欲之則是, 而志之所至, 氣必至焉. 故仁雖難能, 而至之亦易也.

仁을 좋아하고 不仁을 미워하는 자를, 비록 볼 수는 없지만, 혹 어떤 사람이 과연 능히 하루아침에 분연히 仁에 힘을 쏟는 자가 있다면, 나는 또한 그들 중에 힘이 없어 못한다는 자는 보지 못하였다고 말한 것이다. 대개 仁을 실천함은 자신에게 있는 것으로, 이를 하고자 하기만 하면 되고, 이에 뜻을 두면 도달하게 되며, 氣가 반드시 이른다. 따라서 仁은 비록 능하게 하기는 어려우나 이에 도달하기는 쉬운 것이다.

## 072-㊂

蓋, 疑辭. 有之, 謂有用力而力不足者. 蓋人之氣質不同, 故疑亦容或有此昏弱之甚, 欲進而不能者, 但我偶未之見耳. 蓋不敢終以爲易, 而又歎人之莫肯用力於仁也.

○ 此章言仁之成德, 雖難其人, 然學者苟能實用其力, 則亦無不可至之理, 但用力而不至者, 今亦未見其人焉. 此夫子所以反覆而歎惜之也.

蓋는 疑辭(대개 ~일 것이다. 확정적이 아닌 부분 긍정·부분 의문을 나타내는 말. 지금의 疑問詞와는 다름)이다. 有之는 힘을 쓰되 힘이 부족한 자가 있음을 말한 것이다. 대개 사람의 氣質은 같지 않다. 그 때문에 혹 이처럼 昏弱하기가 심하여, 나가고자 하나 능히 그렇게 못하는 자가 있을 수도 있겠으나, 다만 나는 우연히라도 아직 보지 못하였을 뿐이라는 것을 의심하고 용인한 것이다. 대체로 끝까지 감히 그렇게 하기를 쉬운 것으로 여기지 못하고 또 사람들이 仁에 힘을 쏟으려 하지 않음을 탄식한 것이다.

○ 이 章은 仁이 德을 이루는 일은, 비록 그 사람에게 어려운 것이기는 하나 배우는 자가 진실로 능히 그 힘을 실제로 쓰기만 한다면 도달하지 못할 게 없다는 이치와, 다만 힘을 쓰고도 이르지 못하는 자에 대해서는 지금도 역시 그런 사람을 보지 못하였음을 말한 것이다. 이것이 夫子가 반복해서 탄식하고 애석하게 여긴 이유이다.

## 073(4-7)

# 人之過也

공자가 말하였다.

"사람의 과실에는 각각 그 유형이 있다. 어떤 과실인가를 보면 그가 어떤 사람인지를 알 수 있다."*

子曰:「人之過也, 各於其黨. 觀過, 斯知仁矣.」⊖

【黨】類. 유형. 혹은 각 고을별로 나타나는 특징이나 유형을 뜻한다.

【知仁】仁은 人으로 보기도 한다.《後漢書》吳祐傳에는 "그의 허물을 보면 어떤 사람인지 알 수 있다(觀過, 斯知人矣)"로 인용되어 있다.

* 皇侃은 殷仲堪(?~399)의 설을 인용하여「言人之過失, 各由於性類不同. 直者以改邪爲義, 失在於寡恕; 仁者以惻隱爲誠, 過在於容非. 是以與仁同過, 其仁可知; 觀過之義, 將在於斯者也」라 하였다.

## ◉ 諺解

子(ᄌᆞ)ㅣ ᄀᆞᆯᄋᆞ샤ᄃᆡ 사ᄅᆞᆷ의 허믈이 각각 그 류에니 허믈을 봄애 이에 仁(ᄉᆡᆫ)을 알 띠니라

子(ᄌᆞ)ㅣ ᄀᆞᄅᆞ샤ᄃᆡ 人(인)의 허므리 각을 그 黨(당)의 ᄒᆞᄂᆞ니 過(과)를 보매 이에 仁(인)을 알리라

## ◈ 集註

### 073-㊀

黨, 類也.

程子曰:「人之過也, 各於其類. 君子常失於厚, 小人常失於薄; 君子過於愛, 小人過於忍.」

尹氏曰:「於此觀之, 則人之仁不仁可知矣.」

○ 吳氏曰:「後漢吳祐謂:『掾以親故: 受汙辱之名, 所謂觀過知仁』是也.」

愚按:「此亦但言人雖有過, 猶可卽此而知其厚薄, 非謂必俟其有過, 而後賢否可知也.」

黨은 類(유사한 것끼리 모임)이다.

정자(程頤)는 이렇게 말하였다. "사람의 과실은 각각 그 유형에 달려 있다. 군자는 늘 후덕을 베풀려다 잘못되고, 소인은 늘 박한 데에서 잘못된다. 군자는 사랑에 지나치고, 소인은 참아야 할 일에 지나치다."

윤씨(尹焞)는 이렇게 말하였다. "이를 통해 보건대 사람의 인(仁)과 부인(不仁)을 가히 알 수 있다."

○ 吳氏(吳棫)는 이렇게 말하였다. "《後漢書》에 吳祐가 이른바 '낮은 벼슬이 아버지 때문에 汙辱의 이름을 쓰게 되었으니, 이것이 그 허물을 보면 그가 어떤 사람인지 알 수 있다' 한 것이다."(《後漢書》 吳祐傳에 孫性이 百姓들의 돈을 모아 아버지 옷을 사주자 아버지가 노하였다. 이를 상관인 吳祐에게 자수하자 吳祐가 '掾以親故, 受汚穢之名, 所謂觀過, 是知人矣'라 하였다.)

내 생각으로는 이렇다. "이 역시 단지 사람이 비록 허물이 있으면 오히려 이로써 그의 厚薄만 알면 그만임을 말한 것이지, 반드시 그 사람이 과실이 있기를 기다린 뒤에 어짊의 여부를 알 수 있다고 말한 것은 아니다."

## 074(4-8)

# 朝聞道夕死可矣

공자가 말하였다.
"아침에 도를 들으면 저녁에 죽어도 좋으니라."

子曰:「朝聞道, 夕死可矣.」㊀

"朝聞道, 夕死可也"(石可)

【朝】 晨과 같다. 아침.

【聞道】 道를 듣고 깨달음, 깨우침. 悟道와도 상통한다.

## ◉ 諺解

子(ᄌᆞ)ㅣ ᄀᆞᆯᄋᆞ샤ᄃᆡ 아ᄎᆞᆷ의 道(도)를 드르면 나죄 죽어도 可(가)ᄒᆞ니라

子(ᄌᆞ)ㅣ ᄀᆞᄅᆞ샤ᄃᆡ 아ᄎᆞᄆᆡ 道(도)ᄅᆞᆯ 드르면 나죄 주거도 可(가)ᄒᆞ니라

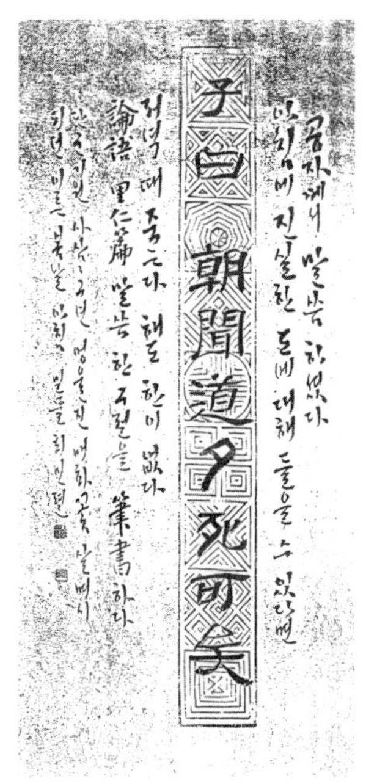


"子曰朝聞道, 夕死可矣." 밀물(海亭) 崔玟烈(한국 현대)

## ◈ 集註

### 074-㊀

道者, 事物當然之理. 苟得聞之, 則生順死安, 無復遺恨矣. 朝夕, 所以甚言其時之近.
○ 程子曰: 「言人不可以不知道, 苟得聞道, 雖死可也.」
又曰: 「皆實理也, 人知而信者爲難. 死生亦大矣! 非誠有所得, 豈以夕死爲可乎?」

道란 事物의 당연한 이치이다. 진실로 이를 들었다면 삶이 순하고 죽음도 편안히 여겨 다시 遺恨이 없게 된다. 朝夕이란 그 때가 가까움(짧음)을 심하게 말하기 위한 표현이다.

○ 程子(程頤, 혹 程顥)는 이렇게 말하였다. "사람이 道를 알지 않을 수 없으니, 진실로 道를 들으면 비록 죽어도 좋다는 것을 말한 것이다."

또 이렇게 말하였다. "모두가 실제의 이치이니 사람이 알고 믿는다는 것은 어려운 일이다. 죽고 사는 일은 역시 큰 것이다! 진실로 얻음이 없다면 어찌 저녁에 죽어도 좋다 하겠는가?"

〈程顥〉(伯淳, 明道先生) 《三才圖會》

075(4-9)

# 士志於道

공자가 말하였다.

"선비로서 도에 뜻을 두었다고 하면서 거친 옷과 거친 음식을 부끄러워하는 자가 있다면, 더불어 의논을 펴볼 상대도 되지 못한다."

子曰:「士志於道, 而恥惡衣惡食者, 未足與議也.」㊀

【士】 事와 같다. 引伸하여 任事者의 뜻이다.

【與議】 더불어 事物의 이치를 논의함.

## ◉ 諺解

子(ᄌᆞ)ㅣ ᄀᆞᆯᄋᆞ샤ᄃᆡ 士(ᄉᆞ)ㅣ 道(도)애 志(지)호ᄃᆡ 사오나온 옷과 사오나온 음식을 븟그리ᄂᆞᆫ 者(쟈)ᄂᆞᆫ 足(죡)히 더브러 議(의)티 몯ᄒᆞᆯ 꺼시니라

子(ᄌᆞ)ㅣ ᄀᆞᄅᆞ샤ᄃᆡ 士(ᄉᆞ)ㅣ 道(도)애 志(지)호ᄃᆡ 惡衣(악의)와 惡食(악식)을 븟그리ᄂᆞᆫ 者(쟈)ᄂᆞᆫ 足(죡)히 더브러 의논 몯ᄒᆞᆯ 디니라

## ◈ 集註

### 075-㊀

心欲求道, 而以口體之奉不若人爲恥, 其識趣之卑陋甚矣, 何足與議於道哉?
○ 程子曰:「志於道而心役乎外, 何足與議也?」

마음에 道를 구하고자 하면서 입과 몸의 奉養이 남만 같지 못함을 부끄럽게 여긴다면 그 앎과 趣向의 卑陋함이 심한 것이니, 어찌 족히 더불어 논할 수 있겠는가?
○ 程子(程頤)가 이렇게 말하였다. "道에 뜻을 두고 마음은 外物에 使役당한다면 어찌 족히 더불어 의논할 수 있겠는가?"

## 076(4-10)

# 君子之於天下也

**공자**가 말하였다.

"군자는 천하에 있어서 따를 것도 없고, 안 된다고 거부할 것도 없으며, 그저 의롭다 여기는 것과 짝하면 그만일 뿐이다."*

子曰:「君子之於天下也, 無適也, 無莫也, 義之與比.」㊀

【適】 해석이 여러 가지이다. 옳다(可), 親疎 등으로도 풀이한다.

【莫】 역시 여러 가지 풀이가 있다. 원수로 여기거나 羨慕할 바로도 풀이한다. 朱熹는 '不肯'으로, 謝良佐는 '不可'의 뜻으로 보았다.

【比】 따르다(從), 이웃 삼다(隣) 등으로 풀이한다.

* 皇侃은 范寧의 말을 인용하여 「適·莫, 猶厚·薄也. 比, 親也. 君子與人無有偏頗厚薄, 唯仁義是親也」라 하였다.

## ◉ 諺解

子(ᄌᆞ)ㅣ ᄀᆞᆯᄋᆞ샤ᄃᆡ 君子(군ᄌᆞ)ㅣ 天下(텬하)애 適(뎍)홈도 업스며 莫(막)홈도 업서 義(의)로 더브러 比(비)ᄒᆞᄂᆞ니라

子(ᄌᆞ)ㅣ ᄀᆞᄅᆞ샤ᄃᆡ 君子(군ᄌᆞ)ㅣ 天下(텬하)애 適(뎍)홈도 업ᄉᆞ며 莫(막)도 업고 義(의)를 다ᄆᆞᆺ 比(비)ᄒᆞᆯ 디니라

## ◈ 集註

### 076-㊀

適, 丁歷反. 比, 必二反.

○ 適, 專主也. 春秋傳曰「吾誰適從」是也. 莫, 不肯也. 比, 從也.

○ 謝氏曰:「適, 可也. 莫, 不可也. 無可無不可, 苟無道以主之, 不幾於猖狂自恣乎? 此佛老之學, 所以自謂心無所住而能應變, 而卒得罪於聖人也. 聖人之學不然, 於無可無不可之間, 有義存焉. 然則君子之心, 果有所倚乎?」

適은 反切로 '丁歷反'(적)이며, 比는 '必二反'(피, 비)이다.

○ 適은 오로지 主로 하는 것이다. 《春秋傳》에 "내 누구를 주로 하리오?"(《左傳》 僖公 5年 春 傳의 士蔿의 詩句)라고 한 것이 이것이다. 莫은 긍정하지 않음을 뜻한다. 比는 從의 뜻이다.

○ 謝氏(謝良佐)는 이렇게 말하였다. "適은 可의 뜻이며, 莫은 不可의 뜻이다. 可한 것도 없고, 不可한 것도 없어(468(18-8)) 진실로 無道한 것으로 이를 주장하면 거의 猖狂하고 제멋대로 하는 데 가깝지 않겠는가? 이는 佛家와 老子의 學問으로 마음이 갈 바가 없이 능히 변화에 응한다는 바로써 마침내 聖人에게 罪를 얻고 만다. 聖人의 學問은 그렇지 않다. 가함도 없고 불가함도 없는 중간의 義가 존재한다. 그러니 君子의 마음에 과연 치우칠 바가 있겠는가?"

## 077(4-11)

# 君子懷德小人懷土

공자가 말하였다.

"군자는 덕을 회모懷慕하고, 소인은 땅을 회모한다. 군자가 형벌을 떠올릴 때 소인은 혜택을 떠올린다."

子曰:「君子懷德, 小人懷土; 君子懷刑, 小人懷惠.」⊖

【懷】思念, 뜻에 품고 있음. 懷慕함.

【土】田土, 財産·財物을 뜻한다. 혹은 편안히 살 곳으로도 풀이한다.

## ◉ 諺解

陶山本 子(ᄌᆞ)ㅣ ᄀᆞᆯᄋᆞ샤ᄃᆡ 君子(군ᄌᆞ)ᄂᆞᆫ 德(덕)을 懷(회)ᄒᆞ고 小人(쇼ᄉᆡᆫ)은 土(토)를 懷(회)ᄒᆞ며 君子(군ᄌᆞ)ᄂᆞᆫ 刑(형)을 懷(회)ᄒᆞ고 小人(쇼ᄉᆡᆫ)은 惠(혜)ᄅᆞᆯ 懷(회)ᄒᆞᄂᆞ니라

栗谷本 子(ᄌᆞ)ㅣ ᄀᆞᄅᆞ샤ᄃᆡ 君子(군ᄌᆞ)ᄂᆞᆫ 德(덕)을 懷(회)ᄒᆞ고 小人(쇼인)은 土(토)ᄅᆞᆯ 懷(회)ᄒᆞ며 君子(군ᄌᆞ)ᄂᆞᆫ 刑(형)을 懷(회)ᄒᆞ고 小人(쇼인)은 惠(혜)ᄅᆞᆯ 懷(회)ᄒᆞᄂᆞ니라

## ◈ 集註

077-㊀

懷, 思念也. 懷德, 謂存其固有之善. 懷土, 謂溺其所處之安. 懷刑, 謂畏法. 懷惠, 謂貪利. 君子小人趣向不同, 公私之間而已矣.

○ 尹氏曰:「樂善惡不善, 所以爲君子; 苟安務得, 所以爲小人.」

懷는 思念을 뜻한다. 懷德은 그 고유한 善을 간직하고 있음을 말한다. 懷土란 그 처하는 바의 편안함에 탐닉하는 것이다. 懷刑은 법을 두려워함을 말한다. 懷惠는 이익을 탐내는 것을 말한다. 君子와 小人은 趣向이 같지 않음은 公과 私의 사이일 뿐이다.

○ 尹氏(尹焞)는 이렇게 말하였다. "善을 즐겨하고 不善을 미워하는 것이 君子되는 바의 所以이다. 구차하게 편안함을 바라고, 얻는 것에 힘쓰는 것은 小人이 되는 바의 所以이다."

## 078(4-12)

# 放於利而行

공자가 말하였다.
"이익에 방종하여 행하다가는 많은 원망을 사게 된다."

子曰:「放於利而行, 多怨.」⊖

【放】 放縱. 마구 휩쓸림. 혹은 放을 依로도 풀이한다.
【怨】 남으로부터 원망을 삼.

## ◉ 諺解

子(ᄌᆞ)ㅣ ᄀᆯᄋᆞ샤ᄃᆡ 利(리)예 放(방)ᄒᆞ야 行(ᄒᆡᆼ)ᄒᆞ면 怨(원)이 하ᄂᆞ니라

子(ᄌᆞ)ㅣ ᄀᆞᄅᆞ샤ᄃᆡ 利(리)예 放(방)ᄒᆞ야 行(ᄒᆡᆼ)ᄒᆞ면 怨(원)이 하ᄂᆞ니라

"放於利而行, 多怨"(石可)

## ◈ 集註

078-㊀

放, 上聲.
○ 孔氏曰:「放, 依也. 多怨, 謂多取怨.」
○ 程子曰:「欲利於己, 必害於人, 故多怨.」

放은 上聲이다.

○ 孔氏(孔安國)는 이렇게 말하였다. "放은 依이다. 多怨은 원망을 많이 받음을 말한다."

○ 程子(程頤)는 이렇게 말하였다. "자신에게 이익이 있고자 하면 반드시 남에게 해가 된다. 그러므로 많은 원망을 사게 된다."

## 079(4-13)

# 能以禮讓爲國乎

공자가 말하였다.

"능히 예양禮讓으로써 나라를 다스린다면 무슨 어려움이 있겠는가? 능히 예양으로써 나라를 다스리지 못한다면 예를 어디에 쓰겠는가?"*

子曰:「能以禮讓爲國乎, 何有? 不能以禮讓爲國, 如禮何?」㊀

【禮讓】 劉寶楠은 「讓者, 禮之實也; 禮者, 讓之文也」라 하였다.

【何有】 '何有之難'의 縮約語로 본다.

*《後漢書》 劉殷傳에 「孔子稱: 能以禮讓爲國, 於從政乎何有?」라 하였다.

## 諺解

子(ᄌᆞ)ㅣ ᄀᆞᆯᄋᆞ샤ᄃᆡ 能(능)히 禮讓(례ᅀᅣᆼ)으로ᄡᅥ ᄒᆞ면 國(국)을 홈애 므서시 이시며 能(능)히 禮讓(례ᅀᅣᆼ)으로ᄡᅥ 國(국)을 ᄒᆞ디 몯ᄒᆞ면 禮(례)예 엇디 ᄒᆞ리오

子(ᄌᆞ)ㅣ ᄀᆞᄅᆞ샤ᄃᆡ 能(능)히 禮讓(례양)으로ᄡᅥ ᄒᆞ면 나라ᄒᆞ기예 므서시 어려우며 能(능)히 禮讓(례양)으로ᄡᅥ 나라ᄒᆞᆯ ᄒᆞ디 몯ᄒᆞ면 禮(례)예 엇디ᄒᆞ리오

## 集註

### 079-㊀

讓者, 禮之實也. 何有, 言不難也. 言有禮之實以爲國, 則何難之有, 不然, 則其禮文雖具, 亦且無如之何矣, 而況於爲國乎?

讓이란 禮의 실질이다. 何有란 어렵지 않음을 말한다. '禮의 실질로써 나라를 다스린다면 무슨 어려움이 있겠으며, 그렇지 않으면 그 禮文이 비록 갖추어졌다 하여도 역시 또한 어찌할 수가 없는 것인데, 하물며 나라 다스림에 있어서랴' 라고 말한 것이다.

## 080(4-14)

# 不患無位

공자가 말하였다.

"직위가 없음을 걱정하지 말고, 그 직위의 소임이 맞는지를 걱정하라. 자신을 알아주지 않음을 걱정하지 말고, 알아줄 만한 사람이 되기를 구하라."*

子曰:「不患無位, 患所以立. 不患莫己知, 求爲可知也.」㊀

【莫己知】知己(자신을 알아 줌)의 구조여야 하나, 不定詞 莫으로 인하여 己知로 목적어와 술어가 도치되었다.

* 본장의 내용은 學而篇 016(1-16)·憲問篇 364(14-32)와 유사한 표현으로 되어 있다.

## ◉ 諺解

陶山本 子(ᄌᆞ)ㅣ ᄀᆞᆯᄋᆞ샤ᄃᆡ 位(위) 업ᄉᆞ믈 患(환)티 말오 ᄡᅧ 立(립)ᄒᆞᆯ 빠ᄅᆞᆯ 患(환)ᄒᆞ며 己(긔) 아디 몯호ᄆᆞᆯ 患(환)티 말오 可(가)히 알게 ᄒᆞ옴을 求(구)ᄒᆞᆯ ᄯᅵ니라

栗谷本 子(ᄌᆞ)ㅣ ᄀᆞᄅᆞ샤ᄃᆡ 位(위) 업소ᄆᆞᆯ 患(환)티 말고 ᄡᅧ 立(립)ᄒᆞᆯ 바ᄅᆞᆯ 患(환)ᄒᆞ며 날을 아디 몯호ᄆᆞᆯ 患(환)티 말고 可(가)히 알게 ᄒᆞ기ᄅᆞᆯ 求(구)ᄒᆞᆯ 디니라

## ◈ 集註

### 080-㊀

所以立, 謂所以立乎其位者. 可知, 謂可以見知之實.
○ 程子曰:「君子求其在己者而已矣.」

'所以立'이란 그 職位에 설 수 있음을 말한다. '可知'란 가히 알아볼 만한(인정받을 만한) 실질을 말한다.
○ 程子(程頤)가 말하였다. "君子는 자신에게 그것이 있는가를 구할 따름이다."

## 081(4-15)

# 參乎吾道一以貫之

공자가 말하였다.
"삼參아! 나의 도는 하나로 꿰어져 있느니라."
이 말에 증자曾子가 대답하였다.
"예."
공자가 나가자 문인들이 증자에게 물었다.
"무엇을 뜻하는 것입니까?"
증자가 설명하였다.
"선생님의 도는 충忠과 서恕일 뿐이라는 것이지요."

子曰:「參乎! 吾道一以貫之.」

曾子曰:「唯.」㊀

子出, 門人問曰:「何謂也?」

曾子曰:「夫子之道, 忠恕而已矣.」㊁

【參】曾參. 字는 子輿이며, 孔子의 弟子이다. 參은 反切로 「所金反」(삼)이며 《說文解字》 森에도 「讀若曾參之參」이라 하여 '삼'으로 읽는 것이 옳다. 한편 여기서 曾子라고 부른 것으로 보아 이를 근거로 《論語》를 曾子의 門人이 편집한 것이라 주장하기도 한다.

【一以貫之】孔子의 道가 비록 여러 가지이나 결국 忠恕 하나로 관통된다는 뜻. 衛靈公 381(15-2)에도 같은 구절이 실려 있다.

【唯】대답하는 말이다. 《禮記》 曲禮에 「父召無諾; 先生召無諾; 唯而起」라 하였다.

【忠恕】《中庸》 13章에 「忠恕違道不遠: 施諸己而不願, 亦勿施於人」이라 하였다.

〈曾子〉(曾參)

## ◉ 諺解

陶山本 子(ᄌᆞ)ㅣ ᄀᆞᆯᄋᆞ샤ᄃᆡ 參(ᄉᆞᆷ)아 吾道(오도)ᄂᆞᆫ 一(일)이 ᄡᅧ 貫(관)ᄒᆞ얀ᄂᆞ니라 曾子(증ᄌᆞ)ㅣ ᄀᆞᆯᄋᆞ샤ᄃᆡ 唯(유)ㅣ라

子(ᄌᆞ)ㅣ 出(츌)커시ᄂᆞᆯ 門人(문ᅀᅵᆫ)이 묻ᄌᆞ와 ᄀᆞᆯ오ᄃᆡ 엇디 니ᄅᆞ심이닝잇고 曾子(증ᄌᆞ)ㅣ ᄀᆞᆯᄋᆞ샤ᄃᆡ 夫子(부ᄌᆞ)의 道(도)ᄂᆞᆫ 忠(듕)과 恕(셔) ᄯᆞᄅᆞᆷ이니라

栗谷本 子(ᄌᆞ)ㅣ ᄀᆞᄅᆞ샤ᄃᆡ 參(ᄉᆞᆷ)아 내 道(도)ᄂᆞᆫ 一(일)이 ᄡᅧ 貫(관)ᄒᆞ얏ᄂᆞ니라 曾子(증ᄌᆞ)ㅣ ᄀᆞᆯ오ᄃᆡ 唯(유)ㅣ라

子(ᄌᆞ)ㅣ 出(츌)커시ᄂᆞᆯ 門人(문인)이 問(문)ᄒᆞ야 ᄀᆞᆯ오ᄃᆡ 엇디 니ᄅᆞ시미니잇고 曾子(증ᄌᆞ)ㅣ ᄀᆞᄅᆞ샤ᄃᆡ 夫子(부ᄌᆞ)의 道(도)ᄂᆞᆫ 忠恕(듕셔) ᄯᆞᄅᆞ미시니라

## ◈ 集註

### 081-㊀

參, 所金反. 唯, 上聲.

○ 參乎者, 呼曾子之名而告之. 貫, 通也. 唯者, 應之速而無疑者也. 聖人之心, 渾然一理, 而泛應曲當, 用各不同. 曾子於其用處, 蓋已隨事精察而力行之, 但未知其體之一爾. 夫子知其眞積力久, 將有所得, 是以呼而告之. 曾子果能默契其指, 卽應之速而無疑也.

參은 反切로 '所金反'(삼)이다. 唯는 上聲이다.

○ 參乎라 한 것은 曾子의 이름을 불러 일러 준 것이다. 貫은 通이다. 唯는 대답을 속히 하여 의심이 없는 것이다. 聖人의 마음은 渾然히 하나의 이치로써 曲當(굽은 것과 당연한 것)에 두루 응용되되 그 쓰임이 각각 다르다. 曾子는 그 쓰이는 곳에서 아마 이미 일에 따라 정밀히 살펴 힘써 행하기는 하였지만 단지 그 본체가 하나라는 것을 몰랐을 따름이리라. 夫子가 그는 진실이 쌓이고 노력이 오래되어(《荀子》 勸學篇에 '眞積力久則入'이라 함) 장차 터득함이 있을 것임을 알고, 이 때문에 불러 고해 준 것이다. 曾子는 과연 능히 그 지적한 바를 默契로 알아차리고, 즉시 이에 응답하기를 속히 하고 의심함이 없었던 것이다.

## 081-㊂

盡己之謂忠, 推己之謂恕. 而已矣者, 竭盡而無餘之辭也. 夫子之一理渾然, 而泛應曲當, 譬則天地之至誠無息, 而萬物各得其所也. 自此之外, 固無餘法, 而亦無待於推矣. 曾子有見於此而難言之, 故借學者盡己·推己之目以著明之, 欲人之易曉也. 蓋至誠無息者, 道之體也, 萬殊之所以一本也; 萬物各得其所者, 道之用也, 一本之所以萬殊也. 以此觀之, 一以貫之之實可見矣. 或曰: 「中心爲忠, 如心爲恕.」 於義亦通.

○ 程子曰: 「以己及物, 仁也; 推己及物, 恕也, 違道不遠是也. 忠恕一以貫之: 忠者天道, 恕者人道; 忠者無妄, 恕者所以行乎忠也; 忠者體, 恕者用, 大本達道也. 此與違道不遠異者, 動以天爾.」

又曰: 「『維天之命, 於穆不已』, 忠也; 『乾道變化, 各正性命』, 恕也.」

又曰: 「聖人敎人各因其才, 吾道一以貫之, 惟曾子爲能達此, 孔子所以告之也. 曾子告門人曰: 『夫子之道, 忠恕而已矣』, 亦猶夫子之告曾子也. 中庸所謂『忠恕違道不遠』, 斯乃下學上達之義.」

자기 자신에게 다하는 것을 忠이라 하고, 자신을 미루어 추측하는 것을 恕라 한다. 而已矣란 끝까지 다하여 남김이 없다는 말이다. 夫子는 하나의 이치가 渾然하여 曲當에 두루 응용된다. 비유컨대 天地가 至誠으로 쉼이 없어 萬物이 각각 그 자리를 얻음과 같다. 이것 외에는 진실로 다른 나머지 법이란 없으며, 또한 추측을 기다릴 것도 없다. 曾子는 이러한 것을 보고 이를 말로 표현하기가 어려웠다. 그 때문에 배우는 자들의 盡己(忠)와 推己(恕)의 節目을 빌려 이를 드러내어 밝힘으로써 남을 쉽게 이해시키고자 한 것이다. 아마 至誠無息(지성으로 쉼이 없음)이란 道의 體이며, 만 가지 다른 것이 하나의 本이 되는 所以일 것이며, 萬物各得其所(만물이 각각 자기 자리를 얻음)란 道의 用으로서 하나의 本이 만 가지로 다를 수 있는 所以일 것이다. 이로써 보건대 一以貫之의 실질이 가히 드러난다. 혹자는 "中心을 忠이라 하고 如心을 恕라 한다"(이는 破字풀이임)라 하였는데, 의미에 있어서 역시 통한다.

○ 程子(程頤)는 이렇게 말하였다. "자신으로써 外物에 미치는 것이 仁이며, 자신을 미루어 물건에 미치는 것은 恕이다. 違道不遠(道에서 떨어짐이 멀지 않다. 《中庸》 13章에 '忠恕, 違道不遠'이라 함)라 한 것이 이것이다. 忠恕一以貫之에서 忠이란 天道요, 恕란 人道이며, 忠이란 망령됨이 없는 것이요, 恕란 忠에서 행하는

바이다. 忠이란 體요, 恕란 用이다. 바로 大本達道이다. 이것이 違道不遠과는 다른 것이란, 움직이되 天道로써 할 따름이라는 것이다."

또 이렇게 말하였다. "'오직 하늘의 명이 훌륭하여 그침이 없다'(《詩經》 周頌 '維天之命'의 구절)라 한 것이 忠이요, '땅의 도가 변화하여 각각 그 性命을 바르게 한다'(《周易》 乾卦 彖辭의 구절)라 한 것이 恕이다."

또 이렇게 말하였다. "聖人의 가르침은 각각 그 재능에 맞추었으니 吾道一以貫之는 오직 曾子만이 능히 이런 경지에 통달할 수 있었으므로 孔子가 일러 준 것이다. 曾子가 門人에게 '夫子之道, 忠恕而已矣'라고 말한 것도 역시 夫子가 曾子에게 일러 준 것이나 마찬가지이다. 《中庸》에 소위 '忠恕違道不遠'(《中庸》 13章)이라 하였으니, 이는 下學上達(아래의 비근한 사물을 배워 위로 天理를 통함)의 뜻이다."

082(4-16)

# 君子喩於義

**공자**가 말하였다.

"군자는 의에 대하여 잘 알고, 소인은 이익에 대하여 잘 안다."

子曰: 「君子喩於義, 小人喩於利.」㊀

【喩】 잘 깨닫다(曉). 혹은 '君子는 義에 비유하면 잘 알아듣지만, 小人은 이해관계를 비유해야 잘 알아듣다'의 뜻으로도 풀이된다. 그러나 樂의 뜻으로 보아서 '군자는 義에서 즐거워하고 소인은 利에 즐거워한다'라고 풀이하기도 한다.(毛子水)

## ◉ 諺解

子(ᄌᆞ)ㅣ ᄀᆞᆯᄋᆞ샤ᄃᆡ 君子(군ᄌᆞ)ᄂᆞᆫ 義(의)예 喩(유)ᄒᆞ고 小人(쇼ᅀᅵᆫ)은 利(리)예 喩(유)ᄒᆞᄂᆞ니라

子(ᄌᆞ)ㅣ ᄀᆞᄅᆞ샤ᄃᆡ 君子(군ᄌᆞ)ᄂᆞᆫ 義(의)예 喩(유)ᄒᆞ고 小人(쇼인)은 利(리)예 喩(유)ᄒᆞᄂᆞ니라

## ◈ 集註

### 082-㊀

喩, 猶曉也. 義者, 天理之所宜. 利者, 人情之所欲.
○ 程子曰:「君子之於義, 猶小人之於利也. 惟其深喩, 是以篤好.」
楊氏曰:「君子有舍生而取義者, 以利言之, 則人之所欲無甚於生, 所惡無甚於死, 孰肯舍生而取義哉? 其所喩者義而已, 不知利之爲利故也, 小人反是.」

喩는 曉(밝히 알다)와 같다. 義란 天理의 마땅한 바이다. 利란 人情으로 하고자 하는 바이다.
○ 程子(程頤)가 말하였다. "君子에게 있어서의 義는 小人에게 있어서의 利와 같다. 오직 깊이 알아야 하나니 이 때문에 돈독히 좋아하는 것이다."
○ 楊氏(楊時)는 이렇게 말하였다. "君子에게 삶을 버리면서까지 義를 취함이 있는 경우를, 利로서 이를 말한다면, 사람의 욕심 중에 삶보다 심한 것은 없고 죽음보다 싫어함이 없거늘 누가 삶을 버리고 의를 취하여 하겠는가? 그 비유되는 바는 義일 따름이며 利가 利 됨을 모르는 까닭이다. 小人은 이에 상반된다."

## 083(4-17)

# 見賢思齊焉

공자가 말하였다.

"어진 이를 보면 그와 같아지기를 생각하고, 어질지 못한 이를 보면 안으로 자성自省해야 하느니라."

子曰:「見賢思齊焉, 見不賢而內自省也.」⊖

【思齊】 그와 같아지기를 생각함. 齊는 '같다, 나란하다, 동등하다'의 뜻.

【內自省】 안으로 스스로를 살핌.

"見賢思齊焉,
見不賢而內自省也"(石可)

◉ 諺解

子(ᄌᆞ)ㅣ ᄀᆞᆯᄋᆞ샤ᄃᆡ 賢(현)ᄒᆞᆫ 이ᄅᆞᆯ 보고 齊(제)홈을 思(ᄉᆞ)ᄒᆞ며 賢(현)티 아니ᄒᆞᆫ 이ᄅᆞᆯ 보고 안ᄒᆞ로 스스로 省(셩)홀 띠니라

子(ᄌᆞ)ㅣ ᄀᆞᄅᆞ샤ᄃᆡ 賢(현)을 보고 齊(제)ᄒᆞ믈 思(ᄉᆞ)ᄒᆞ며 不賢(블현)을 보고 안ᄒᆞ로 스스로 ᄉᆞᆯ필 디니라

◈ 集註

083-㊀

省, 悉井反.

○ 思齊者, 冀己亦有是善; 內自省者, 恐己亦有是惡.

○ 胡氏曰:「見人之善惡不同, 而無不反諸身者, 則不徒羡人而甘自棄, 不徒責人而忘自責矣.」

省은 反切로 '悉井反'(성, 살피다)이다.

○ 思齊란 자기 역시 이러한 善이 있기를 바라는 것이며, 內自省이란 자기에게도 역시 이러한 惡이 있을까 두려워함이다.

○ 胡氏(胡寅)는 이렇게 말하였다. "남의 善惡이 같지 않음을 보고 자신을 돌이켜보면, 한갓 남을 부러워만 하면서 스스로 버리기를 달갑게 여기지 못할 것이며, 한갓 남만 책망하고 자신을 책망함은 잊어버리는 경우가 없게 될 것이다."

## 084(4-18)

# 事父母幾諫

공자가 말하였다.

"부모를 섬김에는 기간幾諫으로써 하되, 뜻이 따르지 않으실 것임을 알고 나서도 다시 공경을 다하여 위배됨이 없어야 하며, 아무리 노고스럽더라도 원망을 해서는 안 된다."*

子曰:「事父母幾諫, 見志不從, 又敬不違, 勞而不怨.」⊖

【幾諫】 幾는 微와 같다(疊韻 聲訓). '완곡하고 輕微한 태도로 諫함'을 뜻한다.
【見之不從】 見은 '보다, 알아차리다'로 해석한다. 즉 '아들로서 아버지의 뜻이 諫言을 따르지 않을 것을 알다'로 풀이된다. 그러나 '나의 뜻을 보여드리다'로 보기도 한다.

* 《禮記》 坊記篇에 「子云: 從命不忿, 微諫不倦, 勞而不怨」이라 하였고, 內則篇에는 「父母有過, 下氣·怡色·柔聲以諫. 諫若不入, 起敬起孝, 說則復諫; 不說, 與其得罪於鄕黨州閭, 寧熟諫」이라 하였다.

## ◉ 諺解

子(ᄌᆞ)ㅣ ᄀᆞᆯᄋᆞ샤ᄃᆡ 父母(부모)를 셤교ᄃᆡ 幾(긔)히 諫(간)홀 띠니 志(지)ㅣ 좃디 아니ᄒᆞ심을 보고 또 敬(경)ᄒᆞ야 違(위)티 아니ᄒᆞ며 勞(로)ᄒᆞ야도 怨(원)티 아니홀 띠니라

子(ᄌᆞ)ㅣ ᄀᆞᄅᆞ샤ᄃᆡ 父母(부모)를 셤교ᄃᆡ 미히 諫(간)홀디니 志(지)의 좃디 아니ᄒᆞ샤ᄆᆞᆯ 보고 또 敬(경)ᄒᆞ야 違(위)티 말며 勞(로)ᄒᆞ야도 怨(원)티 마롤 디니라

## ◈ 集註

084-㊀

此章與內則之言相表裏. 幾, 微也. 微諫, 所謂「父母有過, 下氣怡色, 柔聲以諫」也. 見志不從, 又敬不違, 所謂「諫若不入, 起敬起孝, 悅則復諫」也. 勞而不怨, 所謂「與其得罪於鄕·黨·州·閭, 寧熟諫. 父母怒不悅, 而撻之流血, 不敢疾怨, 起敬起孝」也.

본 장은 《禮記》 內則篇(앞의 注를 볼 것)의 말과 서로 表裏 관계를 이루고 있다. 幾는 微이다. 微諫은 소위 "부모가 허물이 있으면 氣를 낮추고 편안한 표정과 부드러운 음성으로 諫한다"(《禮記》 內則의 구절)는 말이다. 見志不從, 又敬不違는 소위 말하는 "諫하여도 만약 받아 주시지 않으면 공경을 더하고 효도를 더하되 기뻐하시면 그때 다시 諫하여야 한다"(內則)는 것이다. 勞而不怨이란 소위 말하는 "차라리 鄕·黨·州·閭에 죄를 얻을지라도 오히려 익히 諫하여 父母가 노하고 싫어하면서 종아리를 쳐서 피가 흘러도 감히 싫어하거나 원망함 없이 공경을 다하고 효를 다하여야 한다"(內則)는 뜻이다.

## 085(4-19)

# 父母在不遠遊

공자가 말하였다.

"부모가 살아 계실 때에는 멀리 유행遊行해서는 안 된다. 유행해야 할 경우에는 반드시 그 위치를 알려드려야 한다."*

子曰:「父母在, 不遠遊, 遊必有方.」㊀

【遠遊】 멀리 여행함.

【有方】 방향·위치를 알림.

*《禮記》 曲禮에 「所遊, 必有常」이라 하여 方과 常을 첩운으로 썼으며, 玉藻에는 「親老, 出不易方」이라 하여 方向, 장소 두 가지의 뜻이 있다.

## ◉ 諺解

子(ᄌᆞ)ㅣ ᄀᆞᆯᄋᆞ샤ᄃᆡ 父母(부모)ㅣ 겨시거시든 멀리 遊(유)티 아니ᄒᆞ며 遊(유)호ᄃᆡ 반ᄃᆞ시 方(방)을 둘 띠니라

子(ᄌᆞ)ㅣ ᄀᆞᄅᆞ샤ᄃᆡ 父母(부모)ㅣ 在(ᄌᆡ)커시든 멀리 遊(유)티 말며 遊(유)호ᄃᆡ 반ᄃᆞ시 方(방)을 둘 디니라

## ◈ 集註

085-㊀

遠遊, 則去親遠而爲日久, 定省曠而音問疎; 不惟己之思親不置, 亦恐親之念我不忘也. 遊必有方, 如己告云之東, 則不敢更適西, 欲親必知己之所在而無憂, 召己則必至而無失也.

范氏曰:「子能以父母之心爲心則孝矣.」

멀리 遊行하게 되면 부모로부터 멀어지고, 날짜가 오래되어 定省(昏定晨省)이 어렵고(曠은 할 일을 하지 못하고 시간만 흐름을 뜻함), 직접 목소리로 문안드림이 성글게 된다. 오직 자신이 어버이에 대한 생각을 떨쳐 버리지 못하는 것뿐 아니라 어버이도 역시 나를 잊지 못하고 계실 것임을 두려워하게 된다. 旅行하되 方位를 알려드린다는 것은 만약 이미 동쪽으로 간다고 알려 드렸다면 감히 다시 서쪽으로 가지 못하는 것과 같은 것이다. 이는 어버이께서 자신의 소재를 알고 걱정이 없도록 하고자 하는 것이며, 자기를 부르시면 반드시 다가와 실책이 없게 하고자 함이다.

范氏(范祖禹)는 이렇게 말하였다. "자식으로서 능히 父母의 마음으로 자기 마음을 삼는다면 이것이 孝이다."

## 086(4-20)

# 三年無改於父之道

공자가 말하였다.
"삼 년을 아버지의 도를 고치지 않아야 가히 효孝라 이를 수 있다."*

子曰:「三年無改於父之道, 可謂孝矣.」㊀

* 본장은 學而篇 011(1-11)과 중복된다. 陳鱣의 《論語古訓》에 「漢石經亦有此章, 當是弟子各記所聞」이라 하였다.

## ◉ 諺解

陶山本 없음

栗谷本 없음

## ◈ 集註

### 086-㊀

胡氏曰:「已見首篇, 此蓋複出而逸其半也.」

胡氏(胡寅)는 이렇게 말하였다. "이미 首篇(學而篇)에 보이며, 이는 아마 중복되게 나타나 그 半이 사라진 것인 듯하다."

## 087(4-21)

# 父母之年不可不知也

공자가 말하였다.

"부모님의 연세는 꼭 알고 있어야 한다. 오래 사시니 한편으로는 기쁘나 늙어가시니 한편으로는 두렵기 때문이다."

子曰: 「父母之年, 不可不知也. 一則以喜, 一則以懼.」㊀

【年】 나이. 年歲.

【知】 記憶하고 있음.

## ◉ 諺解

子(ᄌᆞ)ㅣ ᄀᆞᆯᄋᆞ샤ᄃᆡ 父母(부모)의 나흔 可(가)히 知(디)티 아니티 몯홀 꺼시니 一(일)로ᄂᆞᆫ ᄡᅥ 깃브고 一(일)로ᄂᆞᆫ ᄡᅥ 저프니라

子(ᄌᆞ)ㅣ ᄀᆞᄅᆞ샤ᄃᆡ 父母(부모)의 나홀 知(디)티 아니호미 可(가)티 아니ᄒᆞ니 一(일)로ᄂᆞᆫ ᄡᅥ 깃부고 一(일)로ᄂᆞᆫ ᄡᅥ 두리오니라

## ◈ 集註

087-㊀

知, 猶記憶也. 常知父母之年, 則旣喜其壽, 又懼其衰, 而於愛日之誠, 自有不能已者.

知는 記憶하다와 같다. 항상 父母의 年歲를 기억하고 있으면, 이미 오래 사셨음을 기뻐하면서 한편으로는 그 衰함은 두려워하여 세월을 아까워하며, 바치는 정성에서 스스로 그만둘 수 없게 되는 것이다.

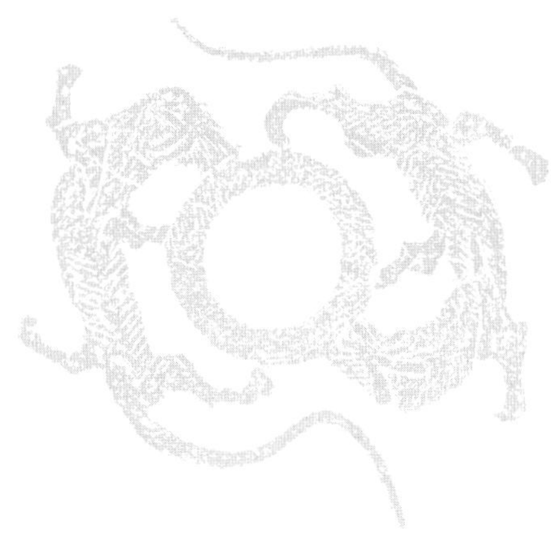

088(4-22)

# 古者言之不出

공자가 말하였다.

"옛사람이 말을 마구 내뱉지 아니한 것은, 몸소 실천함이 그 말을 따라가지 못함을 부끄럽게 여겼기 때문이다."*

子曰:「古者言之不出, 恥躬之不逮也.」㊀

【不出】 妄言을 마구 내뱉지 아니함.

【逮】 及과 같다. '따라감, 당해내다'의 뜻.

* 包咸은「古人之言不妄出口, 爲身行之將不及」이라 하였다.

## ◉ 諺解

子(ᄌᆞ)ㅣ ᄀᆞᆯᄋᆞ샤ᄃᆡ 古者(고쟈)애 말ᄉᆞᆷ을 내디 아니홈은 몸의 밋디 몯홈을 붓그림이니라

子(ᄌᆞ)ㅣ ᄀᆞᄅᆞ샤ᄃᆡ 녜 言(언)의 出(츌)티 아니호ᄆᆞᆫ 躬(궁)의 밋디 몯호ᄆᆞᆯ 붓그리미니라

## ◈ 集註

088-㊀

言古者, 以見今之不然. 逮, 及也. 行不及言, 可恥之甚. 古者所以不出其言, 爲此故也.
○ 范氏曰:「君子之於言也, 不得已而後出之, 非言之難, 而行之難也. 人惟其不行也, 是以輕言之. 言之如其所行, 行之如其所言, 則出諸其口必不易矣.」

古者라고 말한 것은, 지금에는 그렇지 않음을 나타내고자 한 것이다. 逮는 及이다. 행동이 말에 미치지 못하면 가히 부끄러워하여야 함이 심할 것이다. 옛날에 그처럼 말을 쉽게 내뱉지 않은 것은 이런 이유 때문이다.
○ 范氏(范祖禹)는 이렇게 말하였다. "君子는 말을 함에 부득이한 이후에야 내놓았다. 이는 말하기 어려워서가 아니라, 행동하기가 어려웠던 때문이다. 사람들이 오직 행동을 그렇게 하지 못한다. 이 까닭으로 경솔하게 말하는 꼴이 되는 것이다. 말이 그 행동하는 바와 같아야 하고 행동이 그 말하는 바와 같아야 한다면, 그 입에서 나오기가 틀림없이 쉽지 않을 것이다."

## 089(4-23)

# 以約失之者鮮矣

공자가 말하였다.
"검약했기 때문에 과실이 있었다는 경우란 드물다."

子曰:「以約失之者, 鮮矣.」㊀

【約】《論語》에서 約은 '가난하다', '묶다·매다', '儉約' 등 세 가지로 쓰였다. 여기서는 '검약'의 뜻과 '묶다(節制)' 등 두 가지 모두 통용될 수 있다.
【鮮】'드물다'의 뜻.(寡·少)

"以約失之者, 鮮矣"(石可)

## ◉ 諺解

子(ᄌᆞ)ㅣ ᄀᆞᆯᄋᆞ샤ᄃᆡ 約(약)으로뻐 실(失)ᄒᆞᆯ 者(쟈)ㅣ 져그니라

子(ᄌᆞ)ㅣ ᄀᆞᄅᆞ샤ᄃᆡ 約(약)으로뻐 失(실)ᄒᆞᆯ 者(쟈)ㅣ 져그니라

## ◈ 集註

### 089-㊀

鮮, 上聲.
○ 謝氏曰:「不侈然以自放之謂約.」
尹氏曰:「凡事約則鮮失, 非止謂儉約也.」

鮮은 上聲(드물다)이다.
○ 謝氏(謝良佐)는 이렇게 말하였다. "사치스러움이 자신의 豪放인 줄 여기지 않는 것이 約이다."
尹氏(尹焞)는 이렇게 말하였다. "凡事에 절제하면 과실이 적다. 단지 儉約함만을 이르는 데 그치는 것이 아니다."

## 090(4-24)

# 君子欲訥於言而敏於行

공자가 말하였다.
"군자는 말은 어눌하나 행동은 민첩하게 하고자 해야 한다."

子曰:「君子欲訥於言而敏於行.」⊖

【訥】 遲鈍함. 語訥함. '달변이 아님'을 뜻한다.

"訥於言而敏於行"(石可)

## ◉ 諺解

子(ᄌᆞ)ㅣ ᄀᆞᆯᄋᆞ샤ᄃᆡ 君子(군ᄌᆞ)ᄂᆞᆫ 言(언)에 訥(눌)ᄒᆞ고 行(힝)애 敏(민)코져 ᄒᆞᄂᆞ니라

子(ᄌᆞ)ㅣ ᄀᆞᄅᆞ샤ᄃᆡ 君子(군ᄌᆞ)ᄂᆞᆫ 言(언)의 訥(눌)ᄒᆞ고 行(힝)의 敏(민)콰져 시부니라

## ◈ 集註

### 090-㊀

行, 去聲.

○ 謝氏曰:「放言易, 故欲訥; 力行難, 故欲敏.」

○ 胡氏曰:「自吾道一貫至此十章, 疑皆曾子門人所記也.」

行은 去聲이다.

○ 謝氏(謝良佐)는 이렇게 말하였다. "마구 말하기는 쉽다. 따라서 訥辯이고자 한다. 힘써 행하기는 어렵다. 그 때문에 민첩하고자 한다."

○ 胡氏(胡寅)는 이렇게 말하였다. "吾道一貫(081)부터 이곳 10章에 이르기까지는 모두가 曾子의 門人이 기록한 것이 아닌가 한다."

## 091(4-25)

# 德不孤必有鄰

공자가 말하였다.
"덕이란 외롭지 않으니 반드시 이웃이 있게 마련이다."*

子曰:「德不孤, 必有鄰.」㊀

【鄰】隣(內閣本)과 같다.《周禮》遂人에는「五家爲鄰」이라 하였고,《韓詩外傳》에는「八家爲鄰」이라 하였다.

*《論語》중에 널리 알려진 말로《周易》繫辭傳의「方以類聚, 物以群分」, 乾卦 文言傳의「子曰: 同聲相應, 同氣相求」와 같은 뜻이다.

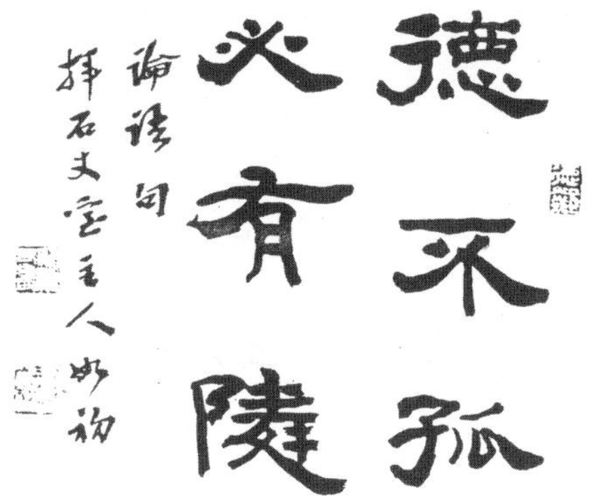


"德不孤, 必有鄰." 如初 金膺顯(韓, 現代)

## ◉ 諺解

子(ᄌᆞ)ㅣ ᄀᆞᆯᄋᆞ샤ᄃᆡ 德(덕)이 孤(고)티 아니ᄒᆞᆫ 디라 반ᄃᆞ시 鄰(린)이 인ᄂᆞ니라

子(ᄌᆞ)ㅣ ᄀᆞᄅᆞ샤ᄃᆡ 德(덕)이 孤(고)티 아닛ᄂᆞᆫ디라 반ᄃᆞ시 隣(린)이 잇ᄂᆞ니라

## ◈ 集註

### 091-㊀

鄰, 猶親也. 德不孤立, 必以類應. 故有德者, 必有其類從之, 如居之有鄰也.

鄰은 親과 같다. 德은 고립될 수 없어 반드시 그 同類로써 응하게 된다. 따라서 德이 있는 자는 반드시 그 同類가 따르게 되나니 마치 삶에 이웃이 있는 것과 같은 것이다.

"德不孤, 必有鄰"(石可)

## 092(4-26)

# 子游曰事君數

자유子游가 말하였다.

"임금을 섬기면서 너무 잦게 간언을 하면 이로써 욕을 입게 되고, 벗과의 사귐에 너무 잦은 충고를 하면 이로써 소원한 관계가 되고 만다."

子游曰:「事君數, 斯辱矣; 朋友數, 斯疏矣.」㊀

【子游】 言偃. 字는 子游.

【數】 잦음. 빈번함. 음은 '삭'이다. 그러나《廣雅》釋詁에 「數, 責也」라 하여 指面責言의 뜻이 아닌가 여기기도 한다. 이에 대하여 劉寶楠의《經義說略》에는 「數, 當訓爲數君友之過. 漢書項籍傳·陳餘傳·司馬相如傳下·主父偃傳注並云: 數, 責也. 國策秦策注: 數讓, 責讓, 皆數其過之義. 儒行: 其過失可微辨而不可面數也; 謂不可面相責讓也」라 하였다.

## ◉ 諺解

子游(ᄌ유)ㅣ ᄀᆞᆯ오ᄃᆡ 君(군)을 셤김애 數(삭)ᄒᆞ면 이에 辱(욕)ᄒᆞ고 朋友(붕우)에 數(삭)ᄒᆞ면 이에 踈(소)ᄒᆞᄂᆞ니라

子游(ᄌ유)ㅣ ᄀᆞᆯ오ᄃᆡ 님금을 셤기매 數(삭)ᄒᆞ면 이에 辱(욕)ᄒᆞ고 朋友(붕우)에 數(삭)ᄒᆞ면 이에 踈(소)ᄒᆞ리라

## ◈ 集註

092-㊀

數, 色角反.

○ 程子曰:「數, 煩數也.」胡氏曰:「事君諫不行, 則當去; 導友善不納, 則當止. 至於煩瀆, 則言者輕, 聽者厭矣. 是以求榮而反辱, 求親而反疏也.」

范氏曰:「君臣朋友, 皆以義合, 故其事同也.」

數는 反切로 '色角反'(삭: 잦다·자주)이다.

○ 程子(程頤)가 말하였다. "數는 빈번하여 횟수가 잦다는 뜻이다."

胡氏(胡寅)가 말하였다. "임금을 섬김에 諫言을 하여도 실행되지 않으면 마땅히 떠날 것이며, 친구를 善導함에 善으로 하여도 받아 주지 않으면 마땅히 그쳐야 한다. 간언을 자주하고 모독하게 되면 말해 주는 자가 경솔한 꼴이 되고, 듣는 자가 싫증을 느끼게 된다. 이러한 까닭으로 영광을 구하려다 도리어 욕을 입게 되며, 친밀하기를 바라다가 도리어 소원해지고 만다."

范氏(范祖禹)는 이렇게 말하였다. "임금과 臣下, 그리고 친구란 모두가 義로써 합해진 관계이다. 그러므로 그들 사이의 일은 같은 성질이다."

# 논어

〈熹平石經〉 東漢 靈帝 熹平 4년, 七經 46개 碑를 太學에 세움.

# 공야장公冶長 第五

총27장(093-119)

### ◈ 集註

此篇皆論古今人物賢否得失, 蓋格物窮理之一端也. 凡二十七章. 胡氏以爲疑多子貢之徒所記云.

이 편篇은 모두 고금古今 인물人物의 현부賢否(어짊의 여부)와 득실得失을 논한 것이며, 대체로 격물格物·궁리窮理의 한 단서이다. 모두 27장이다. 호씨胡氏(胡寅)는 자공子貢의 무리들이 기록한 것이 아닌가 여겼다.

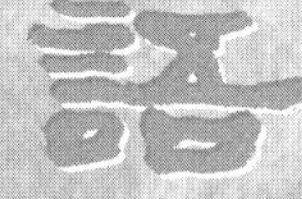

093(5-1)

# 子謂公冶長

공자가 공야장公冶長을 두고 이렇게 말하였다.

"가히 딸을 시집보낼 만한 인물이다. 비록 유설縲絏에 갇혔던 적이 있었지만 그의 죄가 아니다."

그리고 딸을 주어 그의 아내로 삼아주었다.

공자가 남용南容을 두고 이렇게 말하였다.

"나라에 도가 있다면 그러한 사람은 버림받지 않을 것이며, 나라에 도가 없어도 그런 인물이라면 형륙刑戮은 면할 수 있을 것이다."

그리고 그 형의 딸을 주어 그의 아내로 삼아 주었다.*

子謂公冶長,「可妻也. 雖在縲絏之中, 非其罪也.」
以其子妻之.㊀
子謂南容,「邦有道, 不廢; 邦無道, 免於刑戮.」
以其兄之子妻之.㊁

【公冶長】 姓은 公冶이며, 이름은 長이다. 齊나라 출신으로 孔子의 제자이며 사위가 되었다.

【妻】 動詞로 쓰였다. '아내 삼다, 아내가 되게 하다'의 뜻.

【縲絏】 검은 포승으로 罪人을 묶음. 여기서는 '獄에 갇혔던 적이 있음'을 말한다. '류설'로 읽는다.

【子】 여기서는 孔子의 딸.

【南容】 孔子의 제자인 南宮适. 이름은 适, 혹은 縚. 字는 子容. 諡號는 敬叔으로 흔히 南宮敬叔으로 부른다. 그러나 南宮适과 南宮縚는 각기 다른 두 사람이라는 설이 있다. 毛子水는 梁玉繩의 말을 인용하여 「論語作适, 又稱南容; 檀弓作南宮縚; 家語作南宮韜. 蓋南容有二名: 括與适·縚與韜, 字之通也. 自世本誤以南宮縚爲仲孫說, 于是孔安國注論語·康成注禮記·陸德明釋文·小司馬索隱·朱子集注並因其誤. 朱氏經義考載明夏洪基孔門弟子傳略, 辨南宮括(縚)·字子容是一人; 孟僖子之子仲孫說(閱)·南宮敬叔是一人: 確鑿可從」이라 하였다.

【刑戮】 戮尸의 형벌.

【兄之子】 孔子의 兄은 孟皮였다.(《史記》 孔子世家의 素隱에 인용된 《孔子家語》) 당시 孟皮는 이미 죽어 孔子가 조카의 婚禮에 婚主였을 가능성이 있다.

* 何晏의 《論語集解》에는 『子謂南容』 이하를 별도의 章으로 분리하였다. 한편 南容의 일은 先進篇 258(11-5)에도 실려 있다.

## ◉ 諺解

陶山本 子(ᄌᆞ)ㅣ 公冶長(공야댱)을 닐ᄋᆞ샤ᄃᆡ 可(가)히 妻(쳐)ᄒᆞ얌즉 ᄒᆞ도다 비록 縲絏(류셜)ㅅ 中(듕)에 이시나 그 罪(죄)ㅣ 아니라 ᄒᆞ시고 그 子(ᄌᆞ)로ᄡᅧ 妻(쳐)ᄒᆞ시다

子(ᄌᆞ)ㅣ 南容(남용)을 닐ᄋᆞ샤ᄃᆡ 나라히 道(도)ㅣ 이숌애 廢(폐)티 아니ᄒᆞ며 나라히 道(도)ㅣ 업슴애 刑戮(형륙)에 免(면)ᄒᆞ리라 ᄒᆞ시고 그 兄(형)의 子(ᄌᆞ)로ᄡᅧ 妻(쳐)ᄒᆞ시다

栗谷本 子(ᄌᆞ)ㅣ 公冶長(공야댱)을 니ᄅᆞ샤ᄃᆡ 可(가)히 妻(쳐)ᄒᆞ얌즉 ᄒᆞ니 비록 縲絏(류셜) 가온대 이시나 그 罪(죄) 아니라 ᄒᆞ시고 그 子(ᄌᆞ)로ᄡᅧ 妻(쳐)ᄒᆞ시다

子(ᄌᆞ)ㅣ 南容(남용)을 니ᄅᆞ샤ᄃᆡ 邦(방)이 道(도)ㅣ 이신 제 廢(폐)티 아니코 邦(방)이 道(도)ㅣ 업슨 제 刑戮(형륙)의 免(면)ᄒᆞ리라 ᄒᆞ시고 그 兄(형)의 子(ᄌᆞ)로ᄡᅧ 妻(쳐)ᄒᆞ시다

## ◈ 集註

### 093-㊀

妻, 去聲, 下同. 縲, 力追反. 絏, 息列反.

○ 公冶長, 孔子弟子. 妻, 爲之妻也. 縲, 黑索也. 絏, 攣也. 古者獄中以黑索拘攣罪人. 長之爲人無所考, 而夫子稱其可妻, 其必有以取之矣. 又言其人雖嘗陷於縲絏之中, 而非其罪, 則固無害於可妻也. 夫有罪無罪, 在我而已, 豈以自外至者爲榮辱哉?

妻는 去聲이며 아래도 같다. 縲는 反切로 '力追反'(류)이며, 絏을 '息列反'(설)이다.

○ 公冶長은 孔子의 弟子이다. 妻는 아내가 되게 해주다의 뜻이다. 縲는 검은 줄이며, 絏은 묶다의 뜻이다. 고대 獄中에서 罪人을 검은 줄로 묶었다. 公冶長의 사람됨은 상고할 수 없으나 夫子가 감히 사위 삼을 만하다 하였으니, 틀림없이 이유가 있어 이를 취한 것이다. 또다시 그가 한때 縲絏之中에 빠졌었지만 그의

罪가 아니라고 말한 것으로 보아 사위로 삼기에 진실로 害가 될 것이 없었으리라. 무릇 有罪·無罪는 자신에게 있을 따름이니, 어찌 밖으로부터 이른 것으로써 榮辱을 삼겠는가?

## 093-㊁

南容, 孔子弟子, 居南宮. 名縚, 又名适. 字子容, 諡敬叔. 孟懿子之兄也. 不廢, 言必見用也. 以其謹於言行, 故能見用於治朝, 免禍於亂世也. 事又見第十一篇.

○ 或曰:「公冶長之賢不及南容, 故聖人以其子妻長, 而以兄子妻容, 蓋厚於兄而薄於己也.」

程子曰:「此以己之私心窺聖人也. 凡人避嫌者, 皆內不足也, 聖人自至公, 何避嫌之有? 況嫁女必量其才而求配, 尤不當有所避也. 若孔子之事, 則其年之長幼·時之先後皆不可知, 惟以爲避嫌則大不可. 避嫌之事, 賢者且不爲, 況聖人乎?」

南容은 孔子의 弟子로 南宮에 살았으며, 이름은 縚, 또는 适로도 불린다. 字는 子容이고, 諡號는 敬叔이다. 孟懿子의 兄이기도 하다. 不廢란 반드시 쓰인다는 뜻을 말한다. 그는 言行을 삼갔기 때문에 잘 다려지는 朝代에는 등용되고, 어지러운 세대에는 禍를 면할 수 있다는 것이다. 이 일은 第11篇(258(11-5). '南容三復白圭, 孔子以其兄之子妻之.')을 보라.

○ 어떤 이는 이렇게 말하였다. "公冶長의 어짊은 南容에 미치지 못한다. 그 때문에 聖人이 그 딸은 公冶長의 아내로 삼고, 兄의 딸은 南容에게 시집보낸 것이니, 아마 兄에게는 厚하게 하고 자신에게는 薄하게 한 것이리라."

程子(程頤)가 말하였다. "이는(위 或人의 말) 자기 私心을 가지고 聖人을 엿본 것이다. 무릇 사람이 嫌疑를 피하는 것은 모두가 안으로 부족하기 때문이다. 聖人은 스스로 공정하니 어찌 嫌疑를 피할 일이 있겠는가? 하물며 딸을 시집보냄에 그 재능을 헤아려 짝을 찾아 주거늘, 더욱이 피해야 할 바가 있다는 것은 부당하다. 만약 孔子의 일이라면 그 나이의 長幼나 때의 先後를 알 수 없는데, 오직 嫌疑를 피하기 위해서 그러하였다고 여긴다면 크게 잘못된 생각이다. 嫌疑를 피해야 하는 일이라면 賢者도 하지 않을 터인데 하물며 聖人임이랴?"

## 094(5-2)

# 子謂子賤

공자가 자천子賤을 두고 이렇게 말하였다.

"군자로다, 이 사람 같다면! 노魯나라에 군자가 없다면 이 사람이 어디에서 이러한 품덕을 배웠겠는가?"

子謂子賤,「君子哉若人! 魯無君子者, 斯焉取斯?」⊖

【子賤】 孔子의 弟子이며, 姓은 宓, 이름은 不齊, 字는 子賤(B.C. 521~?)이다. 孔子보다 41세 아래였다고 한다.

【斯焉取斯】 앞의 斯는 이 사람, 즉 子賤. 뒤의 斯는 이러한 品德을 뜻한다.

## ◉ 諺解

子(ᄌᆞ)ㅣ 子賤(ᄌᆞ천)을 닐ᄋᆞ샤ᄃᆡ 君子(군ᄌᆞ)ㄴ 디라 이러ᄐᆞᆺ ᄒᆞᆫ 사ᄅᆞᆷ이여 魯(로)애 君子(군ᄌᆞ)ㅣ 업스면 이 어듸가 이를 取(취)ᄒᆞ리오

子(ᄌᆞ)ㅣ 子賤(ᄌᆞ천)을 니ᄅᆞ샤ᄃᆡ 君子(군ᄌᆞ)ㄴ 디라 이ᄀᆞᄐᆞᆫ 사ᄅᆞᆷ이여 魯(로)애 君子(군ᄌᆞ)ㅣ 업ᄉᆞ면 이 엇디 이를 取(취)ᄒᆞ리오

## ◈ 集註

094-㊀

焉, 於虔反.

○ 子賤, 孔子弟子, 姓宓, 名不齊. 上斯斯此人, 下斯斯此德. 子賤蓋能尊賢取友以成其德者. 故夫子旣歎其賢, 而又言:「若魯無君子, 則此人何所取以成此德乎?」因以見魯之多賢也.

○ 蘇氏曰:「稱人之善, 必本其父兄師友, 厚之至也.」

焉은 反切로 '於虔反'(언)이다.

○ 子賤은 孔子의 弟子로 姓은 宓이며, 이름은 不齊이다. 위에 있는 斯는 이 사람의 斯이며, 아래의 斯는 이 德의 斯이다. 子賤은 아마 능히 어진 이를 존경하고 친구를 取하여 그 德을 이룬 자일 것이다.(《說苑》 政理篇 210(7-26)에 '不齊之所父事者三人, 所兄事者五人, 所友者十一人'이라 함) 그 때문에 夫子가 그 어짊을 감탄하였고, 또한 "만약 魯나라에 君子가 없다면 이 사람이 어디로부터 취하여 이런 德을 성취하였을까?" 라고 말한 것이다. 이로써 보건대 魯나라에 어진 이가 많음을 표현한 것이다.

○ 蘇氏(蘇軾)는 이렇게 말하였다. "남의 훌륭함을 칭찬하는 데에 반드시 그의 父兄과 師友에 本을 두는 것은 두터움이 지극한 것이다."

## 095(5-3)

# 子貢問曰賜也何如

자공이 여쭈었다.
"저(子貢, 賜)는 어떤 인물입니까?"
공자가 이렇게 말하였다.
"너는 그릇이지."
자공이 다시 여쭈었다.
"어떤 그릇입니까?"
공자는 이렇게 대답하였다.
"호련瑚璉이로다."

子貢問曰:「賜也何如?」
　子曰:「女, 器也.」
　　曰:「何器也?」
　　曰:「瑚璉也.」㊀

【子貢】 端木賜. 字는 子貢.

【瑚璉】 宗廟에 곡식을 담아 獻上해 놓는 귀중한 그릇. 玉으로 장식하여 귀중함을 나타낸다. 그러나 수레의 일종이라 보기도 한다. 《說文解字》에는 「胡槤」이라 하였고 段玉裁의 注에는 「瑚雖見《論語》·《禮記》, 然依《左傳》作胡爲長. 璉, 當依許從木. 據《明堂位音義》, 四槤本作四連. 《周禮》·《管子》以『連』爲『輦』. 韓勑〈禮器碑〉: 『胡輦器用.』 卽胡連也. 司馬法, 夏后氏爲輦曰余車; 殷曰胡奴車; 周曰輜輦. 疑胡·輦皆取車爲名」이라 하였다.

## ◉ 諺解

子貢(ᄌᆞ공)이 묻ᄌᆞ와 ᄀᆞᆯ오ᄃᆡ 賜(ᄉᆞ)는 엇더ᄒᆞᆫ닝잇고 子(ᄌᆞ)ㅣ ᄀᆞᆯᄋᆞ샤ᄃᆡ 너는 器(긔)ㅣ니라 ᄀᆞᆯ오ᄃᆡ 엇던 器(긔)ㅣ닝잇고 ᄀᆞᆯᄋᆞ샤ᄃᆡ 瑚(호)ㅣ며 璉(련)이니라

子貢(ᄌᆞ공)이 問(문)ᄒᆞ야 ᄀᆞᆯ오ᄃᆡ 賜(ᄉᆞ)는 엇더ᄒᆞ니잇고 子(ᄌᆞ)ㅣ ᄀᆞᄅᆞ샤ᄃᆡ 너는 그르시니라 ᄀᆞᆯ오ᄃᆡ 무슴 그르시니잇고 ᄀᆞᄅᆞ샤ᄃᆡ 瑚璉(호련)이니라

## ◈ 集註

### 095-㊀

女, 音汝. 瑚, 音胡. 璉, 力展反.

○ 器者, 有用之成材. 夏曰瑚, 商曰璉, 周曰簠簋, 皆宗廟盛黍稷之器而飾以玉, 器之貴重而華美者也. 子貢見孔子以君子許子賤, 故以己爲問, 而孔子告之以此. 然則子貢雖未至於不器, 其亦器之貴者歟!

女는 음이 汝(여)이다. 瑚는 음이 胡(호)이다. 璉은 反切로 '力展反'(련)이다.

○ 器란 쓸모 있어 재질을 이룬 것이다. 夏나라 때에는 瑚라 하고, 商나라 때는 璉이라 하였으며,(《禮記》 明堂位에는 '夏后氏之四璉, 殷之六瑚'라 하여 이 곳과 다름) 周나라 때는 簠簋라 하였던 것으로, 모두가 宗廟에 黍稷을 담는 玉으로 장식한 그릇이며, 그 중에 귀중하면서 화려하고 아름다운 것이다. 子貢이 孔子께서 子賤을 君子쯤 된다고 하는 것을 보고, 이 때문에 자신은 어떤가 하고 물은 것이며, 孔子가 이렇게 일러준 것이다. 그러니 子貢은 비록 不器(爲政篇 028(2-12)의 '君子不器')의 경지에 이르지는 않았지만 역시 그릇 중에 귀한 것임을 말한 것이로다!

## 096(5-4)

# 或曰雍也仁而不佞

어떤 이가 이렇게 말하였다.

"염옹冉雍은 어질기는 하나 말재주는 없습니다."

공자가 이를 듣고 이렇게 말하였다.

"말재주를 어디에 쓰겠는가? 남과의 응답에 말재주로만 하면, 자주 남으로부터 미움을 사게 된다. 그의 어짊이 어떤지는 내 알 수 없지만 말재주를 어디에 쓰겠는가?"

或曰:「雍也仁而不佞.」㊀
子曰:「焉用佞? 禦人以口給, 屢憎於人. 不知其仁, 焉用佞?」㊁

【冉雍】 孔子의 弟子. 字는 仲弓.
【佞】 口辯이 뛰어남. 《禮記》 曲禮 釋文에 「口才曰佞」이라 함. 혹은 임금으로부터 뜻밖의 사랑을 받아 권력을 누리는 사람. 《史記》 佞幸列傳 참조.
【用佞】 用을 以로 보아 '어찌 말재주로써 평가하는가?'로 보기도 한다.
【口給】 막힘 없는 말솜씨. 言詞不窮, 辯才無礙의 뜻으로 본다.

## ◉ 諺解

陶山本 或(혹)이 ᄀᆞᆯ오ᄃᆡ 雍(옹)은 仁(ᅀᅵᆫ)ᄒᆞ고 佞(녕)티 몯ᄒᆞ도다
子(ᄌᆞ)ㅣ ᄀᆞᆯᄋᆞ샤ᄃᆡ 엇디 佞(녕)을 ᄡᅳ리오 人(ᅀᅵᆫ)을 禦(어)호ᄃᆡ 口給(구급)으로ᄡᅥ ᄒᆞ야 ᄌᆞ조 人(ᅀᅵᆫ)에 憎(증)ᄒᆞ이ᄂᆞ니 그 仁(ᅀᅵᆫ)은 아디 몯ᄒᆞ거니와 엇디 佞(녕)을 ᄡᅳ리오

栗谷本 或(혹)이 ᄀᆞᆯ오ᄃᆡ 雍(옹)은 仁(인)코 佞(녕)티 몯ᄒᆞ도다
子(ᄌᆞ)ㅣ ᄀᆞᄅᆞ샤ᄃᆡ 엇디 ᄡᅥ 佞(녕)ᄒᆞ리오 人(인)을 口給(구급)으로ᄡᅥ 禦(어)ᄒᆞ다가 ᄌᆞ조 人(인)의게 믜이ᄂᆞ니 그 仁(인)은 아디 몯ᄒᆞ거니와 엇디 ᄡᅥ 佞(녕) ᄒᆞ리오

## ◈ 集註

096-㊀

雍, 孔子弟子, 姓冉, 字仲弓. 佞, 口才也. 仲弓爲人重厚簡默, 而時人以佞爲賢, 故美其優於德, 而病其短於才也.

雍은 孔子의 弟子로 姓은 冉이며, 字는 仲弓이다. 佞은 말재주(口才)를 뜻한다. 仲弓은 사람됨이 重厚하고 簡默하였다. 당시 사람들은 말 잘하는 자를 어질다 여겼으므로, 그 德이 우수함을 아름답게 여기면서도 말재주는 짧은 것을 흠이라 여긴 것이다.

096-㊁

焉, 於虔反.

○ 禦, 當也, 猶應答也. 給, 辦也. 憎, 惡也. 言何用佞乎! 佞人所以應答人者, 但以口取辦而無情實, 徒多爲人所憎惡爾. 我雖未知仲弓之仁, 然其不佞乃所以爲賢, 不足以爲病也. 再言焉用佞, 所以深曉之.

○ 或疑「仲弓之賢而夫子不許其仁, 何也?」曰:「仁道至大, 非全體而不息者, 不足以當之. 如顔子亞聖, 猶不能無違於三月之後; 況仲弓雖賢, 未及顔子! 聖人固不得而輕許之也.」

焉은 反切로 '於虔反'(언)이다.

○ 禦는 當으로 應答과 같다. 給은 辦(잘 갖추다)이다. 憎은 惡(오)이다. '말재주를 어디에 쓰랴' 라고 한 것은 佞人은 남에게 응답함을 다만 입으로만 갖추면서 情實이 없기 때문에 한갓 남의 많은 증오만 살 뿐이다. 나는 비록 仲弓이 어진지는 알 수 없으나 그가 말재주 없음을 훌륭하다 여기지, 이를 잘못된 것이라 여기지 않는다라고 말한 것이다. 다시 焉用佞이라 한 것은 깊이 깨우쳐 주기 위하여 말한 것이다.

○ 혹자는 '仲弓이 어진데도 夫子가 그의 仁을 긍정하지 않은 것은 무슨 까닭인가' 라고 의아히 여겼다. 이렇게 볼 수 있다. "仁의 道란 지극히 커서 전체를 다하여 쉼 없이 하는 자가 아니면 여기에 해당 될 수가 없다. 顔回 같은 亞聖조차도 3개월이 지나도록 위배됨이 없이 할 수 없었는데, 하물며 仲弓이 비록 어질다고는 하나 顔子에 미치지 못함에랴! 聖人이 진실로 쉽게 이를 긍정할 수 없었던 것이다."

## 097(5-5)

# 子使漆雕開仕

공자가 칠조개漆雕開로 하여금 벼슬길에 오르도록 하자, 그는 이렇게 대답하였다.

"저는 이 일에 아직 자신을 갖지 못하고 있습니다."

이 말에 공자는 기뻐하였다.

子使漆雕開仕.
對曰:「吾斯之未能信.」
子說.㊀

【漆雕開】漆雕는 姓氏. 開는 이름. 字는 子若, 혹은 子開로 알려져 있다. 그러나 그의 이름은 啓였을 것으로 본다.《漢書》藝文志 儒家類에 「漆雕子十三篇. 孔子弟子漆雕啓後」라 하였고, 王應麟은 「史記列傳作漆雕開, 字子開. 蓋名啓字子開; 史記避景帝諱. 著書者其後也」라 하였다.

【吾斯之未能信】'吾未能信斯'의 도치형 문장.

## ◉ 諺解

子(ᄌᆞ)ㅣ 漆雕開(칠됴기)로 ᄒᆞ여곰 仕(ᄉᆞ)ᄒᆞ라 ᄒᆞ신대 對(ᄃᆡ)ᄒᆞ야 ᄀᆞᆯ오ᄃᆡ 내 이ᄅᆞᆯ 能(능)히 信(신)티 몯ᄒᆞ얀노이다 子(ᄌᆞ)ㅣ 說(열)ᄒᆞ시다

子(ᄌᆞ)ㅣ 漆雕開(칠됴기)로 ᄒᆡ여곰 仕(ᄉᆞ)ᄒᆞ라 ᄒᆞ신대 對(ᄃᆡ)ᄒᆞ야 ᄀᆞᆯ오ᄃᆡ 내 이ᄅᆞᆯ 能(능)히 信(신)티 몯ᄒᆞ얏노이다 子(ᄌᆞ)ㅣ 說(열)ᄒᆞ시다

## ◈ 集註

### 097-㊀

說, 音悅.

○ 漆雕開, 孔子弟子, 字子若. 斯, 指此理而言. 信, 謂眞知其如此, 而無毫髮之疑也. 開自言未能如此, 未可以治人, 故夫子說其篤志.

○ 程子曰:「漆雕開已見大意, 故夫子說之.」

又曰:「古人見道分明, 故其言如此.」

謝氏曰:「開之學無可考. 然聖人使之仕, 必其材可以仕矣. 至於心術之微, 則一毫不自得, 不害其爲未信. 此聖人所不能知, 而開自知之. 其材可以仕, 而其器不安於小成, 他日所就, 其可量乎! 夫子所以說之也.」

說은 음이 悅(열)이다.

○ 漆雕開는 孔子의 弟子이며, 字는 子若이다. 斯는 이러한 이치를 가리켜 말한 것이다. 信은 그것이 이와 같음을 진정으로 알고, 털끝만큼의 의심도 없음을 말한다. 漆雕開가 스스로 아직 이처럼 할 수 없어 가히 남을 다스릴 수 없다고 하자, 그 때문에 夫子가 그의 돈독한 뜻을 즐거워하였음을 말한 것이다.

○ 程子(程頤)는 이렇게 말하였다. "漆雕開는 이미 큰 뜻을 보였으므로 夫子가 기뻐한 것이다."

또 이렇게 말하였다. "옛 사람은 道를 봄이 분명하여 그 까닭으로 이렇게 말한 것이다."

謝氏(謝良佐)는 이렇게 말하였다. "漆雕開의 學問은 가히 상고할 길이 없으나 聖人께서 벼슬하도록 시킨 것을 보면 틀림없이 그 材木이 가히 벼슬할 만하였으리라. 마음 씀씀이가 미세한 부분에 이르러서라면 털끝만큼도 스스로 터득하지 못함에는 그것이 아직 자신 없다고 함에 손해 될 것이 없다. 이는 聖人도 알지 못하였으나, 漆雕開는 스스로 이를 알고 있었다. 그 材木됨이 가히 벼슬할 만하나 그 器量은 작은 성취에 안주하지 않으니, 다른 날에 성취하는 바는 가히 헤아릴 만 하도다! 夫子가 이 때문에 즐거워한 것이다."

## 098(5-6)

# 道不行乘桴浮于海

공자가 말하였다.

"도가 실행되지 못하고 있으니 뗏목을 타고 바다로 갈까보다. 그러면 나를 따를 자는 자유子由라고나 할까?"

자유(子由; 子路)가 이를 듣고 기뻐하자, 공자가 이렇게 말하였다.

"자유는 용맹을 좋아하는 면에서는 나보다 낫지만, 재능은 취할 것이 없다."

子曰:「道不行, 乘桴浮于海. 從我者, 其由與?」

子路聞之喜.

子曰:「由也好勇過我, 無所取材.」㊀

【桴】 대나무와 나무로 엮은 뗏목. 규모가 큰 것을 筏, 작은 것을 桴라 한다. 음은 '부'이다.

【海】《論語》에서 海는 주로 동쪽 바다 건너의 우리나라를 뜻한다.

【子由】 仲由. 字는 子路.

【材】 材에 대한 풀이는 여러 가지가 있다. 주로 '才能·재주'로 해석하지만 '哉'의 假借字로도 본다.(楊伯峻) 그 외에 구체적인 木材로 보아 '배를 만들어 해외로 가려하나 그에 쓸 목재를 구할 수 없다'로 해석하기도 한다. 즉 鄭玄은 「無所取材者, 無所取於桴材; 以子路不解微言, 故戲之耳」라 하였다. 또 다른 풀이로는 '裁'로 보아 '子路가 지나치게 勇猛만 있고 節制나 판단이 뒤쳐진다'로 해석하는 견해도 있다.(朱子)

## ◉ 諺解

子(ᄌᆞ)ㅣ ᄀᆞᆯᄋᆞ샤ᄃᆡ 道(도)ㅣ 行(ᄒᆡᆼ)티 몯ᄒᆞᄂᆞᆫ 디라 桴(부)를 乘(ᄉᆞᆼ)ᄒᆞ야 海(ᄒᆡ)에 浮(부)호리니 나ᄅᆞᆯ 從(죵)ᄒᆞᆯ 者(쟈)ᄂᆞᆫ 그 由(유)ᅟᅵᆫ뎌 子路(ᄌᆞ로)ㅣ 듣고 깃거ᄒᆞᆫ대 子(ᄌᆞ)ㅣ ᄀᆞᆯᄋᆞ샤ᄃᆡ 由(유)ᄂᆞᆫ 勇(용)을 好(호)홈이 내게 過(과)ᄒᆞ나 取(취)ᄒᆞ야 材(ᄌᆡ)ᄒᆞᆯ 빼 업도다

子(ᄌᆞ)ㅣ ᄀᆞᄅᆞ샤ᄃᆡ 道(도)ㅣ 行(ᄒᆡᆼ)티 몯ᄒᆞ란ᄃᆡ 桴(부)ᄅᆞᆯ 乘(ᄉᆞᆼ)ᄒᆞ야 海(ᄒᆡ)에 浮(부)호리니 날 조ᄎᆞ리ᄂᆞᆫ 그 由(유)ᅟᅵᆫ뎌 子路(ᄌᆞ로)ㅣ 듯고 깃거ᄒᆞᆫ대 子(ᄌᆞ)ㅣ ᄀᆞᄅᆞ샤ᄃᆡ 由(유)ㅣ 勇(용)을 好(호)ᄒᆞ기 내게 너므나 取(취)ᄒᆞ야 材(ᄌᆡ)혼 배 업도다

## ◈ 集註

098-㊀

桴, 音孚. 從·好, 並去聲. 與, 平聲. 材, 與裁同, 古字借用.

○ 桴, 筏也. 程子曰:「浮海之歎, 傷天下之無賢君也. 子路勇於義, 故謂其能從己,皆假設之言耳. 子路以爲實然, 而喜夫子之與己, 故夫子美其勇, 而譏其不能裁度事理, 以適於義也.」

桴는 음이 孚(부)이다. 從과 好는 모두 去聲이다. 與는 平聲이다. 材는 裁와 같으며, 옛 글자를 借用한 것이다.

○ 桴는 筏(뗏목의 일종)이다. 程子(程頤)가 말하였다. "浮海之歎은 天下에 어진 임금이 없음을 상심한 것이다. 子路는 義에 용감하였다. 그 때문에 그가 능히 자신을 따를 것이라 한 것으로, 모두 가정해서 말한 것일 뿐이다. 그런데 子路는 실제로 그렇다고 여겨 夫子가 자신을 참여시킴을 즐거워하였던 것이다. 그 때문에 夫子가 그의 勇猛을 칭찬하면서도 그가 능히 事理를 재탁(裁度)하여 義에 적용시키지 못함을 譏弄한 것이다."

## 099(5-7)

# 孟武伯問子路仁乎

맹무백孟武伯이 물었다.

“자로子路는 어진 사람입니까?”

공자가 대답하였다.

“모르겠도다.”

또다시 묻자 공자가 이렇게 말하였다.

“자로는 천승지국千乘之國에 가히 그 나라의 부賦를 담당하게 할 만하나, 그가 어진지는 모르겠도다.”

“그러면 염구冉求는 어떠합니까?”

이 물음에 공자는 이렇게 대답하였다.

“염구는 천실지읍千室之邑, 백승지가百乘之家 정도에 가히 재宰를 담당할 만하나, 그가 어진지는 모르겠도다.”

“그러면 공서적公西赤은 어떻습니까?”

다시 공자가 대답하였다.

“공서적이라면 띠를 두르고 조정에 서서 가히 빈객들과 대담하는 임무를 맡길 만하나, 역시 그가 어진지는 모르겠도다.”

孟武伯問:「子路仁乎?」

子曰:「不知也.」㊀

又問.

子曰:「由也, 千乘之國, 可使治其賦也, 不知其仁也.」㊁

「求也何如?」

子曰:「求也, 千室之邑, 百乘之家, 可使爲之宰也, 不知其仁也.」㊂

「赤也何如?」

子曰:「赤也, 束帶立於朝, 可使與賓客言也, 不知其仁也.」㊃

【孟武伯】 仲孫彘 孟懿子의 아들. 武는 謚號. (2-6) 참조.

【子路】 仲由. (前出)

【賦】 고대의 兵役 制度. 여기서는 '軍政을 담당하다'의 뜻. 《左傳》 隱公 4年 傳의 服虔 注에 「賦, 兵也. 以田賦出兵, 故謂之賦」라 하였다.

【冉求】 字는 子有.

【宰】 邑長이나 家臣의 총칭. 總管의 뜻.

【公西赤】 字는 子華. 孔子의 弟子. 孔子보다 42세 아래였다고 한다.

【賓客】 주로 諸侯 사이의 外交관계를 뜻한다.

## ◉ 諺解

陶山本 孟武伯(믱무빅)이 묻ᄌᆞ오ᄃᆡ 子路(ᄌᆞ로)ᄂᆞᆫ 仁(싄)ᄒᆞ닝잇가 子(ᄌᆞ)ㅣ ᄀᆞᆯᄋᆞ샤ᄃᆡ 아디 몯ᄒᆞ노라

또 묻ᄌᆞ온대 子(ᄌᆞ)ㅣ ᄀᆞᆯᄋᆞ샤ᄃᆡ 由(유)ᄂᆞᆫ 千乘(쳔승)ㅅ 나라희 可(가)히 ᄒᆞ여곰 그 賦(부)ᄂᆞᆫ 治(티)ᄒᆞ얌즉 ᄒᆞ거니와 그 仁(싄)은 아디 몯게라

求(구)ᄂᆞᆫ 엇더ᄒᆞ닝잇고 子(ᄌᆞ)ㅣ ᄀᆞᆯᄋᆞ샤ᄃᆡ 求(구)ᄂᆞᆫ 千室(쳔실)ㅅ 邑(읍)과 百乘(빅승)ㅅ 家(가)애 可(가)히 ᄒᆞ여곰 宰(ᄌᆡ)되염즉 ᄒᆞ거니와 그 仁(싄)은 아디 몯게라

赤(젹)은 엇더ᄒᆞ닝잇고 子(ᄌᆞ)ㅣ ᄀᆞᆯᄋᆞ샤ᄃᆡ 赤(젹)은 帶(ᄃᆡ)를 束(속)ᄒᆞ야 朝(됴)애 立(립)ᄒᆞ야 可(가)히 ᄒᆞ여곰 賓客(빈긱)으로 더브러 言(언)ᄒᆞ얌즉 ᄒᆞ거니와 그 仁(싄)은 아디 몯게라

栗谷本 孟武伯(믱무빅)이 問(문)호ᄃᆡ 子路(ᄌᆞ로)ㅣ 仁(인)ᄒᆞ니잇가 子(ᄌᆞ)ㅣ ᄀᆞᄅᆞ샤ᄃᆡ 아디 몯ᄒᆞ노라

또 問(문)ᄒᆞᆫ대 子(ᄌᆞ)ㅣ ᄀᆞᄅᆞ샤ᄃᆡ 由(유)ᄂᆞᆫ 千乘(쳔승) 나라희 可(가)히 ᄒᆡ여곰 그 賦(부)를 다ᄉᆞ리려니와 그 仁(인)은 아디 몯게라

求(구)ᄂᆞᆫ 엇더ᄒᆞ니잇고 子(ᄌᆞ)ㅣ ᄀᆞᄅᆞ샤ᄃᆡ 求(구)ᄂᆞᆫ 千室(쳔실) 고을과 百乘(빅승) 집의 可(가)히 ᄒᆡ여곰 宰(ᄌᆡ)를 사ᄆᆞ려니와 그 仁(인)은 아디 몯게라

赤(젹)은 엇더ᄒᆞ니잇고 子(ᄌᆞ)ㅣ ᄀᆞᄅᆞ샤ᄃᆡ 赤(젹)은 帶(ᄃᆡ)를 束(속)ᄒᆞ고 朝(됴)애 立(립)ᄒᆞ아 可(가)히 ᄒᆡ여곰 賓客(빈긱)과 더브러 言(언)ᄒᆞ려니와 그 仁(인)은 아디 몯게라

## ◈ 集註

099-㊀

子路之於仁, 蓋日月至焉者. 或在或亡, 不能必其有無, 故以不知告之.

子路는 仁에 있어서 아마 하루에 한 번, 한 달에 한 번 떠올리는 자였을 것이다. 혹 있기도 하고 혹 없기도 하여 틀림없이 그 有無를 단정할 수 없기 때문에 不知라고 말한 것이다.

### 099-㈡

乘, 去聲.

○ 賦, 兵也. 古者以田賦出兵, 故謂兵爲賦, 春秋傳所謂「悉索敝賦」是也. 言子路之才, 可見者如此, 仁則不能知也.

乘은 去聲이다.

○ 賦는 兵(軍政)이다. 옛날 田賦에 따라 出兵하므로 그 때문에 兵을 賦라 한 것이다. 《春秋傳》에 말한 바 "우리의 군대를 다 찾아 모아"(《左傳》 襄公 8年에 王子伯駢을 시켜 晉나라에 告한 말)라고 한 것이 이것이다. 子路의 재주에 가히 알 수 있는 것은 이와 같으나, 仁에 대해서는 능히 알 수 없다고 말한 것이다.

### 099-㈢

千室, 大邑. 百乘, 卿大夫之家. 宰, 邑長家臣之通號.

千室은 大邑이다. 百乘은 卿·大夫의 집을 말한다. 宰는 邑長의 家臣에 대한 通號이다.

### 099-㈣

朝, 音潮.

○ 赤, 孔子弟子, 姓公西, 字子華.

朝는 음이 潮(조)이다.

○ 赤은 孔子의 弟子로 姓은 公西이며 字는 子華이다.

## 100(5-8)

# 子謂子貢曰

공자가 자공子貢에게 이렇게 말하였다.

"너와 안회顔回를 비교한다면 누가 나을까?"

자공이 대답하였다.

"저賜같은 자가 어찌 감히 안회를 쳐다볼 수 있겠습니까? 안회는 하나를 들으면 열을 알아차리지만 저는 하나를 들으면 둘 정도를 알아차릴 뿐인데요."

공자가 말하였다.

"그만 못하지. 나도 너는 그만 못하다는 것에 동의한다."

子謂子貢曰:「女與回也孰愈?」㊀
對曰:「賜也何敢望回? 回也聞一以知十,
賜也聞一以知二.」㊁
子曰:「弗如也; 吾與女弗如也.」㊂

【愈】 낫다(勝)의 뜻.
【賜】 子貢의 이름. 端木賜.
【吾與】 與는 動詞로 '同意하다, 許與하다, 그렇다고 인정하다'의 뜻. 包咸은 「旣然子貢不如, 復云吾與女俱不如者, 蓋欲以慰子貢也」라 하였다.

## ◉ 諺解

子(ᄌᆞ)ㅣ 子貢(ᄌᆞ공)ᄃᆞ려 닐어 ᄀᆞᆯᄋᆞ샤ᄃᆡ 네 回(회)로 더브러 뉘 愈(유)ᄒᆞ뇨
對(ᄃᆡ)ᄒᆞ야 ᄀᆞᆯ오ᄃᆡ 賜(ᄉᆞ)는 엇디 敢(감)히 回(회)를 ᄇᆞ라링잇고 回(회)ᄂᆞᆫ ᄒᆞ나흘 들어 ᄡᅧ 열흘 알고 賜(ᄉᆞ)ᄂᆞᆫ ᄒᆞ나흘 들어 ᄡᅧ 둘흘 아농이다
子(ᄌᆞ)ㅣ ᄀᆞᆯᄋᆞ샤ᄃᆡ ᄀᆞᆮ디 몯ᄒᆞ니라 내 네의 ᄀᆞᆮ디 몯호라 홈을 與(여)ᄒᆞ노라

栗谷本

子(ᄌᆞ)ㅣ 子貢(ᄌᆞ공)ᄃᆞ려 닐러 ᄀᆞᄅᆞ샤ᄃᆡ 네 다ᄆᆺ 回(회)로 뉘 나ᄋᆞ뇨
對(ᄃᆡ)ᄒᆞ야 ᄀᆞᆯ오ᄃᆡ 賜(ᄉᆞ)ㅣ 엇디 敢(감)히 回(회)ᄅᆞᆯ ᄇᆞ라리잇고 回(회)ᄂᆞᆫ 一(일)을 聞(문)호매 十(십)을 알고 賜(ᄉᆞ)ᄂᆞᆫ 一(일)을 聞(문)호매 二(이)ᄅᆞᆯ 아노이다
子(ᄌᆞ)ㅣ ᄀᆞᄅᆞ샤ᄃᆡ ᄀᆞᆮ디 아니ᄒᆞ니 내 네의 ᄀᆞᆮ디 아니타 호ᄆᆞᆯ 與(여)ᄒᆞ노라

◈ 集註

100-㊀

女, 音汝, 下同.
○ 愈, 勝也.

女는 음이 汝(여)이며, 아래도 같다.
○ 愈는 '낫다'(勝)이다.

100-㊁

一, 數之始. 十, 數之終. 二者, 一之對也. 顔子明睿所照, 卽始而見終; 子貢推測而知, 因此而識彼. 「無所不悅」·「告往知來」, 是其驗矣.

一은 數의 시작이고, 十은 수의 끝이다. 二는 一에 상대하여 쓴 것이다. 顔子(顔回)는 밝은 지혜로 비추는 바를 시작하면 끝까지 보지만, 子貢은 추측으로 알아차려 이것을 근거로 저것을 아는 자이다. "즐거워하지 않음이 없는 顔回"(先進篇 256(11-3)에 '於吾言無所不說'이라 함)와 "지난 것을 일러주면 다음에 나올 말을 아는 子貢"(學而篇 015(1-15)에 '告諸往而知來者'라 함)의 구분이 그 증거이다.

100-㊂

與, 許也.
○ 胡氏曰:「子貢方人, 夫子旣語以不暇, 又問其與回孰愈, 以觀其自知之如何. 聞一知十, 上知之資, 生知之亞也. 聞一知二, 中人以上之資, 學而知之之才也. 子貢平日以己方回, 見其不可企及, 故喩之如此. 夫子以其自知之明, 而又不難於自屈, 故旣然之, 又重許之. 此其所以終聞性與天道, 不特聞一知二而已也.」

與는 許(許與하다, 긍정하다, 허락하다)이다.

○ 胡氏(胡寅)는 이렇게 말하였다. "子貢이 남을 비교하자 夫子가 이미 그럴 겨를이 없다(憲問篇 363(14-31)에 子貢方人. 子曰: '賜也賢乎哉? 夫我則不暇'라 한 것)라고 해놓고 다시 '너와 顔回는 누가 나으냐?'라고 물은 것은 스스로 자신을 앎이 어떠한가를 보기 위한 것이다. 하나를 듣고 열을 안다면 上知의 자질을 가진 것이며, 이는 生而知之에 버금간다. 하나를 듣고 둘을 아는 것은 中人 이상의 자질로, 學而知之의 재능이다. 子貢이 평소 자신을 顔回에 비교하여 가히 따를 수 없음을 알았기 때문에 이렇게 비유를 한 것이다. 夫子는 그가 스스로 앎이 명확하고 게다가 스스로 굴복함도 어렵지 않게 여기자, 그 때문에 그렇다고 하면서 다시 이를 거듭 이를 긍정한 것이다. 이 때문에 子貢은 性과 天道(104, 5-12)에 대하여 끝까지 들을 수 있게 된 것이며, 특별히 하나를 듣고 둘을 아는 문제에 한정된 것은 아니다."

## 101(5-9)

# 宰予晝寢

재여宰予가 낮잠을 자자 공자가 이렇게 말하였다.

"썩은 나무는 조각을 할 수 없고, 분토와 같은 썩은 흙의 담장은 더 이상 흙을 바를 수가 없지. 재여에게 무슨 꾸지람을 하랴?"

공자가 말하였다.

"처음에는 내가 그 사람의 말만 듣고 그의 행실을 믿었었다. 그러나 지금은 사람을 대할 때 그의 말을 듣고는 그의 행동까지 보아야겠다고 생각하게 되었다. 재여로 인하여 이렇게 바뀐 것이다."

宰予晝寢.

子曰:「朽木不可雕也, 糞土之牆不可杇也;

於予與何誅?」㊀

子曰:「始吾於人也, 聽其言而信其行; 今吾於人也,

聽其言而觀其行. 於予與改是.」㊁

【宰予】姓은 宰이며, 이름은 予, 字는 子我. 孔子의 弟子이다.

【朽木】썩은 나무(腐木).

【糞土】더러운 흙.

【杇】원래 名詞로는 흙손. 벽을 바르는 연장. 動詞로는 '흙을 바르다'의 뜻. 음은 '오'이다.

【誅】글자의 原意대로 말로 꾸짖는 것.

【子曰】중간에 다시 『子曰』을 넣은 것은 衍文이거나 위의 문장과 관련이 없다고 여기고 있다. 이에 대해 胡寅은 「子曰疑衍文. 不然, 則非一日之言也」라 하였다.

"聽其言而觀其行"(石可)

## ◉ 諺解

陶山本 宰予(ᄌᆡ여)ㅣ 晝(듀)에 寢(침)ᄒᆞ거ᄂᆞᆯ 子(ᄌᆞ)ㅣ ᄀᆞᆯᄋᆞ샤ᄃᆡ 朽(후)ᄒᆞᆫ 木(목)은 可(가)히 雕(됴)티 몯ᄒᆞᆯ 꺼시며 糞土(분토)ㅅ 牆(쟝)은 可(가)히 杇(오)티 몯ᄒᆞᆯ 꺼시니 予(여)에 엇디 誅(듀)ᄒᆞ리오

子(ᄌᆞ)ㅣ ᄀᆞᆯᄋᆞ샤ᄃᆡ 비르소 내 人(신)의게 그 言(언)을 듣고 그 行(ᄒᆡᆼ)을 信(신)ᄒᆞ다니 이제 내 人(신)의게 그 言(언)을 듣고 그 行(ᄒᆡᆼ)을 觀(관)ᄒᆞ노니 予(여)의게 이를 改(ᄀᆡ)ᄒᆞ과라

栗谷本 宰予(지여)ㅣ 나ᄌᆞㅣ 자거ᄂᆞᆯ 子(ᄌᆞ)ㅣ ᄀᆞᄅᆞ샤ᄃᆡ 朽木(후목)을 可(가)히 雕(됴)티 몯ᄒᆞ며 糞土(분토)의 牆(쟝)을 可(가)히 杇(오)티 몯홀거시니 予(여)의게 엇디 誅(듀)ᄒᆞ리오

子(ᄌᆞ)ㅣ ᄀᆞᄅᆞ샤ᄃᆡ 처음에 내 人(인)의게 그 말을 듯고 그 行(힝)을 밋다니 이제 내 人(인)의게 그 말을 듯고 그 行(힝)을 보노니 予(여)의게 이를 改(ᄀᆡ)ᄒᆞ과라

## ◈ 集註

### 101-㊀

朽, 許久反. 杇, 音汙. 與, 平聲, 下同.

○ 晝寢, 謂當晝而寐. 朽, 腐也. 雕, 刻畫也. 杇, 鏝也. 言其志氣昏惰, 教無所施也. 與, 語辭. 誅, 責也. 言不足責, 乃所以深責之.

朽는 反切로 '許久反'(후)이다. 杇는 음이 汙(오)이다. 與는 平聲이며 아래도 같다.

○ 晝寢은 낮인데도 잠자는 것을 말한다. 朽는 썩다의 뜻이요, 雕는 새겨서 그리는 것이며, 杇는 흙손(흙을 바르다)이다. 그 志氣가 혼미하고 게을러, 가르침을 베풀 바가 없음을 말한 것이다. 與는 語辭(語氣辭, 語助辭)이다. 誅는 책망함이다. 족히 꾸짖을 만도 못한다고 말한 것은 깊이 이를 꾸짖은 것이다.

### 101-㊁

行, 去聲.

○ 宰予能言而行不逮, 故孔子自言於予之事而改此失, 亦以重警之也.

胡氏曰: 「『子曰』疑衍文, 不然, 則非一日之言也.」

○ 范氏曰: 「君子之於學, 惟日孜孜, 斃而後已, 惟恐其不及也. 宰予晝寢, 自棄孰甚焉? 故夫子責之.」

胡氏曰:「宰予不能以志帥氣, 居然而倦. 是宴安之氣勝, 儆戒之志惰也. 古之聖賢未嘗不以懈惰荒寧爲懼, 勤勵不息自强, 此孔子所以深責宰予也. 聽言觀行, 聖人不待是而後能, 亦非緣此而盡疑學者. 特因此立敎, 以警羣弟子, 使謹於言而敏於行耳.」

行은 去聲(명사, 행동)이다.

○ 宰予는 말에는 능하나 행동이 미치지 못하여 그 때문에 孔子가 宰予의 일로 인하여 이러한 과실을 고쳤다고 말한 것은 역시 거듭 이를 경고한 것이다.

胡氏(胡寅)는 이렇게 말하였다. "'子曰'이라 한 것은 衍文이 아닌가 한다. 그렇지 않다면 같은 한날에 말한 것이 아닐 것이다."

范氏(范祖禹)는 이렇게 말하였다. "君子에게 있어서의 學問이란 오직 날마다 부지런히 하여 죽은 이후에야 그치는 것(泰伯篇 191(8-7) '死而後已'라 함)으로, 다만 그에 미치지 못할까 두렵게 여겨야 하는 것이다.(泰伯篇 201(8-17)에 '學如不及, 猶恐失之'라 함) 그런데 宰予가 낮잠을 잤으니 스스로 포기함이 그 무엇이 이보다 심하겠는가? 그 때문에 夫子가 질책한 것이다."

胡氏(胡寅)는 이렇게 말하였다. "宰予는 능히 以志帥氣(의지로 기운을 통솔함)하지 못하여 편안히 하며 게을렀다. 이는 宴安之氣(편안히 하고자 하는 기운)는 勝하고 儆戒之志(경계하고자 하는 의지)는 나태한 경우이다. 옛 聖賢은 懈惰荒寧(게으르고 편안함만 추구함)을 두렵게 여기고 不息自强하여 부지런히 힘쓰지 않은 것이 없으니, 이것이 宰予를 깊이 질책한 所以이다. 말을 듣고 행동을 보겠다는 것은 聖人이 이런 일을 기다린 후에야 능한 것도 아니며, 역시 이를 이유로 배우는 자 모두를 의심한 것도 아니다. 다만 이를 계기로 교훈을 세워 여러 제자들을 경계함으로써 그들로 하여금 말에는 조심하고 행동에는 민첩하게 하려 한 것일 뿐이다."

## 102(5-10)

# 吾未見剛者

공자가 말하였다.
"나는 아직 강직剛한 자를 보지 못하였다."
이 말에 어떤 이가 대꾸하였다.
"신정申棖이란 자가 있지 않습니까?"
공자가 이렇게 말하였다.
"신정이란 자는 욕심이 많은 것이지, 어찌 강직하다고 할 수 있겠는가?"

子曰:「吾未見剛者.」
或對曰:「申棖.」
子曰:「棖也慾, 焉得剛?」⊖

【剛】 강직함. 堅强不屈함.

【申棖】 魯나라 사람으로 孔子의 弟子. 《史記》 仲尼弟子列傳에는 申黨으로 실려 있으며, 字는 周라 하였다. 그 외의 後漢 때의 〈王政碑〉에는 「無申棠之欲」이라 하여 申棠으로 되어 있다. 古音으로 棖과 黨은 疊韻으로 쓴 것이다. 棖은 《集韻》에 「除耕反」(정)으로 되어 있다.

### ◉ 諺解

子(ᄌᆞ)ㅣ ᄀᆞᆯᄋᆞ샤ᄃᆡ 내 剛(강)ᄒᆞᆫ 者(쟈)를 보디 몯게라 或(혹)이 對(ᄃᆡ)ᄒᆞ야 ᄀᆞᆯ오ᄃᆡ 申棖(신뎡)이닝이다 子(ᄌᆞ)ㅣ ᄀᆞᆯᄋᆞ샤ᄃᆡ 棖(뎡)은 慾(욕)ᄒᆞ거니 엇디 시러곰 剛(강)ᄒᆞ리오

子(ᄌᆞ)ㅣ ᄀᆞᄅᆞ샤ᄃᆡ 내 剛(강)ᄒᆞᆫ 者(쟈)ᄅᆞᆯ 보디 몯게라 或(혹)이 對(ᄃᆡ)ᄒᆞ야 ᄀᆞᆯ오ᄃᆡ 申棖(신뎡)이니이다 子(ᄌᆞ)ㅣ ᄀᆞᄅᆞ샤ᄃᆡ 棖(뎡)은 慾(욕)ᄒᆞ거니 엇디 시러곰 剛(강)ᄒᆞ리오

### ◈ 集註

102-㊀

焉, 於虔反.

○ 剛, 堅强不屈之意, 最人所難能者, 故夫子歎其未見. 申棖, 弟子姓名. 慾, 多嗜慾也. 多嗜慾, 則不得爲剛矣.

○ 程子曰: 「人有慾則無剛, 剛則不屈於慾.」

謝氏曰: 「剛與慾正相反. 能勝物之謂剛, 故常伸於萬物之上; 爲物揜之謂慾, 故常屈於萬物之下. 自古有志者少, 無志者多, 宜夫子之未見也. 棖之慾不可知, 其爲人得非悻悻自好者乎? 故或者疑以爲剛, 然不知此其所以爲慾耳.」

焉은 反切로 '於虔反'(언)이다.

○ 剛은 굳세고 강하여 굽히지 않는다는 뜻이며, 사람으로서 가장 능히 하기가 어려운 바이다. 그 때문에 夫子가 보지 못하였다고 탄식한 것이다. 申棖은 弟子의 姓名이다. 慾은 嗜慾이 많음을 뜻한다. 嗜慾이 많으면 강하게 됨을 얻을 수 없다.

○ 程子(程頤)가 말하였다. "사람이 욕심이 있으면 剛함이 없고, 剛하면 욕심에 굴복하지 않는다."

謝氏(謝良佐)는 이렇게 말하였다. "剛과 慾은 서로 상반된다. 능히 外物을 이겨내는 것을 剛이라 한다. 따라서 늘 萬物의 위에 펼쳐져 있다. 外物에 가리워지는 것을 慾이라 한다. 그러므로 이는 항상 萬物의 아래에서 굽혀지게 된다. 自古로 의지를 가진 자는 적고 의지가 없는 자는 많으니, 의당 夫子도 보지 못하였으리라. 申棖의 욕심을 알 수는 없으나 그의 사람됨이 悻悻自好(《孟子》 044의 集註에 '悻悻, 怒意也'라 하였고 131에는 '自好, 自愛其身之人也'라 하였음)하는 자는 아니었을까 한다. 그 까닭으로 혹자(본문의 或)가 이것이 剛인 줄 알았지만, 이것이 慾이 되는 것인 줄은 몰랐던 것이다."

## 103(5-11)

# 子貢曰我不欲人之加諸我也

자공子貢이 말하였다.

“저는 남이 나에게 가加하기 원치 않는 것을, 저 역시 남에게 가하지 않고자 합니다.”

공자가 이렇게 말하였다.

“사(賜, 子貢)야, 이는 네가 미칠 수 있는 바가 아니다.”

子貢曰:「我不欲人之加諸我也, 吾亦欲無加諸人.」

子曰:「賜也, 非爾所及也.」㊀

【加諸】 加는 ‘陵蔑하다’로 본다(馬融). 諸는 ‘之於’의 合音字로 음은 ‘저’이다.

【賜】 端木賜. 子貢.

## ◉ 諺解

陶山本 子貢(ᄌᆞ공)이 ᄀᆞᆯ오ᄃᆡ 내 人(ᅀᅵᆫ)이 내게 加(가)ᄒᆞ과뎌 아니ᄒᆞᄂᆞᆫ 거슬 내 ᄯᅩᄒᆞᆫ 人(ᅀᅵᆫ)의게 加(가)홈이 업고져 ᄒᆞᄂᆞᆼ이다 子(ᄌᆞ)ㅣ ᄀᆞᆯᄋᆞ샤ᄃᆡ 賜(ᄉᆞ)아 네의 及(급)홀 빼 아니니라

栗谷本 子貢(ᄌᆞ공)이 ᄀᆞᆯ오ᄃᆡ 내 人(인)이 내게 加(가)호ᄆᆞᆯ 欲(욕)디 아닌 거ᄉᆞ로 내 ᄯᅩᄒᆞᆫ 人(인)의게 加(가)호ᄆᆞᆯ 업고져 ᄒᆞ노이다 子(ᄌᆞ)ㅣ ᄀᆞᄅᆞ샤ᄃᆡ 賜(ᄉᆞ)아 네 及(급)ᄒᆞᆯ 배 아니니라

## ◈ 集註

103-㊀

子貢言:「我所不欲人加於我之事, 我亦不欲以此加之於人.」此仁者之事, 不待勉强, 故夫子以爲非子貢所及.

○ 程子曰:「我不欲人之加諸我, 吾亦欲無加諸人, 仁也; 施諸己而不願, 亦勿施於人, 恕也. 恕則子貢或能勉之, 仁則非所及矣.」

愚謂:「無者自然而然, 勿者禁止之謂, 此所以爲仁恕之別.」

子貢은 "나는 남이 加하지 않았으면 하는 일을 나 역시 이를 남에게 加하지 않으려 한다"라고 말하였다. 이는 仁者의 일로 억지로 그렇게 하기를 기다릴 것도 아니다. 그 때문에 夫子가 이는 子貢이 미칠 수 있는 바가 아니라고 여긴 것이다.

○ 程子(程頤)가 이렇게 말하였다. "나는 남이 加하기를 원치 않는 일을 않는 것을, 역시 남에게 加하지 않고자 한다는 것은 仁이다. 자기에게 베풀기를 원치 않는 것을 역시 남에게 베풀지 않는 것(顔淵篇 280(12-2)와 衛靈公篇 402(15-23)에 '己所不欲, 勿施於人'이라 함)은 恕이다. 恕라면 子貢도 혹 능히 힘쓰면 될 수 있겠으나 仁은 미칠 수 있는 바가 아니다."

내 생각은 이렇다. "無(無加諸人의 무, 없다)는 자연히 그렇게 되는 것이요, 勿 (勿施於人의 勿)은 禁止하는 말이다. 이것이 仁과 恕의 구별이 되는 바이다."

## 104(5-12)

# 子貢曰夫子之文章

자공子貢이 말하였다.

"선생님의 문장文章은 얻어들을 수 있었지만, 선생님의 성性이나 천도天道에 대한 말씀은 얻어들을 수 없었다."

子貢曰:「夫子之文章, 可得而聞也; 夫子之言性與天道, 不可得而聞也.」㊀

【文章】 弟子를 가르치는 教材. 經書를 뜻한다. 劉寶楠은「夫子文章, 謂詩書禮樂也」라 하였다.

【性】 사람의 本性, 天性. 劉寶楠은《論語正義》에서《周易》과《春秋》를 가리키는 것이라 하였다. 그러나 일반적으로 孔子가 宇宙論·人性論 등에 대해서는 言及하지 않다가, 이 때에 한 번 말한 것을 듣고 감탄한 것이라고 보고 있다.

## ◉ 諺解

陶山本 子貢(ᄌᆞ공)이 ᄀᆞᆯ오ᄃᆡ 夫子(부ᄌᆞ)의 文章(문쟝)은 可(가)히 시러곰 드르려니와 夫子(부ᄌᆞ)의 性(셩)과 다ᄆᆺ 天道(텬도)를 닐ᄋᆞ샤믄 可(가)히 시러곰 듣디 몯ᄒᆞᆯ 이니라

栗谷本 子貢(ᄌᆞ공)이 ᄀᆞᆯ오ᄃᆡ 夫子(부ᄌᆞ)의 文章(문쟝)은 可(가)히 시러곰 드르려니와 夫子(부ᄌᆞ)의 性(셩)과 다ᄆᆺ 天道(텬도) 言(언)ᄒᆞ샤문 可(가)히 시러곰 듯디 몯ᄒᆞᆯ 디니라

## ◈ 集註

104-㊀

文章, 德之見乎外者, 威儀文辭皆是也. 性者, 人所受之天理; 天道者, 天理自然之本體, 其實一理也. 言夫子之文章, 日見乎外, 固學者所共聞; 至於性與天道, 則夫子罕言之, 而學者有不得聞者. 蓋聖門敎不躐等, 子貢至是始得聞之, 而歎其美也.
○ 程子曰:「此子貢聞夫子之至論而歎美之言也.」

文章은 德이 밖으로 드러나는 것이며, 威儀·文辭가 모두 여기에 해당한다. 性이란 사람이 부여받은 바의 天理이다. 天道란 天理自然의 본체이며, 그 실제는 性과 天理는 하나이다. 夫子의 文章은 날마다 밖으로 드러나 진실로 배우는 자들이 함께 듣는 바이나, 性과 天道에 대해서라면 夫子가 말씀을 적게 하여 배우는 자들이 들을 수 없었음을 말한 것이다. 아마 聖人의 門下에서의 가르침이 등급을 뛰어넘지 않아 子貢이 이때에 이르러 비로소 얻어듣고는 그 훌륭함을 감탄한 것이리라.
○ 程子(程頤)는 이렇게 말하였다. "이는 子貢이 夫子의 至論을 듣고 감탄한 말이다."

## 105(5-13)

# 子路有聞

자로子路는 듣기만 하고 아직 이를 실천하지 못하자 또 새로운 것을 더 들으면 어쩌나 하고 걱정하였다.*

> 子路有聞, 未之能行, 唯恐有聞.㊀

【子路】 仲由.

【有聞】 又聞으로 풀이한다.

*《韓詩外傳》 卷1에는 「孔子曰: 君子有三憂: 弗知, 可無憂與! 知而不學, 可無憂與! 學而不行, 可無憂與!」라 하였고,《荀子》 儒效篇에는 「不聞不若聞之; 聞之不若見之; 見之不若知之; 知之不若行之. 學至於行之而止矣」라 하였다.

## ◉ 諺解

子路(ᄌᆞ로)ᄂᆞᆫ 드롬이 잇고 能(능)히 行(ᄒᆡᆼ)티 몯ᄒᆞ야셔 드롬이 이실가 저허ᄒᆞ더라

子路(ᄌᆞ로)ᄂᆞᆫ 聞(문)이 잇고 能(능)히 行(ᄒᆡᆼ)티 몯ᄒᆞ야셔ᄂᆞᆫ 오직 聞(문)호미 이실가 저터라

## ◈ 集註

### 105-㊀

前所聞者旣未及行, 故恐復有所聞而行之不給也.

○ 范氏曰:「子路聞善, 勇於必行, 門人自以爲弗及也, 故著之. 若子路, 可謂能用其勇矣.」

전에 들은 바를 아직 행동에 옮기지 못하였기 때문에, 다시 듣는 바가 있게 되면 이를 실행함이 충분치 못할 것을 두려워한 것이다.

○ 范氏(范祖禹)가 이렇게 말하였다. "子路는 善을 들으면 반드시 실행하는 데에 용감하여 門人들이 스스로 따를 수 없다고 여겼다. 그 때문에 이를 드러내어 기록한 것이다. 子路처럼만 한다면 능히 그 용맹을 잘 활용한다고 이를 만하다."

## 106(5-14)

# 子貢問曰孔文子何以謂之文也

자공子貢이 여쭈었다.

"공문자孔文子에게는 어찌하여 '문文'이라는 시호를 썼습니까?"

공자가 이렇게 설명하였다.

"민첩하면서 배우기를 좋아하고, 아랫사람에게 묻기를 부끄럽게 여기지 않았다. 이를 일컬어 '문'이라 하는 것이다."*

子貢問曰:「孔文子何以謂之『文』也?」

子曰:「敏而好學, 不恥下問, 是以謂之『文』也.」㊀

【子貢】端木賜.

【孔文子】衛나라 大夫인 孔圉. 죽은 뒤 諡號가 文이었다. 諡法에 「勤學好問曰文」이라 하였다.

＊ 孔文子는 魯 哀公 15年, 혹 그 앞서 죽었고, 孔子는 哀公 16年 夏 4月에 죽었으므로 이 문답은 孔子가 죽기 바로 전에 이루어졌던 것으로 보인다.

“敏而好學, 不恥下問”(石可)

◉ 諺解

子貢(ᄌᆞ공)이 묻ᄌᆞ와 ᄀᆞᆯ오ᄃᆡ 孔文子(공문ᄌᆞ)를 엇디 ᄡᅥ 文(문)이라 니ᄅᆞ닝잇고 子(ᄌᆞ)ㅣ ᄀᆞᆯᄋᆞ샤ᄃᆡ 敏(민)ᄒᆞ고 學(ᄒᆞᆨ)을 好(호)ᄒᆞ며 下問(하문)을 恥(티)티 아니ᄒᆞᆫ 디라 일로ᄡᅥ 文(문)이라 니ᄅᆞ니라

子貢(ᄌᆞ공)이 問(문)ᄒᆞ야 ᄀᆞᆯ오ᄃᆡ 孔文子(공문ᄌᆞ)ᄅᆞᆯ 엇디 ᄡᅥ 文(문)이라 니ᄅᆞ니잇고 子(ᄌᆞ)ㅣ ᄀᆞᄅᆞ샤ᄃᆡ 敏(민)코 學(ᄒᆞᆨ)을 好(호)ᄒᆞ며 아래 問(문)ᄒᆞ기ᄅᆞᆯ 恥(티)티 아니ᄒᆞ니 일로ᄡᅥ 文(문)이라 니ᄅᆞ니라

◈ 集註

106-㊀

好, 去聲.

○ 孔文子, 衛大夫, 名圉. 凡人性敏者多不好學, 位高者多恥下問. 故諡法有以「勤學好問」爲文者, 蓋亦人所難也. 孔圉得諡爲文, 以此而已.

○ 蘇氏曰:「孔文子使太叔疾出其妻而妻之. 疾通於初妻之娣, 文子怒, 將攻之. 訪於仲尼, 仲尼不對, 命駕而行. 疾奔宋, 文子使疾弟遺室孔姞. 其爲人如此而諡曰文, 此子貢之所以疑而問也. 孔子不沒其善, 言:『能如此, 亦足以爲文矣.』非經天緯地之文也.」

好는 去聲이다.

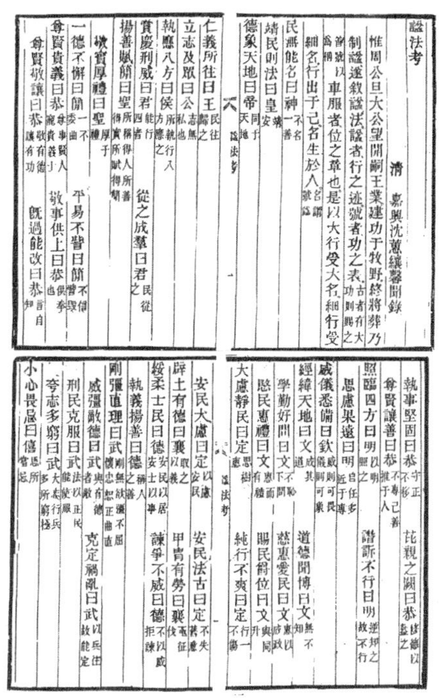

諡法考

清 嘉興沈蕙纕馨聞錄

惟周公旦大公望開嗣王業建功于牧野終將葬乃
制諡遂敘諡法諡者行之迹號者功之表古者有大功則賜之
號以爲稱 車服者位之章也是以大行受大名細行受
細名行出于己名生於人(名謂號諡)
民無能名曰神(不名一善)
靖民則法曰皇(靖安)
德象天地曰帝(同于天地)
仁義所往曰王(民往歸之)
立志及眾曰公(志無私也)
執應八方曰侯(所執行八方應之)
賞慶刑威曰君(能行四者) 從之成羣曰君(民從之)
揚善賦簡曰聖(所稱得人所善得實所賦得簡)
敬賓厚禮曰聖(厚于禮)
一德不懈曰簡(一不委曲) 平易不訾曰簡(不信訾毀)
尊賢貴義曰恭(尊事賢人寵貴義士) 敬事供上曰恭(供奉也)
尊賢敬讓曰恭(敬有德讓有功) 既過能改曰恭(言自知)

執事堅固曰恭(守正不移) 芘親之闕曰恭(修德以蓋之)
尊賢讓善曰恭(不專己善推于人)
照臨四方曰明(以明照之) 譖訴不行曰明(逆知之故不行)
思慮果遠曰明(自任多近于專)
威儀悉備曰欽(威則可畏儀則可象)
經緯天地曰文(成其道) 道德博聞曰文(無不知)
學勤好問曰文(不恥下問) 慈惠愛民曰文(惠以成政)
愍民惠禮曰文(惠而有禮) 賜民爵位曰文(與同升)
大慮靜民曰定(思樹惠) 純行不爽曰定(行一不傷)
安民大慮曰定(以慮安民) 安民法古曰定(不失舊意)
辟土有德曰襄(取之以義) 甲冑有勞曰襄(亟征伐)
綏柔士民曰德(安民以居安士以事) 諫爭不威曰德(不以威拒諫)
執義揚善曰德(稱人之善)
剛彊直理曰武(剛無欲彊不屈懷忠恕正曲直)
威彊敵德曰武(與有德者敵) 克定禍亂曰武(以兵征故能定)
刑民克服曰武(法以正民能使服)
夸志多窮曰武(大志行兵多所窮極)
小心畏忌曰僖(思所當忌)

《諡法考》 清, 沈蕙纕(著)

○ 孔文子는 衛나라의 大夫로 이름은 圉이다. 대체로 사람 중에 성품이 민첩한 자는 흔히 배움을 좋아하지 않으며, 지위가 높은 자는 흔히 下問하기를 부끄럽게 여기는 법이다. 그 때문에 諡法(諡號를 정하는 법)에 勤學好問(부지런히 배우고 묻기를 즐겨함)을 文이라 하니, 아마 사람으로 하기 어려운 바일 것이다. 孔圉가 諡號를 文이라 함은 이 때문일 것이다.

○ 蘇氏(蘇軾)는 이렇게 말하였다. "孔文子는 太叔疾로 하여금 그의 아내를 축출토록 하고 자신의 딸(孔姞)을 주어 사위로 삼았다. 그런데 太叔疾이 첫 부인의 여동생과 정을 통하자 孔文子가 노하여 장차 이를 치려고, 孔子를 방문하자 孔子가 대꾸도 해주지 않고 수레에 올라 떠나도록 명하였다. 한편 太叔疾이 宋나라로 도망가자 文子는 太叔疾의 아우인 遺로 하여금 딸 孔姞을 아내로 맞이하도록 하였다.(이상의 사건은 《左傳》 哀公 11年·15年에 실려 있다) 그 사람됨이 이와 같은데도 諡號가 文이었으니, 子貢이 이를 의심스러워하여 질문한 것이다. 孔子는 孔文子의 善을 묻어 버리지 않고 '능히 이와 같기만 하면(敏而好學, 不恥下問) 역시 족히 文이라 할 수 있다'라 하였으니, 經天緯地(天地를 經緯하는 근본)의 文은 아니다."

## 107(5-15)

# 子謂子產有君子之道四焉

공자가 자산子產을 두고 이렇게 말하였다.

"그에게 군자다움의 도가 네 가지가 있으니, 그는 자기 자신의 행동에 공恭함이 있었고, 윗사람을 섬김에 경敬함이 있었으며, 백성을 양육함에는 혜惠함이 있었고, 백성을 부림에는 의義가 있었다."

子謂子產:「有君子之道四焉: 其行己也恭, 其事上也敬, 其養民也惠, 其使民也義.」㊀

【子産】 公孫僑. 字는 子産. 春秋時代 鄭나라 穆公의 孫子이며, 賢相으로 널리 알려졌다. 簡公·定公을 22年 동안 섬기며 國家의 평안을 이룩하였다. 孔子가 매우 칭찬한 人物이다. 《史記》 鄭世家 참조. 한편 《左傳》 襄公 31年에 孔子가 子産을 두고 「以是觀之, 人謂子産不仁, 吾不信也」라 하였고 魯昭公 20年(B.C. 522) 子産이 죽자 孔子가 이를 듣고 눈물을 흘리며 「古之遺愛也」라 하였다.

〈子産〉《三才圖會》

【恭敬惠義】 이 네 가지 덕목을 『君子四道』라 한다. 義는 宜로도 본다. '마땅하다'의 뜻.

## ◉ 諺解

子(ᄌᆞ)ㅣ 子産(ᄌᆞ산)을 닐ᄋᆞ샤ᄃᆡ 君子(군ᄌᆞ)의 道(도)ㅣ 네히 인ᄂᆞ니 그 己(긔)를 行(ᄒᆡᆼ)홈이 恭(공)ᄒᆞ며 그 上(샹)을 事(ᄉᆞ)홈이 敬(경)ᄒᆞ며 그 民(민)을 養(양)홈이 惠(혜)ᄒᆞ며 그 民(민)을 使(ᄉᆞ)홈이 義(의)ᄒᆞ니라

栗谷本

子(ᄌᆞ)ㅣ 子産(ᄌᆞ산)을 니ᄅᆞ샤ᄃᆡ 君子(군ᄌᆞ)의 道(도)ㅣ 네ᄒᆞᆯ 두어시니 그 己(긔)ᄅᆞᆯ 行(ᄒᆡᆼ)호미 恭(공)ᄒᆞ며 그 上(샹)을 事(ᄉᆞ)호미 敬(경)ᄒᆞ며 그 民(민)을 養(양)호미 惠(혜)ᄒᆞ며 그 民(민)을 使(ᄉᆞ)호미 義(의)니라

## ◈ 集註

107-㊀

子産, 鄭大夫公孫僑. 恭, 謙遜也. 敬, 謹恪也. 惠, 愛利也. 使民義, 如都鄙有章·上下有服·田有封洫·廬井有伍之類.

○ 吳氏曰: 「數其事而責之者, 其所善者多也, 臧文仲不仁者三·不知者三是也. 數其事而稱之者, 猶有所未至也, 子産有君子之道四焉是也. 今或以一言蓋一人·一事蓋一時, 皆非也.」

子産은 鄭나라의 大夫인 公孫僑이다. 恭은 겸손하다는 뜻이며, 敬은 謹恪함을 뜻하고, 惠는 愛利함을 뜻한다. 使民義란 이를테면 都鄙(도시와 시골)에 따라 법이 있으며, 上下관계에는 복장이 다르며, 농토에는 두둑과 도랑이 있으며, 집과 市井에는 다섯 집씩을 단위로 하는 것 등의 類이다(《左傳》 襄公 30년을 볼 것).

○ 吳氏(吳棫)는 이렇게 말하였다. "그 일에 조목을 들어 따지고 이에 책임을 지우는 것은 그가 잘하는 바가 많다는 것이니, 臧文仲은 어질지 못한 것이 세 가지요, 알지 못한 것이 세 가지라 한 것이 이것이다.(이는 《左傳》 文公 2年에 仲尼曰; '臧文仲其不仁者三, 不知者三. 下展禽, 廢六關, 妾織蒲, 三不仁也; 作虛器, 縱逆祀, 祀爰居, 三不知也'라 한 것을 두고 한 말이다.) 그 일을 나열하여 이를 칭찬한 것은 오히려 아직 그에 이르지 못한 것이 있다는 것이니, 子産에게 '君子의 道가 네 가지 있다'(본문)라고 한 것이 이것이다. 지금 혹 말 한마디로 그 사람을 다 덮거나, 한 가지 일로 그 한 때를 다 그렇다 한다면 이는 모두가 잘못된 것이다."

## 108(5-16)

# 晏平仲善與人交

공자가 말하였다.

"안평중(晏平仲; 晏嬰)은 다른 사람과의 사귐에 뛰어나서 시간이 오랠수록 사람들은 그를 존경하였다."

子曰:「晏平仲善與人交, 久而敬之.」⊖

【晏平仲】 孔子와 同時代의 齊나라 宰相. 이름은 嬰(?~B.C. 500). 管仲과 더불어 春秋時代를 대표하는 名宰相.《晏子春秋》는 그의 言行을 기록한 傳記이다.《史記》管晏列傳 참조.

## ⊙ 諺解

陶山本

子(ᄌᆞ)ㅣ ᄀᆞᆯᄋᆞ샤ᄃᆡ 晏平仲(안평듕)은 人(ᅀᅵᆫ)으로 더브러 交(교)홈을 善(션)히 ᄒᆞ놋다 오라되 敬(경)ᄒᆞ곤여

栗谷本

子(ᄌᆞ)ㅣ ᄀᆞᄅᆞ샤ᄃᆡ 晏平仲(안평듕)은 사ᄅᆞᆷ 더브러 交(교)ᄒᆞ기ᄅᆞᆯ 善(션)ᄒᆞᄂᆞᆫ다 久(구)호ᄃᆡ 敬(경)코녀

## ◈ 集註

108-㊀

晏平仲, 齊大夫, 名嬰.
程子曰:「人交久則敬衰, 久而能敬, 所以爲善.」

晏平仲은 齊나라 大夫로 이름은 嬰이다.

程子(程頤)는 이렇게 말하였다. "사람은 사귐이 오래되면 恭敬함이 衰해지게 마련이지만 (晏子는) 오래되어도 능히 恭敬함을 지키니, 그 때문에 善하게 여긴 것이다."

## 109(5-17)

# 臧文仲居蔡

공자가 말하였다.

"장문중臧文仲이 채蔡라는 큰 거북을 보관하는 집을 지으면서 산 모양의 그림에 기둥에는 마름무늬를 새기기까지 하였으니, 그를 어찌 슬기로운 자라 하겠는가?"

子曰:「臧文仲居蔡, 山節藻梲, 何如其知也?」㊀

張橫渠像

三才圖會　人物七卷　二九

張橫渠名載字子厚長安人學問力行爲關中士人宗師稱爲橫渠先生嘗坐虎皮講易聽徒甚衆一夕二程至論將虎皮徹去曰二程公深明易道吾所不如諸子宜師之遂歸陝西

〈張載〉(子厚, 橫渠先生)《三才圖會》

【臧文仲】 姓은 臧孫이며, 이름은 辰, 字는 仲, 謚號는 文(?~B.C. 617)이다. 魯나라의 大夫이다.

【蔡】 고대에는 큰 거북을 蔡라 하였다. 원래 지명이었으나 그 곳에서 큰 거북이 나서 그렇게 부르게 된 것이다. 《淮南子》 說山訓에 「大蔡神龜, 出於溝壑」이라 하였고, 高誘의 注에 「大蔡, 元龜之所出地名, 因名其龜大蔡, 臧文仲所居蔡是也」라 하였다. 그러나 이를 '契'자의 가차라 보기도 한다. 朱駿聲의 《說文通訓定聲》에는 「或曰; 寶龜産于蔡地. 亦求其說不得而爲臆揣之辭. 疑蔡者, 契之假借」라 하였다.

【山節藻梲】 節은 柱頭의 斗栱이며, 梲은 대들보 위의 짧은 기둥, 藻는 마름풀의 일종이며, 그 무늬나 同心圓무늬의 그림을 말한다. 梲은 음이 '절'이다.

## ◉ 諺解

子(ᄌᆞ)ㅣ ᄀᆞᆯᄋᆞ샤ᄃᆡ 臧文仲(장문듕)이 蔡(채)를 居(거)호ᄃᆡ 節(졀)애 山(산)을 ᄒᆞ며 梲(졀)애 藻(조)를 ᄒᆞ니 엇디 그 知(디)라 ᄒᆞ리오

子(ᄌᆞ)ㅣ ᄀᆞᄅᆞ샤ᄃᆡ 臧文仲(장문듕)이 蔡(채)ᄅᆞᆯ 居(거)호ᄃᆡ 節(졀)애 山(산)을 ᄒᆞ고 梲(졀)애 藻(조)ᄅᆞᆯ ᄒᆞ니 엇디 그 知(디)리오

## ◈ 集註

### 109-㊀

梲, 章悅反. 知, 去聲.

○ 臧文仲, 魯大夫臧孫氏, 名辰. 居, 猶藏也. 蔡, 大龜也. 節, 柱頭斗栱也. 藻, 水草名. 梲, 梁上短柱也. 蓋爲藏龜之室, 而刻山於節·畫藻於梲也. 當時以文仲爲知, 孔子言其不務民義, 而諂瀆鬼神如此, 安得爲知? 春秋傳所謂: 「作虛器」, 卽此事也.

○ 張子曰: 「山節藻梲爲藏龜之室, 祀爰居之義, 同歸於不知宜矣.」

梲은 反切로 '章悅反'(절)이다. 知는 去聲이다.

○ 臧文仲은 魯나라의 대부로 臧孫氏이며, 이름은 辰이다. 居는 藏과 같다. 蔡는 큰 거북(大龜)이다. 節은 기둥머리의 斗栱이다. 藻는 水草 이름이다. 梲은 대들보 위의 短柱이다. 대개 占卜用 거북을 보관하는 집을 만들면서 節에는 山 모습을 조각하고, 梲에는 藻 형상을 그린 것이다. 당시 臧文仲을 지혜롭다 여겼으나 孔子가 그를 "民義에 힘쓰지 않고, 鬼神을 모독하고 아첨함이 이와 같으니, 어찌 지혜롭다 하리오"라고 말한 것이다. 《春秋傳》에 소위 "虛器를 만들었다"(《左傳》 文公 2年 臧文仲의 三不知 중 하나. 107章 集註 吳棫의 말 부분 괄호 注를 참조할 것)가 바로 이 사건이다.

○ 張子(張載: 1020~1077. 關學派의 창시자. 橫渠先生)은 이렇게 말하였다. "山節藻梲하여 藏龜之室을 만든 것과 爰居라는 새에게 제사 지낸 것(《左傳》 文公 2年과 《國語》 魯語上에 爰居라는 바닷새가 魯나라 東門에 사흘 간 머물자 臧文仲이 이를 신비하다 여겨 제사지내게 한 어리석은 일. 臧文仲의 三不知 중의 하나)은 한결같이 不知에 귀결됨이 마땅하다."

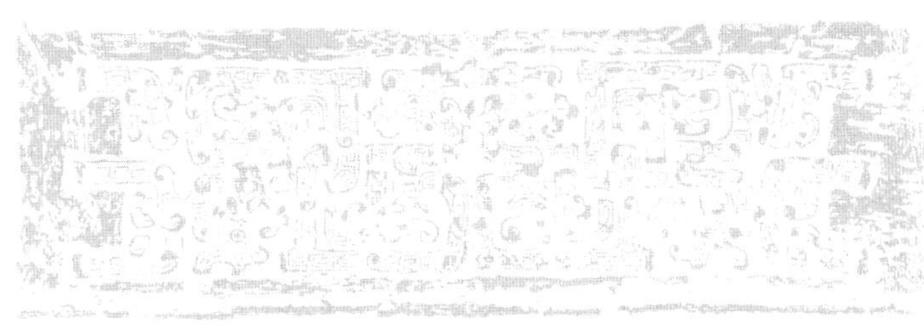

## 110(5-18)

# 子張問曰令尹子文三仕爲令尹

자장子張이 여쭈었다.

"영윤令尹 자문子文이 세 번이나 영윤의 벼슬에 나가면서도 기쁜 표정하나 없었고, 세 번이나 물러나면서도 서운해하는 표정하나 없었습니다. 게다가 자신의 옛 영윤의 일을 새로운 영윤에게 설명했습니다. 어떻게 여기십니까?"

공자가 말하였다.

"충忠이라 할 수 있지."

다시 여쭈었다.

"어질다(仁)고 할 수 있습니까?"

이 말에 공자는 이렇게 말하였다.

"모르겠다. 어찌 어질다고 할 수 있겠는가?"

"최자崔子가 제齊나라 임금을 시해하자, 진문자陳文子는 말을 십 승이나 가지고 있었지만 이를 버리고 떠나, 다른 나라에 이르러 이렇게 말했습니다. '이 나라 정치도 마치 우리나라 최자와 같구나.' 그리고 다시 그 나라를 떠나 또 다른 나라에 이르러 역시 '이 나라 정치도 역시 우리나라 최자와 같구나' 하고는 떠나 버렸습니다. 어떻게 보십니까?"

공자가 이렇게 말하였다.

"맑은 것(淸)이지."

자장이 다시 여쭈었다.

"어질다고 할 수 있습니까?"

공자는 이렇게 대답하였다.

"모르겠다. 어찌 어질다고 할 수 있겠는가?"

子張問曰:「令尹子文三仕爲令尹, 無喜色; 三已之, 無慍色. 舊令尹之政, 必以告新令尹. 何如?」

子曰:「忠矣.」

曰:「仁矣乎?」

曰:「未知; 焉得仁?」㊀

「崔子弑齊君, 陳文子有馬十乘, 棄而違之. 至於他邦, 則曰, 『猶吾大夫崔子也.』違之. 之一邦, 則又曰:『猶吾大夫崔子也.』違之. 何如?」

子曰:「淸矣.」

曰:「仁矣乎?」

曰:「未知; 焉得仁?」㊁

【子張】 顓孫師. 字는 子張.

【令尹】 楚나라의 官制로 다른 나라의 相과 같다. 宰相.

【子文】 투누오토(鬪穀於菟). 楚나라의 유명한 宰相. 《搜神記》 참조. 《左傳》에 의하면 28년 동안 宰相을 지냈으며, 《國語》 楚語에는 「昔子文三舍令尹, 無一日之積」이라 하였다. 子文 다음의 宰相이 된 자는 子玉이었다. 이의 讀音에 대해서는 《左傳》 宣公 4年 注에 「穀, 如口反, 於音烏, 菟, 音徒」(三十經注疏本)라 하여 '穀'은 '우', '於菟'는 '오토'로도 읽게 되어 있으며, 內閣本에는 '穀'이 「奴口反」으로 '누', '於'는 「音烏」, '菟'는 「音徒」라여 결국 '누오토(누오도)'로 읽게 되어 있다. 商務印書館本에는 「耨烏吐」라 하여 '누오토'로 읽는다 하였다. 《搜神記》 344에 楚나라 말로 '호랑이 젖을 먹고 자란 아이'라는 뜻의 그 이름에 관한 고사가 실려 있다.

【崔子】 崔杼. 齊나라의 大夫였으며, 莊公을 弑殺하였다. 《史記》·《晏子春秋》·《左傳》 등에 자세히 실려 있다.

【齊君】 이름은 光. 齊나라 莊公(B.C. 553~548 재위). 《左傳》 襄公 25年 참조.

【陳文子】 齊나라의 大夫. 이름은 須無. 그러나 《左傳》에는 陳文子가 崔杼에 반대하여 國外로 나간 사실이 기재되어 있지 않다.

## ◉ 諺解

陶山本 子張(ᄌᆞ당)이 묻ᄌᆞ와 ᄀᆞᆯ오ᄃᆡ 令尹(령윤) 子文(ᄌᆞ문)이 세 번 仕(ᄉᆞ)ᄒᆞ야 令尹(령윤)이 도요ᄃᆡ 喜(희)ᄒᆞᆫ 色(ᄉᆡᆨ)이 업스며 세 번 已(이)호ᄃᆡ 慍(온)ᄒᆞᆫ 色(ᄉᆡᆨ)이 업서 녯 令尹(령윤)의 政(정)을 반ᄃᆞ시 뻐 新令尹(신령윤)에 告(고)ᄒᆞ니 엇더ᄒᆞ닝잇고 子(ᄌᆞ)ㅣ ᄀᆞᆯᄋᆞ샤ᄃᆡ 忠(튱)ᄒᆞ니라 ᄀᆞᆯ오ᄃᆡ 仁(ᄉᆡᆫ)ᄒᆞ닝잇가 ᄀᆞᆯᄋᆞ샤ᄃᆡ 아디 몯게라 엇디 시러곰 仁(ᄉᆡᆫ)ᄒᆞ리오

崔子(최ᄌᆞ)ㅣ 齊君(제군)을 弑(시)ᄒᆞ야ᄂᆞᆯ 陳文子(딘문ᄌᆞ)ㅣ 馬(마) 十乘(십승)을 둣더니 棄(기)ᄒᆞ야 違(위)ᄒᆞ고 他邦(타방)애 至(지)ᄒᆞ야 곧 ᄀᆞᆯ오ᄃᆡ 우리 태우 崔子(최ᄌᆞ) ᄀᆞᆮ다 ᄒᆞ고 違(위)ᄒᆞ며 一邦(일방)애 之(지)ᄒᆞ야 곧 또 ᄀᆞᆯ오ᄃᆡ 우리 태우 崔子(최ᄌᆞ) ᄀᆞᆮ다 ᄒᆞ고 違(위)ᄒᆞ니 엇더ᄒᆞ닝잇고 子(ᄌᆞ)ㅣ ᄀᆞᆯᄋᆞ샤ᄃᆡ 淸(청)ᄒᆞ니라 ᄀᆞᆯ오ᄃᆡ 仁(ᄉᆡᆫ)ᄒᆞ닝잇가 ᄀᆞᆯᄋᆞ샤ᄃᆡ 아디 몯게라 엇디 시러곰 仁(ᄉᆡᆫ)ᄒᆞ리오

栗谷本 子張(ᄌᆞ댱)이 問(문)ᄒᆞ야 ᄀᆞᆯ오ᄃᆡ 令尹(령윤) 子文(ᄌᆞ문)이 세 번 仕(ᄉᆞ)ᄒᆞ야 令尹(령윤)을 호ᄃᆡ 喜(희)ᄒᆞᆫ 色(ᄉᆡᆨ)이 업ᄉᆞ며 세 번 마로ᄃᆡ 慍(온)ᄒᆞᆫ 色(ᄉᆡᆨ)이 업고 녯 令尹(령윤)의 政(정)을 반ᄃᆞ시 뻐 新令尹(신령윤)ᄃᆞ려 告(고)ᄒᆞ니 엇더ᄒᆞ니잇고 子(ᄌᆞ)ㅣ ᄀᆞᄅᆞ샤ᄃᆡ 忠(튱)ᄒᆞ니라 ᄀᆞᆯ오ᄃᆡ 仁(인)ᄒᆞ니잇가 ᄀᆞᄅᆞ샤ᄃᆡ 아디 몯ᄒᆞ거니와 엇디 시러곰 仁(인)ᄒᆞ리오

崔子(최ᄌᆞ)ㅣ 齊君(제군)을 弑(시)ᄒᆞ야ᄂᆞᆯ 陳文子(딘문ᄌᆞ)ㅣ 말 十乘(십승)을 둣더니 棄(기)코 違(위)ᄒᆞ고 他邦(타방)의 니ᄅᆞ면 ᄀᆞᆯ오ᄃᆡ 우리 大夫(대부) 崔子(최ᄌᆞ) ᄀᆞᆮ다 ᄒᆞ고 違(위)ᄒᆞ며 一邦(일방)의 가ᄂᆞᆫ 곧 또 ᄀᆞᆯ오ᄃᆡ 우리 大夫(대부) 崔子(최ᄌᆞ) ᄀᆞᆮ다 ᄒᆞ고 違(위)ᄒᆞ니 엇더ᄒᆞ니잇고 子(ᄌᆞ)ㅣ ᄀᆞᄅᆞ샤ᄃᆡ 淸(청)ᄒᆞ니라 ᄀᆞᆯ오ᄃᆡ 仁(인)ᄒᆞ니잇가 ᄀᆞᄅᆞ샤ᄃᆡ 아디 몯ᄒᆞ거니와 엇디 시러곰 仁(인)ᄒᆞ리오

## ◈ 集註

### 110-㊀

知, 如字. 焉, 於虔反.

○ 令尹, 官名, 楚上卿執政者也. 子文, 姓鬪, 名穀於菟. 其爲人也, 喜怒不形, 物我無間, 知有其國而不知有其身, 其忠盛矣, 故子張疑其仁. 然其所以三仕三已而告新令尹者, 未知其皆出於天理而無人欲之私也, 是以夫子但許其忠, 而未許其仁也.

知는 글자 그대로(알다. 동사)이다. 焉은 反切로 '於虔反'(언)이다.

○ 令尹은 官職 이름으로 楚나라 上卿의 執政者이다. 子文의 姓은 鬪요, 이름은 穀於菟(《搜神記》 卷14. 334(14-5)와 《左傳》 宣公 40年 傳 참조. '누오토' 등으로 읽음)이다. 그의 사람됨은 喜怒를 나타내지 않으며, 物我에 간격이 없었고, 나라가 있음은 알되 자신의 몸이 있음은 알지 않았으니 그 忠誠됨이 盛하였다. 그 까닭으로 子張이 그러한 것이 어진 것이 아닌가 여겼던 것이다. 그러나 그가 세 번 벼슬하고 세 번 그만두되 새로운 令尹에게 보고하여 일러 준 것은, 그 모두가 天理에서 우러나 人欲之私가 없었기 때문이었는지는 알 수 없었다. 이 까닭으로 夫子가 다만 그 忠誠됨은 긍정하되 그 어짊에 대해서는 긍정하지 않은 것이다.

### 110-㊁

乘, 去聲.

○ 崔子, 齊大夫, 名杼. 齊君, 莊公, 名光. 陳文子, 亦齊大夫, 名須無. 十乘, 四十匹也. 違, 去也. 文子潔身去亂, 可謂淸矣, 然未知其心果見義理之當然, 而能脫然無所累乎? 抑不得已於利害之私, 而猶未免於怨悔也. 故夫子特許其淸, 而不許其仁.

○ 愚聞之師曰:「當理而無私心, 則仁矣. 今以是而觀二子之事, 雖其制行之高若不可及, 然皆未有以見其必當於理, 而眞無私心也. 子張未識仁體, 而悅於苟難, 遂以小者信其大者, 夫子之不許也宜哉!」

讀者於此, 更以上章「不知其仁」· 後篇「仁則吾不知」之語幷與三仁夷齊之事觀之, 則彼此交盡, 而仁之爲義可識矣. 今以他書考之, 子文之相楚, 所謀者無非僭王猾夏之事. 文子之仕齊, 旣失正君討賊之義, 又不數歲而復反於齊焉, 則其不仁亦可見矣.

乘은 去聲이다.

○ 崔子는 齊나라의 大夫로 이름은 杼이다. 齊君은 齊나라 莊公이며, 이름이 光이다. 陳文子는 역시 齊나라의 大夫로 이름은 須無이다. 十乘은 말 40匹이다. 違는 去(떠나다)이다. 文子는 자신을 깨끗이 하면서 亂을 떠났으니 가히 淸하다 이를 만하지만, 그의 마음이 과연 義理의 당연함을 보고 능히 초탈하여 얽매임이 없었는지, 아니면 부득이 利害에 대한 사사로움에 빠져 오히려 원망과 후회에서 벗어나지 못하였는지는 알 수 없다. 그 때문에 夫子가 특별히 그의 淸함은 긍정하되 그가 어진지에 대해서는 긍정하지 않은 것이다.

○ 나는 선생님(朱子의 스승인 李侗)에게 이렇게 들었다. "이치에 당하여 私心이 없으면 仁이다. 지금 이 기록을 통해 두 사람(子文과 陳文子)의 일을 보건대, 비록 행동을 절제하는 높은 品德은 누구도 미치지 못할 듯하나, 모두가 이직 반드시 이치에 당연하면서 진실로 사심이 없었는지는 나타나지는 않는다. 子張은 아직 仁의 本體를 알지 못하고 어려움을 구차하게나마 이겨낸 사실을 즐거워하여 마침내 조그만 것을 큰 것이라 믿었으니, 夫子가 긍정하지 않음은 마땅하도다!"

읽는 자는 여기에서 다시 윗장의 "그가 어진지는 모르겠다"(096·099에서 孔子의 표현)와 후편에서의 "仁에 대한 것이라면 나는 모른다"(憲問篇 333(14-1)의 표현)의 두 가지 표현법을 三仁(微子篇 461(18-1)), 그리고 伯夷·叔齊의 일(114(5-22)·述而篇 161(7-14)·季氏篇 432(16-12)·微子篇 468(18-6))로써 본다면 이는 彼此가 交盡(서로 표현법이 교차하여 곡진함)하여 仁이 義가 됨을 가히 알 수 있을 것이다. 지금 다른 책으로 이를 상고해 보면 子文이 楚나라의 宰相이 되어 모책한 바는 僭王猾夏(王을 참칭하고 중원에게 교활하게 구는 것)가 아닌 것이 없다.(《左傳》 莊公 30年 및 僖公 20年 등 참조) 그리고 陳文子가 齊나라에 벼슬하면서 이미 正君討賊(임금을 바로잡고 도적을 토벌함)하는 정의를 잃고 게다가 몇 해 지나지 않아 다시 齊나라로 돌아왔으니(《左傳》 襄公 27年) 가히 그의 不仁을 알 수 있다.

## 111(5-19)

# 季文子三思而後行

계문자季文子는 일마다 세 번씩 생각한 후에 행동에 옮겼다고 하였다. 공자가 이를 듣고 이렇게 말하였다.

"두 번씩만 생각해도 되었을 것이다."

季文子三思而後行.

子聞之, 曰:「再, 斯可矣.」㊀

【季文子】 魯나라의 大夫 季孫行父(?~B.C. 568). 魯나라의 文公·宣公·襄公을 섬겼다. 孔子는 襄公 22年에 태어났고, 季文子는 襄公 5年에 죽어 이미 故人이었다.

## ◉ 諺解

陶山本

季文子(계문ᄌᆞ)ㅣ 세 번 思(ᄉᆞ)ᄒᆞᆫ 後(후)에 行(ᄒᆡᆼ)ᄒᆞ더니 子(ᄌᆞ)ㅣ 드ᄅᆞ시고 ᄀᆞᆯᄋᆞ샤ᄃᆡ 再(ᄌᆡ)ㅣ 可(가)ᄒᆞ니라

栗谷本

季文子(계문ᄌᆞ)ㅣ 세 번 思(ᄉᆞ)ᄒᆞᆫ 後(후)에 行(ᄒᆡᆼ)ᄒᆞ더니 子(ᄌᆞ)ㅣ 듯고 ᄀᆞᄅᆞ샤ᄃᆡ 두 번 홈이 可(가)ᄒᆞ니라

## ◈ 集註

### 111-㊀

三, 去聲.

○ 季文子, 魯大夫, 名行父. 每事必三思而後行, 若使晉而求遭喪之禮以行, 亦其一事也. 斯, 語辭.

程子曰:「爲惡之人, 未嘗知有思, 有思則爲善矣. 然至於再則已審; 三則私意起而反惑矣, 故夫子譏之.」

○ 愚按:「季文子慮事如此, 可謂詳審, 而宜無過擧矣. 以宣公簒立, 文子乃不能討, 反爲之使齊而納賂焉, 豈非程子所謂私意起而反惑之驗歟? 是以君子務窮理而貴果斷, 不徒多思之爲尙.」

三은 去聲(세 번)이다.

○ 季文子는 魯나라의 大夫로 이름은 행보行父이다. 매번 일마다 세 번 생각한 이후에 행한다 함은, 이를테면 晉나라에 使臣으로 가면서 喪事를 당할 경우 어떤 禮를 행해야 하는지를 알아보고 떠난 것(《左傳》 文公 6年 秋)이 역시 그러한 일 중의 하나이다. 斯는 語辭(發語辭, 語氣辭. 뜻이 없음)이다.

程子(程頤)는 이렇게 말하였다. "惡을 행하는 자는 생각해야 함이 있는 줄도 모른다. 생각함이 있다면 善을 행하게 된다. 그러나 두 번이면 이미 깊이 헤아리는 것이다. 세 번씩이라면 私意가 일어나 도리어 미혹하게 된다. 그 때문에 夫子가 譏弄한 것이다."

○ 내 생각으로는 이렇다. "季文子가 일을 염려함이 이와 같았으니, 가히 자세히 살펴 의당 그릇된 행동이 없어야 한다고 말할 수 있다. 宣公(재위 B.C. 608~591, 文公을 내쫓고 왕이 됨)이 찬탈하고 들어섰을 때 文子는 능히 이를 성토하지 못하고, 도리어 宣公을 위하여 齊나라에 사신으로 가서 문제 삼지 말도록 뇌물을 주었으니(《左傳》宣公 元年에 '經: 夏季孫行父如齊. 傳: 夏季文子如齊, 納賂以請會'라 함), 어찌 程子가 말한 소위 '私意가 일어나 도리어 미혹하게 된다'(《左傳》 文公 60年 참조)의 증험이 아니겠는가? 이 까닭으로 君子는 窮理에 힘쓰되 果斷을 귀히 여겨야 하며, 한갓 많이 생각하는 것을 숭상하지는 않는다."

## 112(5-20)

# 甯武子邦有道

공자가 말하였다.

"영무자甯武子는 나라에 도가 있을 때에는 지혜롭게 행동하였고, 나라에 도가 없을 때에는 우직스럽게 행동하였다. 그의 지혜로운 행동은 남들도 따라할 수 있으나, 그의 우직스런 행동은 남이 따라할 수가 없는 것이로다."

子曰:「甯武子, 邦有道, 則知; 邦無道, 則愚. 其知可及也, 其愚不可及也.」㊀

【甯武子】 衛나라 大夫. 姓은 녕(甯), 이름은 兪이다.

【愚】 어리석은 듯한 것. 우직스러움.

## ◉ 諺解

陶山本 子(ᄌᆞ)ㅣ ᄀᆞᆯᄋᆞ샤ᄃᆡ 甯武子(녕무ᄌᆞ)ㅣ 邦(방)이 道(도)ㅣ 이시면 知(디)ᄒᆞ고 邦(방)이 道(도)ㅣ 업스면 愚(우)ᄒᆞ니 그 知(디)ᄂᆞᆫ 可(가)히 及(급)ᄒᆞ려니와 그 愚(우)ᄂᆞᆫ 可(가)히 及(급)디 몯ᄒᆞᆯ 이니라

栗谷本 子(ᄌᆞ)ㅣ ᄀᆞᄅᆞ샤ᄃᆡ 甯武子(녕무ᄌᆞ)ㅣ 邦(방)이 道(도)ㅣ 이시면 知(디)ᄒᆞ고 邦(방)이 道(도)ㅣ 업스면 愚(우)ᄒᆞ니 그 知(디)ᄂᆞᆫ 可(가)히 미ᄎᆞ려니와 그 愚(우)ᄂᆞᆫ 可(가)히 밋디 몯ᄒᆞ리니라

## ◈ 集註

### 112-㊀

知, 去聲.

○ 甯武子, 衛大夫, 名兪. 按春秋傳, 武子仕衛, 當文公·成公之時. 文公有道, 而武子無事可見, 此其知之可及也. 成公無道, 至於失國, 而武子周旋其間, 盡心竭力, 不避艱險. 凡其所處, 皆智巧之士所深避而不肯爲者, 而能卒保其身以濟其君, 此其愚之不可及也.

○ 程子曰:「邦無道能沈晦以免患, 故曰『不可及』也. 亦有不當愚者, 比干是也.」

知는 去聲이다.

○ 甯武子는 衛나라의 大夫이며 이름은 兪이다.《春秋傳》에 의하면 甯武子가 衛나라에 벼슬한 시기는 文公(B.C. 659~635 재위)·成公(B.C. 634~600 재위)에 해당한다. 文公은 道가 있었으나 그의 섬김에 가히 드러난 것이 없었으니, 이것이 그의 지혜는 가히 따를 수 있다는 것이다. 그러나 成公이 무도하여 나라를 잃을 지경에 이르자, 甯武子는 그 중간에서 주선하되 盡心竭力하여 어렵고 험난함을 피하지 않았다. 무릇 그가 처한 바는 智巧之士(꾀 있고 교묘한 사람)라면 누구나 깊이 피하고 하려 들지 않는 것이었을 텐데, 그는 끝내 능히 자신의 몸도 보전하고 임금도 구제하였으니, 이것이 그의 우직함을 가히 따를 수 없다는 점이다.(《左傳》 僖公 28年)

○ 程子(程頤)는 이렇게 말하였다. "나라에 道가 없을 때는 어두움 속에 숨겨 능히 禍를 면하였으니, 그 때문에 '不可及'이라 한 것이다. 또 마땅히 우직스럽기만 해서는 안 될 경우가 있으니 比干이 이런 경우이다."

## 113(5-21)

# 子在陳曰歸與歸與

공자가 진陳나라에 있을 때 이렇게 말하였다.

"돌아가리로다! 돌아가리로다! 우리 당黨의 어린 학생들이 거칠지만 뜻이 크고, 그 문채도 비연斐然하여 성취를 이룰 만하니 어떻게 재단해 주어야 할지 모르겠도다."*

子在陳, 曰:「歸與! 歸與! 吾黨之小子狂簡, 斐然成章, 不知所以裁之.」㊀

【陳】春秋時代의 나라이름. 姓은 嬀. 周 武王이 殷을 滅한 후 舜의 後代인 嬀滿을 찾아 陳에 봉하였다. 首都는 宛丘(지금의 河南省 淮陽縣)이었으며, 뒤에 楚에게 망하였다.

【黨】鄕黨. 마을의 단위. 周나라 때는 5백 家를 하나의 黨으로 하였다.

【狂簡】의욕만 넘침을 뜻한다. 《孟子》 盡心(下)에 자세히 설명되어 있다.

【斐然】빛나고 뚜렷함. 斐는 음이 '비'이다.

【裁之】이 文章의 주어는 《史記》 孔子世家의 「吾不知所以裁之」에 의거, 孔子를 主體者로 보았다. 잘 마름질하여 바로잡고 다듬어 줌을 뜻한다. 그러나 "그들 스스로가 마름질할 줄 모른다"로 보는 경우도 있다.(毛子水)

* 본장의 배경에 대하여 崔述은 이렇게 말하였다. 「世家載此語於哀公三年; 明年孔子如蔡; 又明年如葉, 反乎蔡; 居蔡三歲如楚; 楚昭王卒, 然後孔子反乎衛. 夫孔子旣思歸矣, 乃反南轅而適蔡適楚, 又四五年而始反衛; 何爲耶? 然則此歎當在反衛之前一二年中.」

## ◉ 諺解

子(ᄌᆞ)ㅣ 陳(딘)에 겨샤 ᄀᆞᄅᆞ샤ᄃᆡ 歸(귀)홀 뎐뎌 歸(귀)홀 뎐뎌 우리 黨(당)앳 小子(쇼ᄌᆞ)ㅣ 狂簡(광간)ᄒᆞ야 斐然(비션)히 章(쟝)을 成(셩)ᄒᆞ고 ᄡᅥ 裁(ᄌᆡ)홀 빠를 아디 몯ᄒᆞ놋다

子(ᄌᆞ)ㅣ 陳(딘)에 겨샤 ᄀᆞᄅᆞ샤ᄃᆡ 歸(귀)ᄒᆞᆯ 딘뎌 歸(귀)ᄒᆞᆯ 딘뎌 우리 黨(당)의 小子(쇼ᄌᆞ)ㅣ 狂(광)코 簡(간)ᄒᆞ야 斐然(비연)히 章(쟝)이 일고 ᄡᅥ 裁(ᄌᆡ)ᄒᆞᆯ 바ᄅᆞᆯ 아디 몯ᄒᆞᄂᆞ니라

## ◈ 集註

113-㊀

與, 平聲. 斐, 音匪.

○ 此孔子周流四方, 道不行而思歸之歎也. 吾黨小子, 指門人之在魯者. 狂簡, 志大而略於事也. 斐, 文貌. 成章, 言其文理成就, 有可觀者. 裁, 割正也. 夫子初心, 欲行其道於天下, 至是而知其終不用也. 於是始欲成就後學, 以傳道於來世. 又不得中行之士而思其次, 以爲狂士志意高遠, 猶或可與進於道也. 但恐其過中失正, 而或陷於異端耳, 故欲歸而裁之也.

與는 平聲이다. 斐는 음이 匪(비)이다.

○ 이는 孔子가 사방을 周流하면서 道가 행해지지 않자 돌아가고 싶어하는 탄식이다. 吾黨小子란 門人들 중에 魯나라에 있는 이들을 가리킨다. 狂簡이란 뜻은 크나 일에 疏略함을 말한다. 斐는 文彩 나는 모습이다. 成章은 그 文理가 이루어져서 볼 만함이 있음을 말한 것이다. 裁는 바르게 자르는 것을 뜻한다. 夫子의 처음 심정은 그 道를 天下에 실행시키고자 하는 것이었으나 이에 이르러 끝내 쓰이지 못함을 알게 된 것이다. 이에 비로소 後學을 성취시켜 그 道가 다음 세상에 전해지기를 바랐던 것이다. 또한 中行之士를 얻지 못하자 그 다음 차례쯤을 생각하고, 狂士는 志意가 高遠하여 오히려 혹시 가히 함께 도에 나아갈 수 있지 않을까 여긴 것이다.(이의 자세한 내용은 《孟子》 盡心下 259(14-37)를 보라.) 다만 그들이 過中失正(中道를 벗어나고 正道를 잃음)하여 혹 異端에 빠지지나 않을까 두려워하였을 따름이다. 그 때문에 돌아가 그들을 裁斷해 주고자 한 것이다.

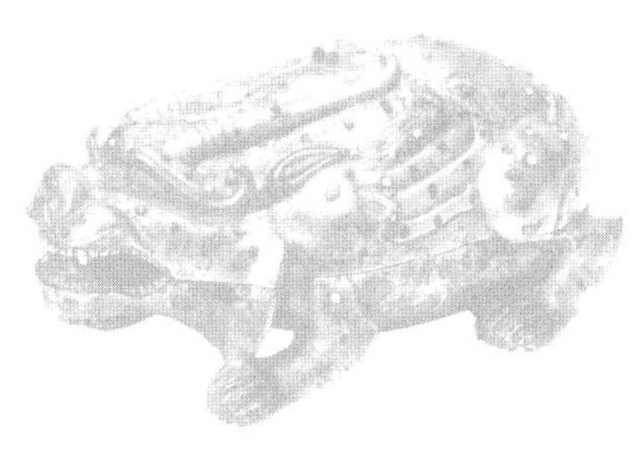

## 114(5-22)

# 伯夷叔齊不念舊惡

공자가 말하였다.

"백이伯夷와 숙제叔齊는 묵은 악을 염두에 두지 않았다. 그 때문에 그를 원망하는 사람 역시 드물었다."*

子曰:「伯夷·叔齊不念舊惡, 怨是用希.」㊀

【伯夷·叔齊】 고대 孤竹國의 두 王子. 父君이 죽고 나서 서로 王位를 양보하다가 함께 周나라로 들어왔다. 周나라 武王이 殷나라를 치려는 것을 아우 叔齊와 함께 말려 뜻을 이루지 못하자 首陽山에 들어가 고사리를 캐어 먹다가 죽었다. 《史記》 伯夷列傳 참조.

〈伯夷〉《三才圖會》

【舊惡】 옛날의 怨恨. 과거의 원망. 혹은 지난날 남의 허물.

* 皇侃은 이렇게 말하였다. 「此美夷齊之德也. 念, 識錄也; 舊惡, 故憾也; 希, 少也. 人若錄於故憾, 則怨恨更多. 唯豁然忘懷; 人有犯己, 己不怨錄之; 所以與人怨少也.」

## ◉ 諺解

子(ᄌᆞ)ㅣ ᄀᆞᆯᄋᆞ샤ᄃᆡ 伯夷(ᄇᆡᆨ이)와 叔齊(ᄉᆞᆨ졔)ᄂᆞᆫ 舊惡(구악)을 念(념)티 아니ᄒᆞᄂᆞᆫ 디라 怨(원)이 일로ᄡᅧ 드므니라

子(ᄌᆞ)ㅣ ᄀᆞᄅᆞ샤ᄃᆡ 伯夷(ᄇᆡᆨ이) 叔齊(ᄉᆞᆨ졔)ᄂᆞᆫ 녜 惡(악)을 念(념)티 아니ᄒᆞᄂᆞᆫ 디라 怨(원)이 일로ᄡᅧ 드므니라

## ◈ 集註

### 114-㊀

伯夷·叔齊, 孤竹君之二子. 孟子稱其「不立於惡人之朝, 不與惡人言. 與鄕人立, 其冠不正, 望望然去之, 若將浼焉.」 其介如此, 宜若無所容矣, 然其所惡之人, 能改卽止, 故人亦不甚怨之也.

○ 程子曰:「不念舊惡, 此淸者之量.」
又曰:「二子之心, 非夫子孰能知之?」

伯夷·叔齊는 孤竹國의 두 아들이다. 孟子는 "惡人의 조정에 서지 않으며, 惡人의 말에는 더불지 않았다. 시골 사람과 같이 섰을 때 그 시골 사람의 갓(冠)이 바르지 않으면 돌아서 떠나 버려 마치 그에게 더러움이 묻어올까 여기듯 하였다"(《孟子》 公孫丑上 032(3-9) 및 萬章下 132(10-1) 참조)라 칭찬하였다. 그 潔介함이 이와 같았으니, 의당 포용하는 바가 전혀 없을 듯하나 그가 미워한 바의 대상이 능히 이를 고치면 즉시 그쳤으니, 연고 있는 사람들조차 역시 이 伯夷·叔齊를 심히 미워할 수 없었던 것이다.

○ 程子(程頤)는 이렇게 말하였다. "舊惡을 염두에 두지 않는 것. 이는 깨끗한 자의 도량이다."

또 이렇게 말하였다. "두 사람의 마음을 夫子가 아니라면 누가 능히 알겠는가?"

## 115(5-23)

# 孰謂微生高直

**공자**가 말하였다.

"누가 미생고微生高를 곧은 자라고 하였던고? 어떤 사람이 그에게 식초를 빌리러 오자 이웃집에서 이를 꾸어다가 그에게 주었다는데."

子曰:「孰謂微生高直? 或乞醯焉, 乞諸其鄰而與之.」⊖

【微生高】 姓은 微生. 이름은 高.《莊子》·《戰國策》 등에 실려 있는「尾生之信」의 故事를 남긴 人物이라 보고 있으나 확실치는 않다. 微와 尾는 古音으로 相近하다.

【醯】 醋. 식초. 음은 '혜'이다.

## ◉ 諺解

子(ᄌᆞ)ㅣ ᄀᆞᆯᄋᆞ사ᄃᆡ 뉘 微生高(미ᄉᆡᆼ고)를 닐오ᄃᆡ 直(딕)다 ᄒᆞᄂᆞ뇨 或(혹)이 醯(혜)를 乞(걸)ᄒᆞ여ᄂᆞᆯ 그 鄰(린)에 乞(걸)ᄒᆞ야 與(여)ᄒᆞ곤여

子(ᄌᆞ)ㅣ ᄀᆞᆯᄋᆞ사ᄃᆡ 뉘 微生高(미ᄉᆡᆼ고)ᄅᆞᆯ 닐오ᄃᆡ 直(딕)다 ᄒᆞᄂᆞᆫ고 或(혹)이 醯(혜)ᄅᆞᆯ 빌거ᄂᆞᆯ 그 鄰(린)의 비러주고녀

## ◈ 集註

### 115-㉠

醯, 呼西反.

○ 微生姓, 高名, 魯人, 素有直名者. 醯, 醋也. 人來乞時, 其家無有, 故乞諸鄰家以與之. 夫子言此, 譏其曲意徇物, 掠美市恩, 不得爲直也.

○ 程子曰:「微生高所枉雖小, 害直爲大.」

范氏曰:「是曰是·非曰非·有謂有·無謂無, 曰直. 聖人觀人於其一介之取予, 而千駟萬鍾從可知焉. 故以微事斷之, 所以敎人不可不謹也.」

醯는 反切로 '呼西反'(혜)이다.

○ 微生은 姓이며, 高는 이름이다. 魯나라 사람으로 평소 곧다고 이름이 났던 자이다. 醯는 醋이다. 남이 찾아와 얻으려 할 때, 그의 집에 식초가 없어 그 때문에 이웃집에서 빌려다 이것을 준 것이다. 夫子의 이 말은 그가 뜻을 굽혀 사물을 따르며, 아름다움을 빼앗아 은혜를 사려고 한 것은 정직함이 될 수 없음을 譏弄한 것이다.

○ 程子(程頤)는 이렇게 말하였다. "微高生의 굽은 바(정직하지 못한 바)는 비록 작은 것이기는 하나 정직을 해침은 큰 것이다."

范氏(范祖禹)는 이렇게 말하였다. "옳으면 옳다 하고 그른 것은 그르다 하며, 있는 것은 있다 하고 없는 것은 없다 하는 것이 정직이다. 聖人이 그 취하고 주는 것 하나에서 사람을 관찰하여 千駟萬鍾(말 4천 필과 곡식 1만 종. 國家의 큰 일이나 큰 俸祿)도 이를 통해 가히 알 수 있는 것이다. 따라서 조그만 일로써 이를 단정하여 사람들로 하여금 가히 삼가지 않을 수 없도록 가르치신 것이다."

## 116(5-24)

# 巧言令色足恭左丘明恥之

공자가 말하였다.

"교묘한 말, 얼굴 색 꾸밈, 지나친 공손은 좌구명左丘明이 부끄럽게 여긴 행동이며, 나丘 역시 부끄럽게 여기는 것이다. 원망을 숨긴 채 그러한 상대와 벗으로 사귀는 것을 좌구명이 부끄러운 행동이라 여겼으며 나 역시 부끄럽게 여기는 것이다."

子曰:「巧言·令色·足恭, 左丘明恥之, 丘亦恥之.
匿怨而友其人, 左丘明恥之, 丘亦恥之.」⊖

【巧言令色】 學而篇 003(1-3) 참조. 단 이곳에서는 巧言과 令色을 각각 다른 행동으로 나열하였다.

【足恭】 '주공'으로 읽는다. 朱子는 足을 過로 보아 지나치게 자신을 낮추는 것이라 하였고, 孔安國은 便僻된 모습이라 하였다.

【左丘明】 魯나라 太史. 흔히 《左傳》과 《國語》를 지었다 하나 이에 대해서는 異見이 분분하다. 內閣本 集註의 夾註에 「或曰: 左丘明非傳春秋者耶? 朱子曰: 未可知也」라 하였다.

【丘】 공자의 이름. 孔丘, 자는 仲尼. 여기서는 자신을 지칭한 말.

## ◉ 諺解

子(ᄌᆞ)ㅣ ᄀᆞᆯᄋᆞ샤ᄃᆡ 言(언)을 巧(교)히 ᄒᆞ며 色(ᄉᆡᆨ)을 令(령)히 ᄒᆞ며 恭(공)을 足(주)히 ᄒᆞᆷ을 左丘明(자구명)이 恥(티)ᄒᆞ더니 丘(구)ㅣ ᄯᅩᄒᆞᆫ 恥(티)ᄒᆞ노라 怨(원)을 匿(닉)ᄒᆞ고 그 사ᄅᆞᆷ을 友(우)ᄒᆞᆷ을 左丘明(자구명)이 恥(티)ᄒᆞ더니 丘(구)ㅣ ᄯᅩᄒᆞᆫ 恥(티)ᄒᆞ노라

子(ᄌᆞ)ㅣ ᄀᆞᄅᆞ샤ᄃᆡ 言(언)을 巧(교)히 ᄒᆞ며 色(ᄉᆡᆨ)을 令(령)히 ᄒᆞ며 恭(공)을 너므ᄒᆞ기ᄅᆞᆯ 左丘明(자구명)이 븟그려 ᄒᆞ더니 丘(구)ㅣ ᄯᅩᄒᆞᆫ 븟그려 ᄒᆞ며 怨(원)을 匿(닉)ᄒᆞ고 그 人(인) 友(우)ᄒᆞ기ᄅᆞᆯ 左丘明(자구명)이 븟그려 ᄒᆞ더니 丘(구)ㅣ ᄯᅩᄒᆞᆫ 븟그려 ᄒᆞ노라

## ◈ 集註

### 116-㊀

足, 將樹反.

○ 足, 過也. 程子曰: 「左丘明, 古之聞人也.」

謝氏曰: 「二者之可恥, 有甚於穿窬也. 左丘明恥之, 其所養可知矣. 夫子自言『丘亦恥之』, 蓋『竊比老彭』之意. 又以深戒學者, 使察乎此而立心以直也.」

足는 反切로 '將樹反'(주)이다.

○ 足(주)는 지나치다(過)의 뜻이다.

程子(程頤)는 이렇게 말하였다. "左丘明은 옛날에 이름이 났던 人物이다."

謝氏(謝良佐)는 이렇게 말하였다. "두 가지의 가히 부끄럽게 여길 일은 穿窬(담을 뚫고 넘는 도둑질. 《孟子》 萬章下 253(14-31) 참조)보다 심한 것이다. 左丘明이 부끄럽게 여겼으니 그가 수양하였던 바를 가히 알 만하다. 夫子 스스로 '丘亦恥之'라 한 것은 아마 '竊比老彭'(나를 몰래 老彭에 비유할까?)(述而篇 148(7-1))의 뜻일 것이다. 또한 배우는 자들을 깊이 경계하여, 이러한 것을 살펴 마음을 세우되 정직으로써 하도록 한 것이다."

## 117(5-25)

# 顔淵季路侍

안연顔淵과 계로季路가 공자를 모시고 있을 때 공자가 이렇게 말하였다.

"어찌 각각 너희들 가진 뜻을 말해보지 않느냐?"

자로가 입을 열었다.

"수레와 말, 그리고 가벼운 갖옷을 친구와 더불어 쓰면서, 그것이 다 닳아 해어진다고 해도 원망이 없게 되기를 원합니다."

안연은 이렇게 말하였다.

"잘한 것을 자랑치 아니하고, 공로를 크다고 과장하지 않게 되기를 원합니다."

자로가 다시 말하였다.

"원컨대 선생님의 뜻은 어떠하신지 듣고 싶습니다."

공자는 이렇게 말하였다.

"늙은 자에게는 편안함을 주고, 친구에게는 나를 믿게 하며, 젊은이에게는 나를 생각하게 하고 싶다."

顔淵·季路侍.

子曰:「盍各言爾志?」㊀

子路曰:「願車馬衣輕裘, 與朋友共, 敝之而無憾.」㊁

顔淵曰:「願無伐善, 無施勞.」㊂

子路曰:「願聞子之志.」

子曰:「老者安之, 朋友信之, 少者懷之.」㊃

【顔淵】 顔回.
【季路】 仲由. 子路.
【盍】 '何不'의 合音字. '어찌~하지 않는가?'의 뜻. 음은 '합'이다.
【輕裘】 가벼운 갖옷. 매우 비싼 옷. 여기서 輕자는 뒷사람이 첨가한 것이라고 한다. 唐 이전의 판본에는 이 글자가 없다.(劉寶楠의 《論語正義》를 볼 것.)

◉ 諺解

陶山本 顔淵(안연)과 季路(계로)ㅣ 侍(시)ᄒᆞ얏더니 子(ᄌᆞ)ㅣ ᄀᆞᆯᄋᆞ샤ᄃᆡ 엇디 각각 네의 ᄠᅳᆮ을 니ᄅᆞ디 아니ᄒᆞ리오

子路(ᄌᆞ로)ㅣ ᄀᆞᆯ오ᄃᆡ 願(원)컨댄 車馬(거마)와 輕裘(경구)를 衣(의)홈을 朋友(붕우)로 더브러 ᄒᆞᆫ 가지로 ᄒᆞ야 敝(폐)ᄒᆞ야도 憾(감)홈이 업고져 ᄒᆞ농이다

顔淵(안연)이 ᄀᆞᆯ오ᄃᆡ 願(원)컨댄 善(션)을 伐(벌)홈이 업ᄉᆞ며 勞(로)를 施(시)홈이 업고져 ᄒᆞ농이다

子路(ᄌᆞ로)ㅣ ᄀᆞᆯ오ᄃᆡ 願(원)컨댄 子(ᄌᆞ)의 志(지)를 듣ᄌᆞᆸ고져 ᄒᆞ농이다

子(ᄌᆞ)ㅣ ᄀᆞᆯᄋᆞ샤ᄃᆡ 老者(로쟈)를 安(안)ᄒᆞ며 朋友(붕우)를 信(신)으로 ᄒᆞ며 少者(쇼쟈)를 懷(회)홈이니라

栗谷本 顔淵(안연)과 季路(계로) ㅣ 뫼셧더니 子(ᄌᆞ) ㅣ ᄀᆞᄅᆞ샤ᄃᆡ 각각 네 뜻을 니ᄅᆞ기를 엇디 아니ᄒᆞ료

子路(ᄌᆞ로) ㅣ ᄀᆞᆯ오ᄃᆡ 願(원)컨댄 車馬(거마)와 輕裘(경구) 닙기를 朋友(붕우)로 더브러 共(공)ᄒᆞ야 敝(폐)ᄒᆞ야도 憾(감)호미 업고져 ᄒᆞ노이다

顔淵(안연)이 ᄀᆞᆯ오ᄃᆡ 願(원)컨댄 善(션)을 伐(벌)홈이 업스며 勞(로)를 施(시)홈이 업고져 ᄒᆞ노이다

子路(ᄌᆞ로) ㅣ ᄀᆞᆯ오ᄃᆡ 願(원)컨댄 子(ᄌᆞ)의 志(지)를 聞(문)코져 ᄒᆞ노이다

子(ᄌᆞ) ㅣ ᄀᆞᄅᆞ샤ᄃᆡ 老者(로쟈)를 安(안)ᄒᆞ며 朋友(붕우)를 信(신)ᄒᆞ며 少者(쇼쟈)를 懷(회)홈이니라

## ◈ 集 註

### 117-㊀

盍, 音合.

○ 盍, 何不也.

盍은 음이 合(합)이다.

○ 盍은 何不(어찌~하지 않으리오?)이다.

### 117-㊁

衣, 去聲.

○ 衣, 服之也. 裘, 皮服. 敝, 壞也. 憾, 恨也.

衣는 去聲(입다, 동사)이다.

○ 衣는 입는다는 말이다. 裘는 가죽옷이다. 敝는 닳아 해진다는 말이다. 憾은 恨이다.

### 117-㊂

伐, 誇也. 善, 謂有能. 施, 亦張大之意. 勞, 謂有功, 易曰「勞而不伐」是也. 或曰: 「勞, 勞事也. 勞事非己所欲, 故亦不欲施之於人.」 亦通.

伐은 誇(자랑하다)의 뜻이며, 善은 능력 있음을 말한다. 施는 크다고 과장함의 뜻이다. 勞는 功이 있다는 뜻이다. 《周易》에 "功이 있으되 자랑치 아니한다"(《周易》 繫傳上의 구절)라고 한 것이 이것이다. 어떤 이는 "勞는 수고로운 일이다. 수고로운 일은 자신도 하고 싶지 않다. 그 때문에 역시 남에게도 베풀지도 않는 것이다"라 하였는데, 역시 통한다.

## 117-㊃

老者養之以安, 朋友與之以信, 少者懷之以恩. 一說:「安之, 安我也; 信之, 信我也; 懷之, 懷我也.」亦通.

○ 程子曰:「夫子安仁, 顔淵不違仁, 子路求仁.」

又曰:「子路·顔淵·孔子之志, 皆與物共者也, 但有小大之差爾.」

又曰:「子路勇於義者, 觀其志, 豈可以勢利拘之哉? 亞於『浴沂』者也. 顔子不自私己, 故無伐善; 知同於人, 故無施勞. 其志可謂大矣, 然未免於有意也. 至於夫子, 則如天地之化工, 付與萬物而己不勞焉, 此聖人之所爲也. 今夫羈靮以御馬而不以制牛, 人皆知羈靮之作在乎人, 而不知羈靮之生由於馬, 聖人之化, 亦猶是也. 先觀二子之言, 後觀聖人之言, 分明天地氣象. 凡看論語, 非但欲理會文字, 須要識得聖賢氣象.」

늙은이에게는 편안함으로 봉양하고, 친구에게는 믿음으로써 더불어야 하며, 젊은이는 은혜로움으로 감싸는 것이다. 일설에 "安之는 나를 편안히 여기도록 하는 것이요, 信之는 나를 믿게 하는 것이며, 懷之는 나를 품으로 여기게 하는 것이다"라 하였는데 역시 통한다.

○ 程子(程頤)는 이렇게 말하였다. "夫子는 仁에 안주하였고, 顔淵은 仁을 떠나지 않았으며, 子路는 仁을 구하였다."

또 이렇게 말하였다. "子路·顔回·孔子의 뜻은 모두가 萬物과 함께 하는 것이며, 다만 大小의 차이가 있을 뿐이다."

또 이렇게 말하였다. "子路가 義에 용감하였던 것은 그 뜻을 살펴보면 어찌 세력이나 이로움으로 이에 구속된 것이리오? '沂水에 목욕하겠다'던 曾點(先進篇 278(11-25))에 버금가는 것이다. 顔回(顔淵)는 스스로 자신에게 사사롭게 함이 없었으니 그 때문에 잘한다고 자랑함이 없었고, 남과 같음을 알았기 때문에 공로를 드러내 과장함이 없었다. 그 뜻을 가히 크다고 할 수 있으나 의도가 있었음을 면할 수 없다. 그러나 夫子의 경지라면 天地의 化工(造化의 工者, 즉 조물주)이 萬物에 付與(붙여 부여해줌)해 주어 자신은 수고롭지 않은 것과 같으니, 이것이 聖人이

하는 바이다. 지금 무릇 굴레와 고삐는 말을 거느리기 위한 것이지 소를 제어하는 데에 쓰이지는 않는다. 그런데 사람들이 이 굴레와 고삐를 만든 것이 사람이라는 것만 알 뿐, 그 굴레와 고삐가 말을 다루기 위해 생겨난 것인 줄은 모른다. 聖人의 교화는 마치 이와 같다. 먼저 두 사람(顔回·子路)의 말을 살펴보고, 그 다음 聖人의 말을 관찰해 보면 天地의 氣象을 밝히 알 수 있다. 무릇 《論語》를 볼 때는 다만 文字를 이치대로 알면 그 뿐이라고 할 것이 아니라, 모름지기 聖賢의 기상을 알고자 해야 한다."

## 118(5-26)

# 已矣乎吾未見

공자가 말하였다.

“끝났도다. 나는 아직 능히 그 허물을 발견하고 안으로 스스로를 나무라는 자를 보지 못하였다.”

子曰: 「已矣乎, 吾未見能見其過而內自訟者也.」㊀

【自訟】 스스로를 나무람. 自責함. 包咸은 「訟, 猶責也」라 하였다.

## ◉ 諺解

子(ᄌᆞ)ㅣ ᄀᆞᆯᄋᆞ샤ᄃᆡ 말올 디라 내 能(능)히 그 過(과)를 보고 內(ᄂᆡ)로 스스로 訟(송)ᄒᆞᄂᆞᆫ 者(쟈)를 보디 몯게라

子(ᄌᆞ)ㅣ ᄀᆞᄅᆞ샤ᄃᆡ 마롤 디라 내 能(능)히 그 過(과)ᄅᆞᆯ 보고 안ᄒᆞ로 스스로 訟(송)ᄒᆞᄂᆞᆫ 者(쟈)ᄅᆞᆯ 보디 몯게라

## ◈ 集 註

### 118-㊀

已矣乎者, 恐其終不得見而歎之也. 內自訟者, 口不言而心自咎也. 人有過而能自知者鮮矣, 知過而能內自訟者爲尤鮮. 能內自訟, 則其悔悟深切而能改必矣. 夫子自恐終不得見而歎之, 其警學者深矣.

已矣乎라 한 것은 끝내 이를 보지 못하면 어쩌나 하여 탄식한 것이다. 內自訟이란 입으로 말은 하지 아니하되, 마음 속에 스스로 허물 삼는 것이다. 사람이 과실이 있으면서 능히 스스로 알아차리는 자는 드물며, 허물을 알았다 해도 능히 속으로 스스로 나무라는 자는 더욱 드물다. 능히 안으로 스스로 자책하게 되면 그 후회와 깨달음이 깊고 절실하여, 능히 고칠 수 있음은 틀림없는 일이다. 부자가 스스로 끝내 그런 자를 볼 수 없을까 염려하여 탄식하였으니, 그것을 배우는 자를 경계함이 깊은 것이다.

## 119(5-27)

# 十室之邑

공자가 말하였다.

"십실지읍十室之邑이라도 반드시 충신忠信함이 나丘만한 자는 있겠지만, 나만큼 학문을 좋아하는 자는 없을 것이다."

子曰:「十室之邑, 必有忠信如丘者焉, 不如丘之好學也.」⊖

【十室之邑】 아주 작은 지역을 뜻한다.《大戴禮記》曾子制言篇에 「禹過十室之邑必下, 爲秉德之士存焉」이라 하였다.

【忠信】 충실함과 미더움.

## ◉ 諺解

陶山本

子(ᄌᆞ)ㅣ ᄀᆞᆯᄋᆞ샤ᄃᆡ 十室(십실)ㅅ 邑(읍)에 반ᄃᆞ시 忠信(튱신)이 丘(구) ᄀᆞᄐᆞᆫ 者(쟈)ㅣ 잇거니와 丘(구)의 學(ᄒᆞᆨ)을 好(호)홈만 ᄀᆞᆮ디 몯ᄒᆞ니라

栗谷本

子(ᄌᆞ)ㅣ ᄀᆞᄅᆞ샤ᄃᆡ 十室(십실) 고을히 반ᄃᆞ시 忠信(튱신)이 丘(구) ᄀᆞᆺᄐᆞ니 이시려니와 丘(구)의 學(ᄒᆞᆨ) 好(호)호ᄆᆞᆫ ᄀᆞᆺ디 몯ᄒᆞᄂᆞ니라

## ◈ 集註

### 119-㊀

焉, 如字, 屬上句. 好, 去聲.

○ 十室, 小邑也. 忠信如聖人, 生質之美者也. 夫子生知而未嘗不好學, 故言此以勉人. 言美質易得, 至道難聞, 學之至則可以爲聖人, 不學則不免爲鄕人而已. 可不勉哉?

焉은 글자 그대로이며, 위의 句에 속한다.(종결사이며, 그 다음 첫머리에서 의문사가 아니라는 뜻) 好는 去聲이다.

○ 十室은 작은 邑이다. 忠信함이 聖人과 같다면 타고난 바탕이 훌륭한 자이다. 夫子는 태어나면서부터 알면서도 배움을 좋아하지 아니한 적이 없었다. 그 때문에 이 말을 하여 사람을 勉勵시킨 것이다. 훌륭한 바탕은 얻기 쉬우나 지극한 道는 듣기 어렵지만, 배움이 지극하면 聖人이 될 수 있고, 배우지 않으면 鄕人이 됨을 면할 수 없음을 말한 것이니, 가히 힘쓰지 않을 수 있겠는가?

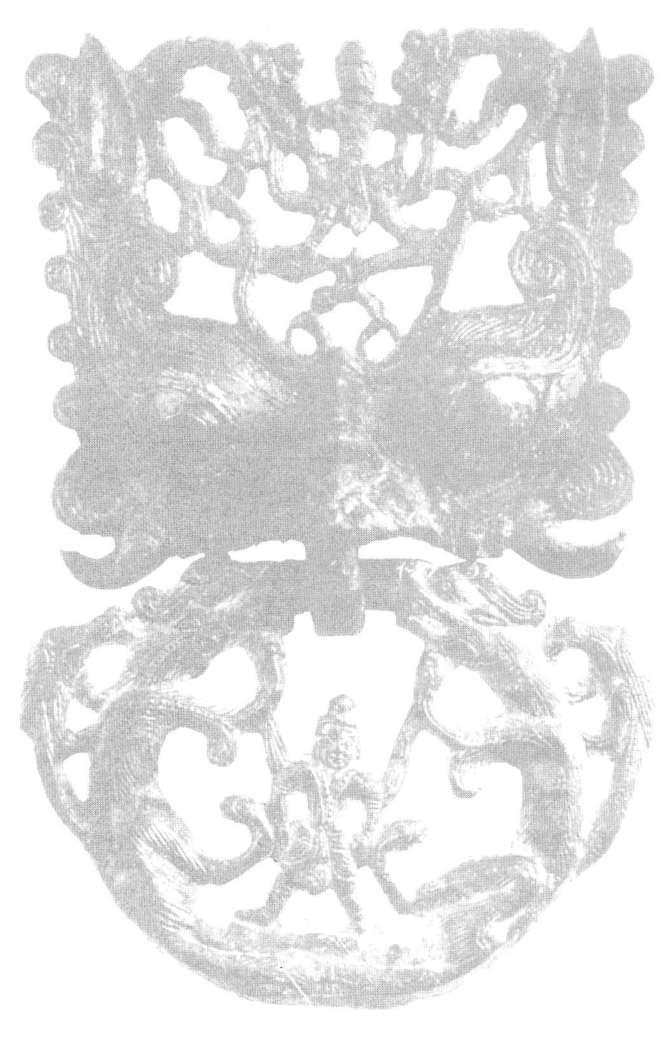

임동석(茁浦 林東錫)

慶北 榮州 上茁에서 출생. 忠北 丹陽 德尙골에서 성장. 丹陽初中 졸업. 京東高 서울教大 國際大 建國大 대학원 졸업. 雨田 辛鎬烈 선생에게 漢學 배움. 臺灣 國立臺灣師範大學 國文研究所(大學院) 博士班 졸업. 中華民國 國家文學博士(1983). 建國大學校 教授. 文科大學長 역임. 成均館大 延世大 高麗大 外國語大 서울대 등 大學院 강의. 韓國中國言語學會 中國語文學研究會 韓國中語中文學會 會長 역임. 저서에 《朝鮮譯學考》(中文) 《中國學術概論》《中韓對比語文論》. 편역서에 《수레를 밀기 위해 내린 사람들》《栗谷先生詩文選》. 역서에 《漢語音韻學講義》《廣開土王碑研究》《東北民族源流》《龍鳳文化源流》《論語心得》〈漢語雙聲疊韻研究〉 등 학술 논문 50여 편.

임동석중국사상100

논어論語

朱熹 集註 / 林東錫 譯註

1판 1쇄 발행/2009년 12월 12일

발행인 고정일

발행처 동서문화사

창업 1956. 12. 12. 등록 16-3799(윤)

서울강남구신사동540-22 ☎546-0331~6 (FAX)545-0331

www.epascal.co.kr

잘못 만들어진 책은 바꾸어 드립니다.

*



*

사업자등록번호 211-87-75330

ISBN 978-89-497-0543-9 04080

ISBN 978-89-497-0542-2 (세트)